国家自然科学基金"基于环境协调发展框架下农产品质量安全管理长效机制研究"（71273234）

浙江省社科联重点普及课题"探秘'食品可追溯体系'"（课题号：13ZD12）

浙江省重点学科"农业经济管理"建设项目、浙江大学农业现代化与农村发展研究中心（CARD）资助

The Administration of Ari- food Safety
from the Perspective of Traceability System Construction

中国"三农"问题研究系列

农产食品质量安全治理

以追溯体系建设为切入点

黄彬红　周洁红 ◎著

ZHEJIANG UNIVERSITY PRESS
浙江大学出版社

前　言

　　食用农产品(简称农产品,也称食品)质量安全状况是一个国家经济发展水平和人民生活质量的重要标志,它不仅仅是民生问题,而且关系"中国制造"的国际形象以及中国农产品出口竞争力和农民收入增长问题,因此,农产食品质量安全问题一直受到政府的高度重视,连续多年成为全国"两会"代表最关注的议题,近期又被全国人大常委会执法检查组建议列为"国家安全"的组成部分。政府除不断加强食品安全立法、监管体系、标准体系等建设,为明确食品质量安全监管责任,2013年3月还将现有食品质量安全监管的多部门负责制改为"三位一体"的监管体制,并配以多项专项运动整治,应该说,"十一五"、"十二五"期间,我国食品质量安全监管在法律法规、执法监督、标准化生产、体系队伍建设等方面取得了重要进展。然而,"三聚氰胺奶粉"、"瘦肉精猪"、"农残豇豆"、"毒粉丝"、"福喜过期肉"、"伪劣芬卡橄榄油"、"肯德基活虫"、"草莓乙草胺"等食品安全事件的频繁爆发,依然表明我国食品安全形势严峻,食品安全监管缺位,监管效率较低等问题仍较严重。因此,亟须结合中国食品产业链特点、消费需求特点、转型时期部分从业者社会责任缺乏等现状探索建立长效的食品质量安全监管机制。

　　国内外研究表明,食品质量安全的信用品属性引起的信息不对称带来的逆向选择以及机会主义倾向是造成其质量安全问题的主要原因。因此,解决食品质量安全问题的关键是增加信息的透明度,通过优质优价的激励机制或明确责任的潜在惩罚机制使生产、经营者提高质量安全水平(Golan,2000;Pettitt,2001;Monteiro et al.,2009;王秀清等,2002;周德翼等,2002;徐金海,2002)。食品追溯体系(Food Traceability System,简称FTS)作为披露食品质量安全信息的工具,利用食品质量安全信号传递机制,弥补了目前国际上通用的食品质量安全控制方法,诸如国际标准组织(International Organization for Standardization,简称ISO)的标准、良好操作规范(Good Manufacturing Practice,简称GMP)、卫生标准操作程序(Sanitation Standard Operation Procedures,简称SSOP)、危害分析与关键控制点(Hazard Analysis and Critical Control Points,简称HACCP)等主要针对单一行为主体内部的生产、加工等环节进行控制的缺陷,将食品供应链全过程的信息衔接起来进行监控,增加了食品供应环节的透明度,有助于克服或缓解食品市场上信息不完全和信息不对称的问题(Hobbs,2004);同时,追溯体系根据跟踪和追溯的信息明确食品质量安全的相关责任人,从而准确、快速地找出问题的根源并及时采取有效措施。因此,食品追溯体系作为既能够有效连接食品供应、流通环节,又有利于政府对食品供应链进行全程监控的工具,成为各国食品安全保障机制的重要内容之一。在以欧洲疯牛病为代表的食源性恶性事件在全球频繁爆发并引发了消费者和政府信任危机后,这一研究结论率先得到了欧盟等发达国家政策制定者的认可,并通过立法、制定强制标准和实行市场准入等体系建设确立了农产食品质量安全追溯系统,要求农产食品生产企业建立可追溯体系(FAO,WHO,2002),进而构建了以追溯为核心,消费者积极参与、生产经营者自觉服从的长效监管机制。但Moe(1998)、Ritson 等(1998)、Golan(2004)、Antle(2001)、Velthtuis 等(2003)学者认为,有效可追溯体系的建立与可追溯信息的处理本质是因追溯行为而产生的经济问题,当前农产食品实施可追溯在技术上是可行的,最大的困难在于施行中的经济可行性,追溯的内容、技术等除保证消费者需求安全外,必须考虑追溯主体的成本、流通结构等特性和政府对农产食品可追溯的管制和激励等政策,否则很难保证食品追溯体系实施过程中跟踪与追溯在食品供应链上各个环节的无缝链接,很难保证追溯信息的完整和质量安全的全程监控。

自 2002 年来,在反思现有农产品质量安全管理政策和总结实践的基础上,为了从源头上落实农产品质量安全监管工作,提高监管效率,我国也开始在发达地区进行农产品质量安全可追溯制度建设实践的探索。在制度建设方面,颁布了一些法律法规和标准、指南,如《农产品质量安全法》(2006)、《农产品包装和标识管理办法》(2006)、《食品安全法》(2009)、《生猪屠宰管理条例》(2007)等;实践方面,我国沿海发达地区,特别是浙江省在全国率先开展了农产品生产档案、信息发布、质量追溯等制度建设的理论和实践探索,并在蔬菜、畜产品上探索出许多以标识管理为突破口的有效可追溯措施及地方配套制度,如专项整治中探索出来的索证索票制度等。但这些与全面贯彻实施《食品质量安全法》规定及我国全面进入小康社会对食品质量安全需求的要求相比,当前我国农产品追溯体系建设还存在以下问题:①生产档案与流通标识无法整合,异地难以通查通识;②尚无产地证明与产品质量证明的管理制度,产地准出难以全面实现;③部门管理体制协调性不够,全程监管效率低;④法律法规的强制力不足,责任追究制度难于落实;⑤技术经济的支撑力薄弱,信息传递不全;⑥市场信用体系不健全,监管成本高等。因此,建立一个全程追溯的体系和责任追究的制度,当前存在着不少理论疑虑亟待破解:①如何结合我国农业产业化、标准化建设,探索与建立能保护生产者合法权益、保证消费者健康安全及迅速确定责任主体和召回问题农产品的质量安全追溯模式? ②如何把握和判断追溯体系建设的薄弱环节、薄弱制度和关键问题？③如何让供应链成员最经济地得到对方的信息并使不同接点的信息和识别贯通起来，以达到整个供应链的信息可追溯？④如何完善和巩固专项整治运动、奥运会、世博会等有效质量控制经验与追溯体系建设乃至长效质量安全监管机制建设相结合并制度化？⑤政府财政如何分担和支持农产品质量安全追溯体系建设？

影响我国农产品质量安全的因素众多，但给质量安全管理，包括质量安全追溯带来的最大困难是从田头到餐桌环节众多，供应链成员之间没有形成稳定的战略合作关系，外加转轨时期部分从业者社会责任感缺乏，更使问题雪上加霜。这使得我国的监管与追溯体系建设设计不能直接引用当前发达国家建立在生产规模化、标准化、社会诚信系统基本建立基础上的模式，农产品质量安全的治理应在顺应国际食品监管发展趋势的同时，与我国农业产业化、标准化等的建设相结合，必须整合我国已有的但孤立的有效措施，如索证索票制度、生猪定点屠宰检疫条例、世博会等实施的基地建设和市场准入制度，必须考虑生产经营主体需求、追溯技术等。根据课题组前期有关农业标准化推广模式及其农产品质量安全管理的大量研究，无论是蔬菜还是畜产品，靠一家一户的小农户不可能建立农产品质量的可追溯系统，结合我国农业产业化发展趋势、已有实践经验，以及我国现有较低的农产品行业组织发育程度、生产标准化程度、市场规范化程度、信用体系及有限的政府财力的现实，本研究认为：从蔬菜追溯体系建设看，基于蔬菜批发市场是当前我国流通主渠道中的一个关键性环节，采取从批发环节向生产、消费环节追溯为主配以市场准入、索证索票制度等现有质量控制、追溯措施将是现阶段蔬菜实现全程追溯的有效路径；以猪肉为主的追溯体系建设，从中国猪肉行业的特殊情况（产业链长，家庭圈养比重高，实施生猪定点屠宰检疫条例等），以及屠宰加工企业在猪肉供应链中的优势地位看，推行"加工企业带源头"产业化模式，利用猪肉屠宰加工企业因市场的压力或对品牌信誉等的追求而提高对上游原料质量追溯的动机，与下游经营者的协作，将成为当前我国提高猪肉质量安全追溯水平的高效管理路径，这一思路在美国和丹麦的猪肉质量管理中也得到了印证（Hobbs et al.，1996）。

在建设食品质量安全责任可追究的追溯系统的基础上，配以建立竞争性认证市场、产地准出、市场准入制度等，实现在责任可追溯基础上的信誉制度、监督制度、激励制度协调，才能真正地解决我国机会主义行为所导致的食品安全问题。

目　录

上　篇
食品质量安全治理的理论与现实问题

中 篇
我国农产食品质量安全追溯体系与质量安全标准 体系建设的现状与实证分析

下 篇
完善农产食品质量安全追溯体系建设的政策建议

图目录

表目录

上　篇
食品质量安全治理的理论与现实问题

国外研究表明,食品质量安全问题出现的一个重要原因在于信息不对称、责任不可追溯性造成的市场失灵。但就我国的现实情况来看,一方面由于市场经济运行的基石——社会诚信尚未建立,另一方面由于政府食品安全监管体系并不完善,机会主义行为所导致的食品安全事件是我国食品安全事件的主体。换言之,我国食品安全问题的出现是市场、政府双失灵的结果。本研究首先借助产权分析、博弈分析、比较制度分析等方法,从安全防范机制、三方管理机制、双重认证机制、市场需求机制、终端监控机制、责任追溯机制、社区连坐机制、重复博弈机制八个维度对我国食品安全治理的特殊性及其相应的治理方式进行分析,提出我国食品安全监管的总体思路,即我国食品安全监管制度的核心是信誉制度、监督制度、激励制度三者的协调,而协调的基础是在食品供应链中重点推行食品质量安全责任可追究的追溯系统,并配以建立竞争性认证市场、市场准入制度等,使质检部门、经销商、生产者相互间的行动选择达到均衡,使得食品安全管理的人力、物力、财力资源有效配置,食品质量安全信息得到有效利用,食品安全的监管控制权和剩余索取权符合激励相容原则。

1 食品质量安全治理机制的经济分析

1.1 我国食品质量安全治理问题的经济分析

1.1.1 安全防范机制——中国食品的主要问题是安全问题而非质量问题,解决食品安全问题的重点是控制供应链中的机会主义行为

食品安全鉴定的是某个食品能不能吃,其指标为是否危害人的健康。食品质量鉴定的是某个食品好不好吃,其水平决定于消费区域和消费群体。当前我国食品产业面临的主要问题与发达国家不同,发达国家虽然也有机会主义导致的食品安全问题,但是大量事件还属于食品质量问题的范畴。发达国家社会诚信度高,生产的标准化程度高,生产规模大,一旦出现安全事故,生产者的损失巨大,所以生产者都有很强的风险意识和品牌意识。中国社会还处在信用社会的过渡阶段,机会主义行为十分普遍。尽管相关法律规定生产者必须生产安全食品,但是食品安全属于信用品,鉴别食品安全与否需要高昂的信息成本和足够的安全知识,而这往往是消费者不具备的。因此,当质检部门检测不严时,生产者就会有积极性采取投机行为,以达到降低生产成本、改进外观和增加产量的目的。因此,我国食品安全管理的重点应该是防范为了牟利而产生的机会主义行为。

1.1.2 三方管理机制——中国的食品安全管理面临着市场和政府的"双重失灵",亟须第三方监管维持市场秩序

食品安全问题是随着食品系统的复杂化而产生并扩大的。由于食品市场中的信息不对称及其导致的逆向选择,单纯依靠价格机制难以实现安全食品供给的均衡。相对于市场来说,政府进行食品安全管制的成本更低,但在现实中政府部门也存在监管失效的现象:第一,政府部门有监管食品安全、保障食品供给、控制预算支出、保障农户收入等多项工作,有些工作在目标上相互矛盾,当其他目标的测量相对容易时,有关部门可能会在监管质量上达成妥协。第二,有些政府部门由于受到维护自身声誉和地方保护主义等因素的影响，时常会隐藏信息。近年来大量的食品安全事件，由质检部门率先披露出来的只占很少一部分，绝大多数是由于出现了安全事故，被新闻媒体首先报道出来的。第三，由于人力、物力、财力限制，使得政府在监管方面专业化程度有限，加之各个部门的质量考核成本高，一些部门可能会规避责任，随意颁发一些安全食品标识，而这些标识并不具备信号功能。因此，对于一个承受着市场和政府"双重失灵"的社会而言，第三方监管的合法性变得至关重要。

1.1.3　双重认证机制——"政府＋市场"双重认证机制的信息传递效率，高于"政府主导"的单一认证机制

以"政府主导"的单一认证机制存在诸多弊端：第一，认证机构的"生存"主要来源于垄断，没有讲究信誉的市场激励；第二，无论认证机构讲究信誉产生的收益还是不守信誉产生的成本，都由社会分担，因此削弱了认证机构讲究信誉的积极性；第三，没有独立的信号显示机制，认证机构与监管机构同属于政府部门，执法容易受到利益和关系的制约。相反，"政府＋市场"的双重认证机制则能够打破认证的垄断局面：第一，商业认证机构较之垄断部门，往往更专业化，认证机构之间的市场竞争也能促进认证机构不断地改进其知识水平。第二，双重认证机制下，政府监管的压力相对较小。政府将部分监管职能授权给商业认证机构，"证实"或"担保"的风险由认证机构来承担，政府只需发挥"证伪"的作用，这样可以减少政府信用损失的风险。因为，"证伪"即发现企业有问题容易，"证实"企业没有问题却相对较难。第三，双重认证机制下，消费者的认知负担小。消费者只需要认证机构的信誉和产品的认证情况即可，不需要了解具体的安全知识，从而利用认证机构的知识来节约消费者的知识。因此，通过认证机构的学习和创新、政府的公正监督和消费者的选择机制，可以有效降低安全信息获取成本。

1.1.4　市场需求机制——市场需求是食品安全管理的重要动力，恢复食品市场秩序的关键是创造"优质优价"的制度环境

生产者的食品安全控制行为，是与外部环境适应和互动过程中自发产生的结果。因为对于生产者而言，食品安全管理的实施，不仅需要相应的物料（如信息系统成本）、人力（如教育成本），以及运营成本，而且还暴露了食品供应链中存在的问题，这正是当事人想极力掩盖的。在这种情况下，生产者不仅没有积极性实施安全管理，反而有积极性隐藏或伪造生产信息。然而，一旦市场产生对质量和安全的检测压力，相关主体就会有积极性进行食品安全管理，将安全产权最终传导到生产源头。因此，政府要为"优质优价"提供制度环境，惩罚投机行为，通过可置信威胁，使生产劣质食品成本高于优质食品成本，从而改变生产者的行为选择。一旦外部环

境产生对质量安全的诉求,例如新闻媒体监督,食品供应链就会自动加强食品安全管理。

1.1.5 终端监控机制——单一部门进行食品安全监管的效率高于多个部门,选择供应链末端监管的效率高于源头监管

多个部门分段监管的模式下,各部门之间的监管责任划分困难,绩效考核成本高,由此可能导致部门之间的机会主义行为。同时,每个部门分别监管其管辖的区域,会使食品安全管理的知识分散在不同部门,并可能存在重复检测导致资源浪费、相互推诿导致管理空当等后果。相反,一体化监管则可以有效整合全部的管理资源,有利于安全知识的学习积累,并在整个供应链中选择最有效的监测点。对于供应链中监测点的选择,源头监管虽然可以借用农村社区力量,但是,由于农户在空间上比较分散,信息获得成本还是很高。另外由于时间和运输的因素,资源的新鲜度和质量都会下降,最终检测结果还需要通过终端市场的"二次检测",造成重复检测的浪费。与源头相比,终端监管更容易获取最真实的数据:第一,食品供应链条越来越长,加大了食品风险发生的概率,只有通过终端检测,才能确保食品的最终安全;第二,供应链终端通常相对固定,如果出现安全问题更容易找到相关责任人;第三,终端监管可以使安全信息为消费者所知晓,从而借助市场力量增强安全食品供给的激励。

1.1.6 责任追溯机制——食品安全管理系统的核心是产品标签和生产档案,系统的"追溯"和"跟踪"功能具有不对称性

食品信息系统主要包括产品标签和生产档案两部分。产品标签如条码信息,主要标识生产者和经销商。生产档案则类似于一个数据库,主要查询原料投入和生产操作过程。两个部分相辅相成,产品通过加贴条码,就能根据条码信息追查到产地的纸质表格或电子数据库,并通过生产档案查询到产品各项信息。完全的食品安全管理系统具有追溯(逆向溯源)和跟踪(顺向召回)的双重功能,发达国家十分强调跟踪与召回功能,主要是减少意外事件发生后对社会造成的损失。与之相比,我国企业更有积极性实施追溯,因为追溯往往比较容易实现,通过溯源可以找到相关责任人,减轻企业自身的损失;而跟踪则需要较为复杂的操作。另外,实施召回意味着企业将面临更大的损失,所以企业没有积极性去实施跟踪,除非客户发现,企业才会实施召回。

1.1.7 社区连坐机制——小农经济的国情下,基于以合作组织为基础的食品安全管理是既经济又可行的治理模式

合作组织类似于一个联保制度,组织内成员享有共同的声誉,承担集体连带责

任。尽管在生产数量上组员各自拥有完全清晰的产权，但是合作组织拥有质量和安全的产权。一旦有了集体责任，组内成员便有积极性监督并揭发机会主义分子，而让观察成本相对较低的组内成员行使监督的权力，可以有效节约信息的收集成本和传输成本。此外，合作组织还可以充分利用当地人的社会资本。有的企业选择以合作组织为单位进行管理时，往往给予合作组织的领导人较高的报酬，领导者因而有积极性监督，通过对社区中人们人品的观察有效地对小农的生产行为进行控制，从而利用组织内的社会关系网络降低发现投机者的成本。当然，社区连坐机制的使用，需要与市场需求机制相配合。只有当安全食品在市场中获得高价格，并且组员能够分享到食品质量提升所获得的溢价时，集体惩罚机制才可能实施。如果无法形成有效的溢价与分配机制，组员将脱离合作组织。

1.1.8 重复博弈机制——相对固定的供应链关系，食品安全管理的成本相对较低

食品安全管理经常牵涉对农户生产行为的监督。例如，有的组织规定农户购买生产资料的渠道和种类，有的组织要求农户记录生产操作过程，还有些组织甚至代购生产资料，直接干预农户的生产。在这种情况下，相对固定的供应链关系，食品安全的监督成本相对较低，因为当事人为了合作的长远利益，愿意抵制投机行为的诱惑。此外，食品质量安全的控制，通常伴随着一个可能的惩罚机制，如对违规者终止一段时间的收购等。这种惩罚机制在随机采购关系下通常无法满足，只有在相对稳定的供应链关系下才可能实施。因此，在我国，食品安全管理的重要机制是在农户、合作组织、经销商等主体之间建立一种稳固且长期的交易关系，将一次性博弈行为转化为多次重复博弈。

1.2 中西结合的食品质量安全管理制度构建

基于上述食品安全治理机制的经济分析，本章在结合发达国家食品安全管理经验的基础上，尝试构建中国未来可能的食品安全监管体系。

1.2.1 多重信号生成的信誉制度

第一，建立质检部门的信誉机制。只有在质检部门自身有信誉的条件下，才能给予被监管者以信誉。要建立质检部门的信誉，必须要授予监管者所拥有信誉的完全产权，即建立食品安全监管权力和责任对等的制度。

第二，在事前检测制度方面，应建立竞争性认证市场，使得消费者原来对产品

的信任,转移为对认证机构的信任,从而以认证机构的知识克服消费者的有限理性。认证机构可以选择独立的信息提供机构,也可以是政府自身提供信号,但为了避免寻租行为,必须引入市场竞争机制,使得进入和退出认证市场都是自由的。

第三,在食品供应链中,建立高效的食品信号显示和传递机制,节约信息的获得成本。消费者福利取决于信息的经济性,因此他们需要的不是更多而是更少的信息。应通过 HACCP 认证、可追溯系统等机制,有效地将需要的信号和噪音区分开来。

第四,在事后问责机制方面,应完善反馈与投诉渠道,保障消费者的维权信心。通过建立类似于发达国家消费者协会这样的稳定机构,降低消费者的维权费用。从而借助消费者和市场的力量,强化食品供应链中的信誉制度。

1.2.2　明晰权责界定的监督制度

针对食品安全监管中"政府失灵"的现象,关键是建立监管控制权和收益获取权对等的机制。相比财产权利界定,监管权利界定的难度更大、成本更高。为此,除了克服有关质检部门维护自身利益的本位主义,还要克服盲目审批认证、地方保护主义等获取"灰色收入"的权力寻租行为。

另外,有必要建立一体化的监督制度。质检部门一体化监管较之多部门监管,可以清晰地界定食品安全产权,所有的资源会得到有效的利用,并且能在供应链中选择适当的控制点。目前,许多发达国家的质检部门都采取一体化的监管方式,整合提高了安全管理的效率,包括法律规章的一致性、各部门责任更清晰、执行的时效性更强以及人力成本的节约等。美国的食品安全虽然是多部门管理,但它不是按照环节分段管理,而是按照品种分类管理并负责到底,在这样的制度下,几乎所有食品质量都被控制得比较好,这也印证了一体化监管的高效性。

1.2.3　利益风险共享的激励制度

首先,应在农产品供应链中,积极发展利益共享、风险共担的紧密型生产合作组织。通过建立包括固定收入(工资或年薪)、风险收入(奖金或股票)、远期收入(股票期权或退休金计划)的多元化收入结构,对生产经营者实施激励,从而有效控制委托—代理中的机会主义行为。其中关键是要让农户和中间商分享到农业产业化过程中增值环节的收益,真正形成生产、加工、营销的一体化。

其次,应利用农村社区结构和农业合作组织进行"适度"监管。可以采取连坐机制、合约机制、网络机制等一系列途径,节约信息的获取成本。另外,社区或组织出于利益和信誉的考虑,也会利用自身在供应链中的优势,通过内部知识和重复博弈等机制有效地解决因不确定性、投机行为等产生的困难,降低食品安全监管成本。

1.3　结论与启示

农产品或食品质量安全问题其实质就是解决农产品或食品信任品特征所引发的质量安全信息不对称问题,而质量安全可追溯体系则是在食品安全的利益相关者(政府、生产者、经营者、消费者)间实现质量安全信息的共享,改变部分利益相关者在农产品交易或消费中信息劣势地位的有效工具,因而可以最大限度地避免食品安全事件的发生,同时也减少了消费者和整个社会福利的损失。鉴于此,质量安全可追溯体系的作用从以下几个方面展开。

第一,从质量安全可追溯体系本身的机能上看,其作用可以体现在:①最终产品出现违反准则的情况时,能方便地对违规事项的原因进行查找;②原因找到后,使需要回收货物的量最小;③消减回收费用;④因为能清楚地掌握原材料的出处,所以能分析辨别所用原材料的风险度;⑤能在记录上使最终产品的品质保证成为可能;⑥符合 ISO9000 系列及 HACCP 的要求。

第二,从质量安全可追溯体系的目的和信息信赖度提升上看,其作用可以表现在:①确保流通渠道的透明性;②能将相关信息提供给各主管机构;③列入商标标识管理的商品,能确保标识内容的可靠性;④由于标识可靠性提升,因此可以防止标识及信息错误,可提升交易公正性。

第三,从质量安全可追溯体系对生产者和经营者的食品安全管理效率上看,其作用可以体现在:①当食品安全问题发生或产生安全事故时,可以很容易地掌握、控制并寻找事故发生的原因;②食品安全事件发生时,借此系统可以掌握、控制产品的行踪,可以正确、迅速地进行产品召回,将消费者的损失降到最低,同时也可以使整个产业的经济损失控制在最低点;③质量安全可追溯体系也可帮助数据搜集,以此可帮助管理机构了解食品对消费者健康预期以外的影响,同时有助于发展风险管理的方式;④使制造商的责任更加明确;⑤生产者和经营者可以借助产品的识别号进行产品管理,同时也可以进行食品特性的相关情报传达与保管,因此能有效地进行产品的库存管理和品质控制,以此来节约成本及提升品质。

综上所述,食品安全管理制度的核心,是信誉制度、监督制度、激励制度三者的协调,是建立在食品供应链中重点推行食品质量安全责任可追究的追溯系统的基础上的三种制度的协调。其中,信誉制度的关键是保证信息发布机构自身的信誉,同时保障食品安全信息的高效传递;监督制度的关键是给予监管者所拥有权责的完全产权、避免本位主义和权力寻租的行为;激励制度的关键是建立稳定关系的农产品供应链,同时发展经济利益共享的产业化组织。

　　每一种制度都有各自的优势,任何一种制度都可以实现食品安全。每一种制度也都有自身的缺陷,单独使用的边际成本剧增。一个低成本的治理机制,在于实现各种制度的互补。最终,质检部门、经销商、生产者相互间的行动选择达到均衡,使得食品安全管理的人力、物力、财力资源有效配置,食品质量安全信息得到有效利用,食品安全的监管控制权和剩余索取权符合激励相容原则。

2 先进地区、行业农产品质量安全监管与追溯实践经验

为保证质量安全可追溯体系在农产品生产和流通中顺利实施，推动我国农产品质量安全水平的提高，中央、各部委和各省、自治区、直辖市出台了一系列的法律法规、规章制度和行业标准，并在各地开展了各种质量安全可追溯体系试点。经过近10年的发展与完善，我国的质量安全可追溯体系建设已初具成效，全国各地也涌现出不少值得推广的实践经验。

2.1 北京市农产品质量安全监管的实践经验与追溯实践经验

2.1.1 北京市农产品质量安全监管的实践经验

北京市作为中国政治、文化、教育和国际交流中心，各级监管部门都加强对食品生产、加工、流通的质量安全控制。特别是2013年以来，北京市进一步加强了食品标准、监管、处罚和问责体系的建设，食品安全总体合格率保持在97.3％以上，其中大米、小麦粉、食用植物油、猪肉、蔬菜、豆制品等6类重点食品的总体合格率保持在98.2％以上，2014年北京市在国务院食安办组织开展的全国各省市食品药品安全工作考核评价中名列第一。[①] 总结北京市奥运会食品安全保障建设和奥运会后北京市的食品安全后续建设的实践，北京市在食品安全监管的经验可以归结为以下几个方面。

1. 建立食品安全保障制度，完善食品安全标准

北京市政府从2005年起开始实施《2008年北京奥运食品安全行动纲要》，随

---

① 资料来源：世界卫生日：北京食品安全总体合格率97.3％以上［EB/OT］，人民网，http://bj.people.com.cn/n/2015/0402/c233081-24368033.html

后,北京市质量技术监督局制定了《奥运会食品安全执行标准和适用原则》等15项地方标准,提出了农产品"从农田到餐桌"的全过程的管理要求和技术要求,这些要求严于国际食品安全标准。同时,为每个供奥食品生产企业编制和制作了《奥运会食品执行标准方案》和《奥运会食品供应企业标准手册》,建立了首都标准网,可供企业随时查询食品标准。2008年1月1日起,《北京市食品安全条例》正式实施,该条例强化了食品生产经营者和市场开办方作为食品安全第一责任人的主体责任,同时要求食品生产加工企业严禁超范围、超限量使用食品添加剂或违规添加非食品添加剂。2012年12月27日,《北京市食品安全条例》修订并公布,自2013年4月1日起施行,这份号称"全国最严"的食品安全条例对食品安全方面严重的失信者,除了追究相应的法律责任之外,规定终身不得从事食品的生产经营活动。条例中还规定将建立食品追溯体系,实现对于重点食品生产、收购、加工、存储、运输、销售全过程的安全信息的可追溯;新条例还按照不同的业态类别提出不同的准入许可要求,实行严格的市场准入制度。[①]

2.健全食品安全监督管理组织体系,强化属地监管职责

早在北京奥运会筹备期间,北京市就健全了食品安全监督管理组织体系,由31个单位组成的食品安全协调办公室承担统一领导与协调职责,这在全国各地食品安全监管体系建设上是走在前头的。[②]　同时,北京完善了食品安全三级监管网络,将食品安全监管延伸到基层。北京市各区县政府成立了食品安全委员会,街道、乡镇也建立了食品安全协调领导机制,并在社区和行政村设立食品安全监督员、信息员。[③]　为了做好农产品生产源头的把关和质量控制,北京市加快了乡镇农产品质量安全监管公共服务机构的建设,承担农民质量安全知识培训、生产环节质量安全日常巡查、各项监管措施的督促落实等任务,形成市、区县、乡镇三级农产品质量安全监管服务网络。[④]

为改变北京食品安全重复监管及监管缺位问题,提高食品监管的执法力度,2013年7月,北京市人民政府决定设立北京市食品药品监督管理局。新设立的北京市食药监局整合了市食品办、药监、质监、工商、卫生等部门的食品药品监管职

---

①　资料来源:北京市食品安全条例全国最严 违规者终身禁入[EB/OT],腾讯财经,http://finance.qq.com/a/20130401/003608.htm,2013-04-01

②　资料来源:北京成立食品安全委员会 成员包括三个中央部门[EB/OT],新浪财经,http://finance.sina.com.cn/xiaofei/canyin/20050731/09111849553.shtml

③　资料来源:奥运世博均实现食品安全零事故 经验如何推广?[EB/OL],新民网,http://health.xinmin.cn/jkzx/2011/05/10/10645709.html,2011-05-10

④　资料来源:北京市加快乡镇农产品质量安全公共监管服务机构建设[EB/OT],第一食品网,http://www.foods1.com/content/1922102/,2012-12-14

责，实现食品全产业链的统一监管。① 北京市还建立了市、区县、街乡三级"全覆盖"式的食品药品监管机构，实现了垂直与分级"两结合"的食品安全管理体制，落实了属地政府责任。②

3. 启动农产品质量安全检测机构资质考核工作，三级检测保安全

近几年，北京市虽然加大了对农产品质量安全监督工作力度，但仍然存在缺人员、缺技术、缺设备、缺经费等问题，送检农产品存在"检得慢、检不准、检不了"的困境。为改变农产品监管检测能力偏弱的状况，2011 年 8 月，北京市农业局印发《北京市农产品质量安全检测机构资质考核实施办法（暂行）》，对申请考核的农产品质量安全检测机构提出了法律、仪器、场所、认证、经费等基本条件与人员的能力要求。自从启动农产品质量安全检测机构资质考核工作后，一批检测机构，如北京市兽药监察所、谱尼测试科技有限公司、房山区农业环境和生产监测站、北京市植保站农药检测实验室等获得了农产品质量安全资质考核证书。③④ 为把好农产品市场准入关，保证生产源头产品的质量安全，北京市启动了以市级、区县级检验中心为主体，以农产品批发市场、乡镇检测站、生产经营企业和农民专业合作社检测室为依托的农产品质量安全三级检验检测体系建设。农产品质量监测网络将覆盖至农贸市场的菜摊、产菜养畜乡镇的田间地头，形成市、区、乡镇及企业三级联动的安全网络。⑤

4. 完善农业标准化体系，实施农产品生产标准化分级管理⑥

农业标准化是以建立完善的标准体系为基础，在农业生产中实施产前、产中、产后全过程的标准化、规范化管理，是保障农产品质量安全的重要举措。为此，北京市制定了《新一轮"菜篮子"工程建设指导规划（2012—2015 年）》，规划指出全面推行标准化生产，到"十二五"末，"菜篮子"产品全面达到无公害标准，绿色食品、有机农产品的生产量比 2009 年翻一番。从 2011 年起，北京市实施标准化生产基地

---

① 资料来源：北京食品药品监督管理局重新组建昨日挂牌［EB/OT］，和讯网，http://news.hexun.com/2013-08-16/157148402.html，2013-08-16

② 资料来源：张勇到北京市调研食品药品监管体制改革工作［EB/OT］，中华人民共和国中央政府网，http://www.gov.cn/gzdt/2013-11/11/content_2525463.htm，2013-11-11

③ 资料来源：北京市农产品质量安全检测机构资质考核工作启动［EB/OT］，北京市农业局，http://www.bjny.gov.cn/nyj/232120/233040/836328/index.html，2011-09-07

④ 资料来源：北京市植保站农药检测实验室通过市农产品质量安全检测机构资质考核［EB/OT］，北京农业局，http://www.bjny.gov.cn/nyj/231595/232732/605906/484117/index.html

⑤ 资料来源：北京市织密农产品质监网 正建三级检验检测体系［EB/OT］，中国新闻网，http://www.chinanews.com/cj/2011/03-29/2936651.shtml，2011-03-29

⑥ 资料来源：北京市推进新一轮"菜篮子"工程建设情况的报告［EB/OT］，中华人民共和国农业部，http://www.moa.gov.cn/ztzl/clz25zn/dybg/201306/t20130609_3489856.htm，2013-05-14

分级管理,按照《北京市农业标准化基地建设考核评分标准》,对达标的优级标准化基地予以 10 万元奖励,以发挥农业标准化基地的宣传、示范、引领作用。截止到 2012 年年底,北京市累计制定各项农业地方标准 221 项,标准总量达到 1600 余项;市级农业标准化基地达到 1200 余家,种养业主导产品的标准覆盖率达 90% 以上。2013 年,北京市全面推进蔬菜生产标准化建设,计划 5 年内实现规模化蔬菜生产标准化全覆盖。

5. 开展农产品质量安全监管的示范创建和源头控制,试点食品可追溯

2011 年起,北京市制定实施了《北京市农产品质量安全监管示范区县和乡镇创建工作实施方案》,在全市开展农产品质量安全监管示范区(县)和(乡)镇创建,对评比确定为示范区(县)和示范镇(乡)的,分别奖励 300 万元和 50 万元。2012 年,北京市全市基本建立了乡镇农产品质量安全管理站,进一步完善了质量安全基层工作组织。① 为保障食品质量,北京市实施了农产品质量的源头控制,试点食品可追溯。早在 2004 年,北京市在小汤山特菜基地(北京市天安农业发展有限公司)进行了食品追溯体系的试点;随后北京在乳制品、生猪、牛羊肉等产品中实行全程追溯。在奥运会期间,北京市采取了源头控制、市场准入并重的方式,要求对供奥蔬菜基地严格地规范建立生产履历制度,采摘的蔬菜必须经当地权威的检测机构检测合格之后才能运到北京。② 2012 年《北京市食品安全条例》修订版中规定,食品生产经营者必须按照规定报送相关的信息,实现对于重点食品生产、收购、加工、存储、运输、销售全过程的安全信息的可追溯。

6. 构建首都食品安全技术保障体系,技术创新计划保障食品质量安全

如今的食品安全问题越来越复杂,需要先进的技术和队伍来保障食品安全,控制食品安全风险。2004 年,北京市成立了食品安全监控中心,按照专业实验室的技术准则,构建以风险评估为基础的首都食品安全监管技术支撑体系。2008 年开始,该中心用一年时间在全市构建起了四个层级的流通领域食品安全技术支撑保障体系,分别是北京市工商局监控中心,朝阳等 6 个分中心,东城等 11 个分局实验室,食品安全移动实验室、快速检测车和一线执法人员的便携式快速检测设备;建成了"舆情信息动态监控、突发事件应急处置、风险监测评估预警、数据归集资源整合、监管技术研发转化、重大事件技术保障"6 个技术平台,完善了食品安全保障工

---

① 资料来源:北京市推进新一轮"菜篮子"工程建设情况的报告[EB/OT],中华人民共和国农业部,http://www.moa.gov.cn/ztzl/clz25zn/dybg/201306/t20130609_3489856.htm,2013-05-14

② 资料来源:层层把关逐级检测,严格控制奥运食品生产供应链[EB/OT],北国农网,http://www.db-nw.com/zxzx/View.aspx? id=40552,2008-08-01

作机制。① 在奥运会期间，北京市食安办就采用了包括移动实验室、便携式快速检测箱、GPS实时监控和温度实时记录装置等在内的8项全新技术，应用了15项新的奥运会食品安全技术规范。② 目前，北京市不断推进食品安全技术和设备的开发研究和运用，如2010年，北京市科委启动"北京食品安全检测仪器研发与产业化示范"重大项目，建设北京食品安全检测装备工程技术研究中心。③ 2014年4月，北京市人民政府印发《北京技术创新行动计划（2014—2017年）》，对首都食品质量安全保障进行了重点任务分解（见表2-1），提出"到2015年，研发集成应用食品安全新产品、新技术、新装备320种以上"的新目标。④

表2-1　《北京技术创新行动计划》(2014—2017年)中食品质量安全保障重点任务分解

重点任务	牵头组织	重 点 工 作
食用农产品生产基地安全保障	市农委、市科委	一是推动食用农产品标准化基地创建及升级改造，实现规模化、标准化生产；二是加快生物农业安全投入品研发及产业化，开展共性技术攻关；三是实施"菜篮子"安全生产技术集成应用，加快优质、高产、低碳、循环等先导技术的转化应用
食品生产加工质量安全保障	市食品药品监管局、市农委	一是开展安全婴幼儿配方奶粉研发与产业化，打造国产婴幼儿配方奶粉安全品牌；二是加快安全食品加工技术研发与食品制造技术升级；三是建设安全食品产业聚集区，推动农产品加工与资源综合利用技术的集成应用和产业示范
食品物流质量安全保障	市商务委、市经济信息化委	一是强化农业物联网技术、产品在食品安全物流中的集成应用；二是开展农业物联网、冷链物流等关键技术研究与攻关；三是深化食品安全追溯体系建设，开展"从田间到餐桌"全过程信息采集标准化技术研究与应用
食品质量安全检测监控	市食品药品监管局、市科委	一是建设食品安全检验检测服务平台，构建覆盖全面、链条完整的追溯体系；二是开展食品安全风险评估与预警新技术研发，推动食品安全风险评估防控体系建设；三是研究高通量、高精准检测技术，开发智能化、数字化快速检测试剂和设备

资料来源：北京技术创新行动计划（2014—2017年）［EB/OT］，首都之窗网，http://zhengwu. beijing. gov. cn/ghxx/qtgh/t1352269. htm，2014-04-14

---

① 资料来源：构建首都食品安全技术保障体系［EB/OT］，中国经济网，http://www. ce. cn/xwzx/gnsz/gdxw/201201/31/t20120131_23030371. shtml，2012-01-31

② 资料来源：八项全新技术确保北京奥运食品安全［EB/OT］，中国安全生产网，http://www. aqsc. cn/101805/101994/102577/102583/98299. html，2008-08-22

③ 资料来源：北京食品安全检测装备工程技术研究中心落户普析通用［EB/OT］，仪器信息网，http://www. instrument. com. cnnews/20100609/043347. shtml，2010-06-09

④ 资料来源：北京技术创新行动计划（2014—2017年）［EB/OT］，首都之窗网，http://zhengwu. beijing. gov. cn/ghxx/qtgh/t1352269. htm，2014-04-14

7.对食品生产经营者实行分级分类监管,食品安全监督管理可操作性强

为适应食品安全监管体制改革的新要求,推进其一体化、制度化、程序化的发展,北京市食品药品监督管理局于2014年12月31日发布《北京市食品安全监督管理办法(试行)》,将食品生产经营者按风险程度划分为三个监管级别,并结合食品生产经营者的信用度等因素采取分级分类的监管措施。最严格的是针对从事中等以上风险食品,同时信用分级评定为一级失信的生产经营者的三级监管,监管级别越高,检查次数越频繁。①为增强基层食品安全的可操作性,确保一线监管人员在监管执法过程中的行为标准,《北京市食品安全监督管理办法(试行)》借鉴了美国 UADA-FSIS 企业食品安全体系官方验证指南经验,进一步细化统一了检查标准、检查记录程序、文书表格与检查条款,绘制了监督检查流程图、案件查处流程图,增强了监督执法的可操作性。②

2.1.2 北京市农产品质量安全追溯体系建设的实践经验

1.追溯试点早,奥运会催化了北京农产品可追溯系统的诞生

2002年北京市商委制定了食品信息可追溯制度,明确要求对购进食品按产地、供应商、购进日期和批次建立档案。2004年,农业部组织北京市农业局和河北省农业厅共同承担了农业部的"进京蔬菜产品质量追溯制度试点项目"。2005年,北京市开展了自产蔬菜产品质量追溯试点。2008年,在北京市人民政府食品安全监督协调办公室的领导下,毕博管理咨询(上海)有限公司与航天信息股份有限公司共同开发和实施了奥运食品安全追溯系统③,奥运会的成功举办在某种意义上催化了北京农产品可追溯系统的诞生。

2.对高风险食品实行全程追溯,对严重违法经营者实行终身行业禁入

2005年,北京市开展了以郊区14个蔬菜配送企业、协会和农民合作组织为主体的自产蔬菜产品质量追溯试点。④ 2006年北京市蔬菜质量安全追溯系统开发完成。2007年,蔬菜质量安全追溯系统扩大到外埠进京蔬菜产地。2006年福寿螺事件、多宝鱼事件后,北京市水产技术推广站吸收借鉴北京市蔬菜产品质量追溯制

---

① 资料来源:北京市食品药品监督管理局关于印发《北京市食品安全监督管理办法(试行)》的通知[EB/OT],北京市药品监督管理局,http://zfxxgk.beijing.gov.cn/columns/98/5/544212.html,2014-12-31

② 资料来源:北京发布食品安全监管办法 首推监督检查全过程记录[EB/OT],首都之窗,http://zhengwu.beijing.gov.cn/zcjd/bjszcjd/t1377233.htm,2015-01-09

③ 资料来源:北京奥运会食品安全保障工作"摘金"[EB/OT],仪器信息网,http://www.instrument.com.cn/news/20080827/021275.shtml,2008-08-27

④ 资料来源:北京市农业局加快蔬菜产品质量追溯制度试点建设[EB/OT],松际农网,http://www.99sj.com/News/64555.htm,2005-04-20

度,建立了水产品质量安全追溯体系。① 2007 年,北京市畜禽产品追溯体系正式启用。2008 年 9 月,北京市首个猪肉质量可追溯系统在北京最大的猪肉市场——城北回龙观商品交易市场投入运行。2013 年,北京市要求对乳制品(包括液态奶和婴儿乳粉)、肉制品、调味品等 10 类高风险食品实施全程追溯,并构建统一的食品安全追溯信息平台和食品安全信用信息平台,对于严重违法经营者将实行终身行业禁入。②

3. 食品追溯系统实现实时监控和远程追溯

为完善北京市食品安全监管体系,科学防控食品安全风险,北京市朝阳分局和中国农业大学食品科学与营养学院共同研发成功的"朝阳区食品安全远程追溯系统"于 2013 年 6 月 1 日正式投入运行。该系统由主体管理、客体管理、动态监管、抽样检测、信用评价、信息发布六大模块构成,可实现监测数据"实时监控"、食品信息"远程追溯"功能。③

4. 增加可追溯公共服务领域的投入和对可追溯食品生产的补贴

为推动食品追溯体系建设,北京市首先出台了一些食品可追溯体系的配套法律和法规,如《北京市食品安全条例》规定北京市将实行食品安全和食用农产品质量安全追溯制度,食品安全监督管理工作也将纳入政府绩效管理评价考核体系。其次,为企业和农户提供法律咨询、信息技术支撑、中央技术培训等。如早在 2004 年进京蔬菜产品质量追溯制度试点时,北京市农业局就对河北省 6 个试点基地的负责人和当地农业局主管领导参加了培训,对试点基地的进京蔬菜产品质量、产品质量追溯码的应用等内容作了进一步明确。④ 再次,为企业和农户提供财政支持。如为减轻企业和农户实施食品质量安全可追溯体系的生产成本,避免实施质量安全追溯体系存在收不抵支的状况,北京政府增加可追溯公共服务领域的投入和对可追溯食品生产的补贴。补贴内容包括:一是对企业选购的追溯系统的硬件设备予以扶持;二是减免企业当年的追溯系统运行服务费,对打印标签等耗材根据企业生产实际使用量予以补助;三是对区县和企业开展与追溯食品相关的宣传和培训

---

① 资料来源:北京市建立水产品质量安全科追溯制度[EB/OT],第一食品网,http://www.foods1.com/content/393853/,2008-03-06

② 资料来源:北京全程追溯 10 类高风险食品 违法者或被终身行业禁入[EB/OT],新浪网,http://news.sina.com.cn/o/2013-08-25/133128042421.shtml,2013-08-25

③ 资料来源:朝阳区食品安全远程追溯系统正式投入运行[EB/OT],凤凰网,http://finance.ifeng.comroll20130701/8176904.shtml,2013-07-01

④ 资料来源:我局举办进京蔬菜产品质量追溯制度试点基地培训班[EB/OT],北京市农业局,http://www.bjny.gov.cn/nyj/232120/233040/822838/index.html,2004-10-09

工作而产生的费用予以补贴;四是为带有追溯码的农产品入市创造优惠条件。①

5.实施食品追溯召回制度

为保护消费者权益,惩罚食品违法企业,北京市明确规定召回食品的销毁过程,包括完整图像资料和记录的"证据"至少要保留2年。对责令其召回后仍拒不召回的食品生产企业,依据相关违法惩戒规定进行现场公示。② 在有条件的区县推动畜禽肉制品生产企业实行过期产品集中销毁,严厉打击使用工业明胶等非食用物质,使用过期回收或者腐败变质食品再加工肉制品,以及掺杂使假、以次充好等违法生产加工行为。③

6.注重食品技术研发与食品制造技术升级

北京市综合运用物联网等科技手段,构建食品安全追溯体系。2014年4月发布的《北京技术创新行动计划(2014—2017年)》指出要加快安全食品加工技术研发与食品制造技术升级,提出"到2017年,实现肉蛋奶等重点产业食品安全全程可追溯,建设食品安全检验检测服务平台,构建覆盖全面、链条完整的追溯体系"的目标。为达到此目标,北京市政府要求各部门、各单位开展全产业链的食品安全质量控制和智能化食品安全追溯技术开发与应用;在物流质量安全保障方面,要求开展"从田间到餐桌"全过程信息采集标准化技术研究与应用,深化食品安全追溯体系建设;要求建设食品安全检验检测服务平台,构建覆盖全供应链的追溯体系。④

7.重视向消费者宣传可追溯体系的知识

为推动消费者的理性消费,以维权来推进可追溯食品市场的健康发展,北京市农业局、中国物品编码中心、国家食品药品监督管理局等多次举行食品安全宣传活动,向消费者提供产品质量、打假维权、问题食品召回等方面的咨询,免费派发《食品安全知识读本》、《食品安全可追溯性案例集锦》、《水果、蔬菜跟踪与追溯指南》等资料。⑤

---

① 资料来源:关于推进我市蔬菜质量安全追溯系统建设的意见[EB/OT],北京市农业局,http://www.bjny.gov.cn/nyj/232120/233036/825469/index.html,2006-11-15

② 资料来源:北京食品召回管理办法 6月起实施 销毁证据需留两年[EB/OT],人民网,http://legal.people.com.cn/n-0531/c42510-21684365.html,2013-05-31

③ 资料来源:北京:建食品追溯召回制度 过期将集中销毁[EB/OT],新华网,http://news.xinhuanet.com/info/2015-04/03/c_134121318.htm

④ 资料来源:北京技术创新行动计划(2014—2017年)[EB/OT],首都之窗网,http://zhengwu.beijing.gov.cn/ghxx/qtgh/t1352269.htm,2014-04-14

⑤ 资料来源:北京食品安全宣传周活动3·15正式启动 新型食品安全追溯码查询机成为关注焦点[EB/OT],中国物品编码中心,http://www.ancc.org.cnNewsarticle.aspx?id=4078,2007-03-16

2.2 上海市农产品质量安全监管的实践经验与追溯实践经验

2.2.1 上海世博会食品质量安全监管的实践经验

据统计,世博园开园期间,食品安全保障系统共检查园内餐饮服务和食品零售单位27560户次,发现并纠正不规范操作行为34072项次,发出监督意见书95份,对发现问题且整改不到位单位约谈62户次,警告7家存在明显农品安全问题的单位。共抽检食品、食品重点加工环节、温度、消毒效果等14.16万件,发现不合格1.21万件,及时排除了大量食品安全隐患。[①] 至10月31日闭幕,园区内餐饮服务未发生重大食品安全事故。2010年上海世博会的食品安全零事故的傲人成绩为探索符合我国国情的食品安全监管模式提供了有益的借鉴。总结起来,上海世博会食品安全监管的经验可以归结为以下几个方面。

1.减少食品供应链环节

从上海世博会的经验来看,世博会的食品供应链是一种"生产基地(生产)——世博仓储区(储运)——中心厨房(加工、初加工)——餐饮单位(销售)"的供应链。与我国一般的食品供应链相比,这种供应链减少了流通中的中转环节,从而大大缩减了食品原材料储运环节的时间,而运输时间的减少和运输环节冷链设备的完善大大降低了食品的安全风险。但供应链的缩短是以物流的改善为基础的,尤其是冷链物流的发展,世博会供应链的顺畅运作正是建立在充足的物流投入的基础上的。而在我国的大部分地区,物流却是制约我国食品流通的瓶颈,突出表现在基础设施的不完善上。因而,想要提高食品供应链运作效率、降低流通中的食品安全风险就必须加大物流投入力度,加大物流尤其是冷链物流基础设施的投入。

2.实施食品产地准出和市场准入制度

之前的研究表明,食品的加工和生产环节是导致食品安全事故发生最频繁的环节。针对我国生产经营主体组织化程度小,食品的监管成本高的现状,从长远来看,培育食品生产经营大厂商、农业产业化组织是必由之路。在制度建设上,应当逐步提高准入门槛,引导企业和商贩走规模化、集约化经营的道路,才能真正实现有效监管。因此,为确保世博会农产品质量安全,上海市实施了蔬菜、生猪及生猪

---

① 资料来源:上海圆满完成2010上海世博会食品安全保障任务［EB/OL］.糖酒快讯网,http://info.tjkx.com/detail/660841.htm,2010-11-04.

产品产地准出和市场准入制度。其中所有供沪蔬菜都要通过上海市江桥、江杨、曹安、上农批、龙上、西郊6个农产品批发市场进入。要求农产品生产单位(指蔬菜生产企业或农民专业合作组织)按照"有生产记录、有质量检测、有包装标识、有产地证明"的要求,上海市蔬菜种植散户按照"有生产者名单、有责任书签约、有巡查记录、有质量检测、有产地证明"的要求,实行蔬菜产地准出制度,实现质量安全可追溯。① 表2-2是上海市世博期间要求蔬菜、生猪及生猪产品需出具的产地证明格式样表。

表 2-2 世博会期间要求出具的产地证明格式样表

_____省_____县农产品产地证明(副本)

发证日期:_____年_____月_____日　　编号:_____

产　地:_____乡(镇)_____村(基地)

生产者:_____电话:_____

产品名称及数量:

收获日期:

质量检测(认证)类型及结果:

运销商:_____电话:_____

证明出具单位(盖章):

经办人:

资料来源:上海市关于世博期间实行蔬菜、生猪及生猪产品产地准出和市场准入制度的实施意见[EB/OL],江苏农业网,http://www.jsagri.gov.cn/aqsld/files/445961.asp,2010-03-30

3.重心下移,明确食品安全的属地管理职责

为保障世博会农产品质量安全,按照属地管理和分级负责原则,形成了"地方政府对农产品质量负总责、农业部门具体抓、生产经营者为第一责任人"的责任体系。为此,各地农业部门将供世博会的蔬菜生产基地全部纳入监管范围,严格实施蔬菜产地准出制度。工作人员必须确保世博食品原料随车附证,检查原料铅封、温度及包装完好性,并按标准进行全项目检验合格后,方可投入生产。为了防止运输过程中突发的意外情况,所有运输车还配备了GPS定位系统,由公安部门直接监管。②

4.实施食品的溯源管理制度

世博会期间,不仅在食品原料基地实施了完善的产地信息登记制度,更是在食

---

① 资料来源:上海市关于世博期间实行蔬菜、生猪及生猪产品产地准出和市场准入制度的实施意见[EB/OL],江苏农业网,http://www.jsagri.gov.cn/aqsld/files/445961.asp,2010-03-30

② 资料来源:探秘世博食品供应链:运输车GPS定位人员须背景调查[EB/OL],东方世博网,http://2010.eastday.com/G/20100318/u1a707738.html,2010-03-18

品原料入园之前进行射频识别技术检验并登记,并为食品贴上电子标签(RFID)以便供应链终端的消费者能够随时随地地获取食品安全相关信息。储运环节同样通过温度实时监控系统保障食品安全信息的实时更新与传播。统一的贯穿食品生产储运加工消费全过程的食品安全信息链的建立既为监管者工作的开展提供了明确的方向,也有助于消费者食品安全信心的提升。要实现这一点,首先就需要在源头生产环节加快推进蔬菜生产基地建设和合作社组织的发展,充分发挥生产基地和合作社统一管理的功能,以保障生产信息记录的完整性和规范性;其次,加大对于初级加工、深加工环节的监管力度,确保各项食品安全生产制度落到实处;最后,需要流通中的批发市场充分发挥其食品安全监管的职能,完善入场食品信息登记制度,规范信息登记内容,同时加大检查力度以确保入场食品的安全卫生。

5.加强食品安全知识宣传

在风险评估的基础上,充分发挥行业协会等社会组织在食品安全宣传、培训等方面的优势和作用,充分发挥消费者在食品安全监管中的作用。如在世博会召开前夕,上海奶业行业协会先后在江苏省太仓市、上海浦东新区等地组织当地的农业局、畜牧办、疾控中心、奶管站和奶牛场管理人员和技术员,举办"迎世博·乳品质量安全培训班"等。[1]

6.注重信息技术的使用,实现监管电子化

科技能力的建设是支撑世博会期间园区内不发生食品安全事件目标的重要支柱。上海市依托食品溯源信息系统、温度实时监控系统、细菌性食物中毒预警系统和食品安全快速检测4类核心技术保障世博会期间的食品安全。[2]上海市还注重了信息技术的使用,实现监管电子化。如世博园区内的餐饮企业安装远程视频监控系统;大型冷库、配送中心、盒饭分装间等重点区域安装温度监控系统。[3]

2.2.2 上海市大部制改革过程中农产品质量安全监管的实践经验

我国的食品安全监管体制采取的是多机构分段管理模式,这种模式多头管理、权责不明的弊端是造成食品药品安全问题频发的体制性因素。为此,2013年3月10日,国务院发布《国务院机构改革和职能转变方案》,提出为加强食品药品监督管理,提高食品药品安全质量水平,组建国家食品药品监督管理总局。上海市的食

---

① 资料来源:世博会期间上海乳品质量安全现状[EB/OL],中国外贸通,http://china. 53trade. comnewsdetail_187137. htm,2010-05-17

② 资料来源:四类核心技术为上海世博食品安全"保驾护航"[EB/OL],新华网,http://news. xinhuanet. com/2010-05/28/c_12155043. htm,2010-05-28.

③ 资料来源:上海世博会食品安全保障新型装备首次公开亮相[EB/OL],新华网,http://news. xinhuanet. com/politics/2009-10/12/content_12216978. htm,2009-10-12

品安全监管体制改革起步比较早,早在 2004 年年底,上海就开始分步推进食品卫生监管体制改革,尝试建立起一个部门牵头的食品卫生监管体系,将食品安全链划分成种植养殖、生产加工和流通消费三个环节,分别由市农业委员会、市质量技术监督局和市食品药品监督管理局三大部门负责全面监管。[1] 随着探索实践卫生监管大部制的"上海模式",即食品全过程监管归属一个部门——上海食药监局改革的不断推进,从 2014 年 1 月 1 日起,新成立的上海市食品药品监督管理局全面履行上海市食品生产、流通、餐饮服务环节全过程的食品安全监管职能[2],形成"横向到边,纵向到底"的上海食药监管模式。上海大部制改革过程中及以后的农产品质量安全监管的实践主要经验如下。

1. 树立科学监管理念,食品监管组织体系逐步健全

2004 年,上海市政府积极推进"两级政府、三级监管、四级网络"的监管模式,建立健全了市、区(县)两级食品安全联席会议制度。2008 年,上海市调整了食品安全有关监管部门的职能,基本理顺各监管部门的职责。2012 年 4 月,上海市实行"首责管理制、属地管理制、责任追究制",将食品安全监督管理工作纳入各级政府的目标考核范围,落实食品安全监督管理责任制。[3][4] 2014 年 1 月,上海市政府决定原由质量技术监督部门承担的食品生产环节安全监管工作和化妆品生产监管工作、工商行政管理部门承担的食品流通环节安全监管工作,划转由食品药品监督管理部门承担[5],并对组建的上海市食品药品监督管理局明确了主要职能,形成了覆盖生产、流通、消费各环节的上海食药监管模式。

2. 设立食品安全委员会,出台严厉的食品安全监管措施

为落实食品生产经营者主体责任,增强政府监管效能,发挥行业协会及社会组织的作用,2011 年 5 月,上海市人民政府决定成立上海市食品安全委员会,明确了对有关部门监管职责不清的问题由市食品安全委员会研究、协调、裁决。建

① 资料来源:上海食品安全监管体制改革破解体制困局[EB/OL],搜狐网,http://news.sohu.com/20070313/n248686565.shtml,2007-03-13

② 资料来源:上海市食药监管体制改革基本完成[EB/OL],中国日报网,http://www.chinadaily.com.cnhqgjjryw/2013-12-31/content_10935300.html,2013-12-31

③ 资料来源:上海市人民政府办公厅关于印发上海市食品药品安全"十一五"规划的通知[EB/OL],中国上海网,http://www.shanghai.gov.cn/shanghai/node2314/node2319/node12344/userobject26ai12333.html,2007-09-29

④ 资料来源:市政府关于印发上海市食品药品安全"十二五"规划的通知[EB/OL],中国上海网,http://www.shanghai.gov.cn/shanghai/node2314/node2319/node10800/node11407/node29273/u26ai31936.html,2012-05-22

⑤ 资料来源:上海市人民政府关于本市食品安全监管职能调整有关事项的通知[EB/OL],中国上海网,http://www.shanghai.gov.cn/shanghai/node2314/node2319/node10800/node11407/n30984/u26ai37768.html,2014-01-03

立完善市、区两级食品安全委员会，并赋予市食品安全委员会以一定裁决权。①上海食品安全委员会宣布成立后就出台了5个最严厉的食品安全监管举措，即执行最严的准入、最严的处罚、最严的执法、最严的监管和最严的问责来确保食品安全。②

3.建立食品安全溯源系统，落实食品生产经营者的主体责任

食品产业链过长、经营者诚信意识淡薄是上海食品安全产生问题的最主要原因。产业链过长造成的食品安全信息不对称，需要用食品安全追溯体系去冲破。2011年5月，上海市人民政府出台的《上海市人民政府关于进一步加强本市食品安全工作的若干意见》中要求落实源头管理和溯源制度，要求对肉品、乳品、水产品、蔬菜等生产经营者建立溯源系统。2013年11月，《上海食品安全信息追溯管理办法》已经完成起草工作，提出除已有的猪肉、蔬菜、牛羊肉流通安全信息追溯工作外，继续完善粮食、水产流通安全信息追溯体系建设。③2015年2月，据上海市有关部门介绍，《上海市食品安全信息追溯管理办法》出台后，在上海销售的所有食品，无论是否本地生产、无论生产，还是流通环节都可进行追溯。④

4.重视食品安全的大众监督和食品安全举报投诉首接责任制

食品安全不仅需要专业监管，更需要基层网络的社会共治和大众的监督。《上海市人民政府关于印发上海市食品药品安全"十二五"规划的通知》中就提出："向广大群众宣传食品药品安全知识、监管政策及工作动态，普及公众食品药品知识。"上海福喜事件就是一个媒体发挥重要监督作用的典型案例。在福喜事件的曝光中，原福喜员工的举报起到了至关重要的作用。2014年7月，上海市食药监局提出要鼓励企业内部人员举报食品安全问题，落实食品安全监管部门食品安全投诉举报首接责任制，推行政府职能部门的监管、企业的自律、消费者的自我保护、社会的监督"四位一体"的社会共治监管模式。⑤

---

① 资料来源：上海宣布成立食品安全委员会[EB/OL].和讯网，http://news.hexun.com/2011-05-23/129882896.html，2011-05-23

② 资料来源：食品安全落实"五个最严"[EB/OL].东方网，http://sh.eastday.com/m/20130518/u1a7398969.html，2013-05-18

③ 资料来源：《上海食品安全信息追溯管理办法》完成起草[EB/OL].中国糖酒网，http://news.tangjiu.comhtmlbiaozhunfagui/jibenfalvfagui/20131122/189264.html，2013-11-22

④ 资料来源：《上海市食品安全信息追溯管理办法》即将出台[EB/OL].新浪网，http://sh.sina.com.cnnewsb/2015-02-13/detail-ichmifpx7940105.shtml，2015-02-13

⑤ 资料来源：上海市食药监局：鼓励企业内部人员举报食品安全问题[EB/OL].凤凰网，http://news.ifeng.com/a/20140729/41343362_0.shtml，2014-07-29

5.推广食安险,财政补贴引导食品安全项目建设

在全国性试点铺开之前,上海早在 2012 年就已推广食安险。食安险的作用是一旦企业发生食品安全问题而倒闭,消费者可向保险公司索赔,在一定程度上减少消费者的损失。[①] 上海市"食安险"的推广与政府"探索财政补贴引导扶持"关系密切。上海市把保险与食品安全诚信体系、食品安全追溯体系、"黑名单"制度结合起来,引导保险行业去开发"多赢"的保险产品。[②] 同时,上海市比较重视利用财政补贴来补偿生产者因提高食品质量安全水平而增加的成本。如为提高种植户和养殖户建立农业档案追溯体系的积极性,上海市政府提供了资金补贴,表 2-3 为 2014年 9 月上海市财政局公布的上海市农业档案追溯体系项目资金分配表,上海市各区的农业档案追溯体系项目补贴合计 760 万元。

表 2-3　2014 年上海市农业档案追溯体系项目资金分配情况

区　县	建档数量(份)	建档补贴(元/份)	项目资金(万元)
闵行区	3000	50	15
嘉定区	7000		35
宝山区	2000		10
浦东新区	44000		220
奉贤区	23000		115
松江区	11000		55
金山区	20000		100
青浦区	13000		65
崇明县	29000		145
合　计	152000		760

资料来源:市农委等关于下达 2014 年农业档案追溯体系项目资金的通知[EB/OL],中国上海网,http://www.shanghai.gov.cn/shanghai/node2314/node2319/node12344/u26ai40406.html,2014-09-18

6.建立食品污染物监测网,开展食品安全风险监测

上海在全国率先建立了较完善的食品污染物监测网,"十一五"期间,上海市有关部门对 28 大类食品 326 项指标开展连续性、有代表性的污染物监测,年食品监

督性抽检(含快速检测)样品数超过 8 件/千人。[①]"十二五"期间,上海重点推进上海市食品安全风险监测与评估中心项目建设和配套信息平台建设。从 2014 年 11 月 5 日起,上海市食品药品监督管理局在官网上不断公布上海市的食品安全风险监测情况以及通报食品安全监督抽检情况,让公众知晓并进行监督。

7. 加强食品安全信用体系建设,建立食品安全黑名单[②]

为加快推进食品安全信用体系建设,确保人民群众食品安全,2013 年 1 月 30 日,上海市出台《市政府办公厅转发市食品安全委员会办公室关于本市食品安全信用体系建设若干意见的通知》,提出在粮食、肉制品、蔬菜、乳制品、食用油、淡水鱼 6 大类重点食品生产经营企业,建立全过程食品安全信用体系。为督促生产企业落实食品安全的主体责任,加大联合惩戒力度,上海市出台的《关于本市食品安全信用体系建设若干意见的通知》提出"建立和完善'黑名单'制度",并对列入"黑名单"的食品安全违法犯罪行为以及对其准入、处罚、联合惩罚和曝光等均作了具体的规定。同时规定,各市级监管部门要于每月 1 日向社会公布上月审定的"黑名单"企业及有关责任人信息。

8. 设立食品安全举报专项奖励资金,对违法行为的举报进行奖励

为充分调动人民群众参与食品安全监督管理的积极性和主动性,鼓励人民群众积极举报食品安全违法犯罪行为,从 2011 年起,上海市政府印发通知,要求各级部门建立健全覆盖全市食品安全各个领域和环节的食品安全举报奖励制度,并根据实践操作实施的问题,不断完善食品安全举报奖励工作机制。[③] 至 2014 年,共落实符合法定条件的有奖举报 1396 件,同比增加 78%,奖励金额 74.6 万元,同比增加 88.9%。2015 年,上海市将修订完善食品安全举报奖励办法,适度扩大奖励范围,建立隐名举报奖励制度。[④]

---

① 资料来源:上海市人民政府办公厅关于印发上海市食品药品安全"十一五"规划的通知[EB/OL],中国上海网,http://www.shanghai.gov.cn/shanghai/node2314/node2319/node12344/userobject26ai12333.html,2007-09-29

② 资料来源:市政府办公厅转发市食品安全委员会办公室关于本市食品安全信用体系建设若干意见的通知[EB/OL],中国上海网,http://www.shanghai.gov.cn/shanghai/node2314/node2319/node12344/u26ai35111.html,2013-02-25

③ 资料来源:上海市人民政府办公厅转发市食品安全委员会办公室关于进一步加强本市食品安全举报奖励工作实施意见的通知[EB/OL],中国上海网,http://www.shanghai.gov.cn/shanghai/node2314/node2319/node12344/u26ai30230.html,2011-11-25

④ 资料来源:上海今年建食品安全隐名举报奖励制 市人大启动食品安全执法检查[EB/OL],中国日报网,http://www.shipinzg.cninfo20150418/1263508.html,2015-04-18

2.2.3 上海市农产品质量安全追溯体系建设的实践经验

1.建立农业生产管理系统,实现农产品的可控制性和可追溯性

上海市农业生产管理系统自 2001 年下半年启动,2003 年上海"档案农业信息系统"已开发出养猪场、蔬菜园艺场档案管理信息系统,市境道口畜禽管理信息系统和农产品质量安全查询系统。① 2010 年,上海农业数据中心初步建成,上海市世博蔬菜追溯系统、设施粮田管理信息系统等 15 个业务系统完成整合并开始运作。② 到 2013 年年底,上海市初步构建了农业档案可追溯体系,农产品质量安全处于可控状态。

2.以追溯体系的建设倒逼食品安全,食品安全信息将跨省市追溯

上海市在 2005 年开始建设食品安全追溯体系,到 2012 年 3 月,猪肉已首先实现全程可追溯。2012 年 4 月,上海市质监局已建立乳制品生产环节的追溯系统,闵行、长宁、浦东等区县也相继开发了餐饮环节和流通环节的追溯系统。2013 年,上海市基本实现粮食、水产追溯系统在上海市标准化菜市场、大卖场的全覆盖。到 2014 年 1 月 13 日,上海食品流通安全信息追溯系统建设已顺利完成。③ 为进一步加强豆制品行业食品安全信息追溯管理,2014 年 4 月,上海市做出了对豆制品(包括豆芽)的送货单管理规定,要求上海市豆制品行业协会承担豆制品送货单纸质件(见表 2-4)的印制和发放,以及电子信息化豆制品送货单(见表 2-5)的备案、监制工作,以加强豆制品行业自律。④ 到 2014 年 7 月,上海食品流通安全信息追溯系统品种覆盖猪肉、蔬菜、牛羊肉、粮食、水产、禽类 6 大类,并向酒类、乳制品等食品拓展。由于上海的食品消费对外依存度过高,2015 年,上海将延伸上海的食品安全信息平台,与外地的食品安全信息平台对接,食品安全信息将跨省市追溯。⑤

① 资料来源:上海年鉴 2004[EB/OL],中国上海网,http://www. shanghai. gov. cn/shanghai/node2314/node24651/node14926/node14947/userobject21ai104532. html,2005-04-20

② 资料来源:上海年鉴 2010[EB/OL],中国上海网,http://www. shanghai. gov. cn/shanghai/node2314/node24651/node26195/node26209/u21ai518100. html,2011-06-28

③ 资料来源:上海市食品流通安全信息追溯系统建设顺利完成[EB/OL],搜狐网,http://business. sohu. com/20140116/n393642708. shtml,2014-01-16

④ 资料来源:上海市食品药品监督管理局 上海市商务委员会关于印发《上海市豆制品送货单管理规定》的通知[EB/OL],上海市食品药品监督管理局,http://www. shfda. gov. cn/gb/node2/node3/node1107/node2206/node326/userobject8ai8182. html,2014-05-04

⑤ 资料来源:上海:食品安全信息将跨省市追溯[EB/OL],中国食品报,http://www. cnfood. cn/n-0417/52775. html,2015-04-17

表 2-4　上海市豆制品送货单纸质件样张

上海市豆制品送货单

No：********

购货单位：　　　　　　联系地址：　　　　　　送货日期：****-**-**

序号	品名	数量（规格）	生产日期	序号	品名	数量（规格）	生产日期
1	内酯豆腐			16	油面筋		
2	板豆腐（老）			17	烤麸		
3	板豆腐（嫩）			18	素肠		
4	豆腐干			19	粉皮		
5	五香豆腐干			20	麻腐		
6	蒲包豆腐干			21	黄豆芽		
7	兰花豆腐干			22	绿豆芽		
8	臭豆腐干			23	蚕豆芽		
9	油豆腐			24			
10	三角油豆腐			25			
11	油条子			26			
12	油划方			27			
13	素鸡			28			
14	厚百叶			29			
15	薄百叶			30			

注：产品数量散装以千克、块、张等计；包装以袋、盒、包等计。

购货单位及经手人签章　　　　　　　供货单位（盖章）：
生产单位：　　　　　　　　　　　　联系电话：

上 海 市 豆 制 品 行 业 协 会 印 制

资料来源：上海市食品药品监督管理局 上海市商务委员会关于印发《上海市豆制品送货单管理规定》的通知［EB/OL］,上海市食品药品监督管理局,http://www.shfda.gov.cn/gb/node2/node3/node1107/node2206/node326/useroject8ai8182.html,2014-05-04

表 2-5 上海市豆制品送货单电子件样张

上海市豆制品送货单

上海＊＊＊豆制品有限公司　　　　　　　　联系电话：＊＊＊＊＊＊＊＊

购货单位/地址：＊＊＊＊＊＊＊＊＊　　　　　　第＊页　共＊页

订单编号：＊＊＊＊＊＊＊＊＊＊　　　　　　　　送货日期：＊＊＊＊-＊＊-＊＊

序号	品　名	规格	数量	生产日期	备注
1					
2					
3					
4					
5					
6					
7					
8					
9					
10					
11					
12					
13					
14					
15					
16					
17					
18					

送货员：　　　　　　　　签收人：

上海市豆制品行业协会监制

资料来源：上海市食品药品监督管理局 上海市商务委员会关于印发《上海市豆制品送货单管理规定》的通知［EB/OL］,上海市食品药品监督管理局,http://www.shfda.gov.cn/gb/node2/node3/node1107/node2206/node326/userobject8ai8182.html,2014-05-04

3.推进农业标准化生产,夯实农产品质量追溯体系基础

上海市在农产品追溯制度建设中与农业标准化建设有机结合起来,不断完善农业标准体系,加快标准制定修订,建立健全农业标准体系;推进农业标准化示范区建设,努力实现农业生产全过程的标准化管理。2011年,上海市提出创建蔬菜标准园,推广生态栽培技术,推进标准化生产和建立质量安全管理制度。在推进标准化基地建设的同时,上海市加强农业标准制定修订工作,截至2011年年底,共制定修订各类农业标准119项,其中国家标准25项、行业标准29项、地方标准65项,基本建立了与国家标准、行业标准接轨,又具有本市特色的地方农业标准体系。①②③ 表2-6是上海市2006年以来已颁布的与食品安全相关的部分地方农业标准,从表中可以看出,标准涉及的产业有种植业、畜牧业、水产业和其他(如冷链、餐饮业、市场等)。《上海市现代农业"十二五"规划》提出,到"十二五"末上海的农业标准化生产率达到80%以上。

表2-6　2006年来已颁布的部分上海市地方农业标准目录

标准号	标准名	发布日期	实施日期
DB31/T356-2006	规模化奶牛场生产技术规范	2006-02-08	2006-06-13
DB31/T377-2007	饲料安全卫生管理要求	2007-02-03	2007-05-01
DB31/T375-2007	柑橘栽培技术规范	2007-02-03	2007-05-01
DB31/T388-2007	食品冷链物流技术与管理规范	2007-07-06	2007-10-01
DB31/ 382-2007	崇明老毛蟹	2007-09-17	2007-11-30
DB31/ 384-2007	崇明老白酒	2007-09-17	2007-11-30
DB31/T383-2007	崇明老毛蟹成蟹养殖技术规范	2007-09-17	2007-11-30
DB31/T400-2007	禽肉中可的松等10种激素类药物残留量的测定(液相色谱—串联质谱法)	2007-12-11	2008-03-15
DB31/T396-2008	生鲜食品超市经营与管理规范	2008-01-17	2008-03-30
DB31/T406-2008	西兰花种子繁育技术规程	2008-06-23	2008-09-15

---

① 资料来源:上海创新方式多措并举保障农产品质量安全[EB/OL],http://e-nw. shac. gov. cn/zfxxgkzwxwbiaozhunhua/201212/t20121217_1333481. htm,2012-12-17

② 资料来源:上海市人民政府办公厅关于印发《上海市标准化发展战略纲要(2007—2020年)》的通知[EB/OL],中国上海网,http://www. shanghai. gov. cn/shanghai/node2314/node2319/node2404/node17088/node17102/userobject26ai10732. html,2007-04-02

③ 资料来源:市农委等关于2011-2015年蔬菜标准园创建工作的实施意见[EB/OL],中国上海网,http://www. shanghai. gov. cn/shanghai/node2314/node2319/node12344/u26ai27759. html,2011-05-20

续表

标准号	标准名	发布日期	实施日期
DB31/T409-2008	食品用亚硫酸盐和二氧化硫的测定——碘量法（现场快速筛选法）	2008-07-11	2008-11-01
DB31/T408-2008	食用植物油酸价和过氧化值的测定——试纸法（现场快速筛选法）	2008-07-11	2008-11-01
DB31/410-2008	餐饮业即食食品环节表面卫生要求	2008-07-31	2009-01-01
DB31/T424-2009	彩色甜椒生产技术操作规范	2009-01-07	2009-03-31
DB31/T423-2009	彩色甜椒	2009-01-07	2009-03-31
DB31/T469-2009	粮田和菜地水利基础设施建设技术规范	2009-12-30	2009-05-01
DB31/433-2009	酒酿卫生要求	2009-03-05	2009-05-31
DB31/T434-2009	酒酿生产技术规范	2009-03-05	2009-05-31
DB31/T432-2009	畜禽养殖场消毒技术规范	2009-03-05	2009-06-01
DB31/T431-2009	猪流感病毒 HA1/NA3、NA1/NA3 亚型多重 RT-PCR 检测方法	2009-03-18	2009-06-01
DB31/T439-2009	练塘茭白生产技术规范	2009-05-08	2009-07-31
DB31/T438-2009	练塘茭白质量安全要求	2009-05-28	2009-07-31
DB31/442-2009	湿制粉类制成品卫生要求	2009-05-25	2009-09-01
DB31/443-2009	湿制粉类制成品生产技术规范	2009-05-25	2009-09-01
DB31/T441-2009	食品中苏丹红Ⅰ、Ⅱ、Ⅲ、Ⅳ和对位红的测定（液相色谱-串联质谱法）	2009-05-26	2009-09-01
DB31/T437-2009	猪活体背膘厚、眼肌面积 B 型超声波测定法	2009-05-08	2009-09-01
DB31/448-2009	食用畜禽血产品质量安全要求	2009-06-04	2009-10-01
DB31/T449-2009	白切羊肉加工小作坊加工卫生规范	2009-07-09	2009-10-01
DB31/453-2009	农药经营单位销售和仓储技术要求	2009-08-06	2009-10-01
DB31/T455-2009	食品中沙门氏菌、志贺氏菌量子点抗体快速筛选法	2009-09-08	2009-11-01
DB31/20-2010	沙乌头猪	2010-02-12	2010-06-01
DB31/T483-2010	肉鸽场生产技术规范	2010-04-20	2010-06-01
DB31/488-2010	地理标志产品：奉贤黄桃	2010-07-07	2010-09-01
DB31/T495-2010	餐饮企业现场管理	2010-09-06	2010-12-01
DB31/T536-2011	家禽林地生态养殖技术规范	2011-06-22	2011-09-01

续表

标准号	标准名	发布日期	实施日期
DB31/546-2011	地理标志产品：仓桥水晶梨	2011-08-09	2011-10-01
DB31/T526-2011	餐饮业中餐厨房管理规范	2011-08-03	2011-11-01
DB31/T569-2011	冷冻包装水产品加工技术规程	2011-11-22	2012-01-01
DB31/T578-2011	饲料中玉米赤霉醇类物质的测定：液相色谱法—串联质谱法	2011-12-23	2012-05-01
DB31/T577-2011	生猪屠宰防疫检疫规范	2011-12-23	2012-05-01
DB31/T576-2011	动物调运防疫检疫规范	2011-12-23	2012-05-01
DB31/2001-2012	青团	2012-05-17	2012-05-17
DB31/T587-2012	保护地黄瓜病害测报技术规范 第一部分：黄瓜霜霉病	2012-03-22	2012-07-01
DB31/T588-2012	保护地黄瓜病害测报技术规范 第二部分：黄瓜白粉病	2012-03-22	2012-07-01
DB31/T586-2012	甜菜夜蛾测报技术规范	2012-03-22	2012-07-01
DB31/T585-2012	小菜蛾测报技术规范	2012-03-22	2012-07-01
DB31/T601-2012	地理标志：金山蟠桃	2012-07-26	2012-07-26
DB31/T600-2012	猪附红细胞体 PCR 检测方法	2012-05-17	2012-10-01
DB31/T646-2012	蔬菜标准园建设技术规范	2012-10-19	2013-01-01
DB31/T645-2012	上海果品等级——葡萄	2012-10-19	2013-01-01
DB31/T683-2013	花椰菜生产技术规程	2013-01-18	2013-05-01
DB31/T319-2013	活禽市场交易规范	2013-06-19	2013-06-20
DB31/T693.1-2013	蔬菜工厂化育苗技术规程 第一部分：甘蓝类	2013-03-12	2013-07-01
DB31/T704-2013	南美白对虾亲虾培育技术规范	2013-05-29	2013-09-01
DB31/T762-2013	食品零售商店服务规范	2013-11-14	2014-01-01
DB31/2027-2014	即食食品现制现售卫生规范	2014-03-13	2014-10-01

资料来源：上海市地方标准目录（2014 年 6 月）[EB/OL]，上海质量监督局网站，http://www.shzj.gov.cn/col/col1782/，2014-06-01

4.重视农产品认证工作，促进农产品认证与追溯有机结合

农产品认证在保障农产品安全方面发挥了重要作用，但在认证过程中，如缺乏溯源追责，会影响农产品认证的效果。为了提高上海本地产农产品质量安全水平，推进农产品认证工作，早在 2000 年，上海市政府就批准成立上海市农产品质量认证中心。经过十余年的发展，上海市的农产品质量认证工作基本形成了以产品认

证为重点、体系认证为补充的农产品质量认证体系。截至 2012 年 11 月底,上海市在证书有效期内的认证企业达 607 家,认证农产品总数达 3395 个(其中,无公害农产品 481 家,产品 3201 个;绿色食品 118 家,产品 170 个;有机食品 6 家,产品 22 个;地理标志农产品 2 个)。此外,上海市在全国范围首创将蔬菜园艺场作为无公害产品认证对象,提高了无公害农产品的认证效率与监管水平。[①]

5. 推动农业物联网建设,为食品可追溯体系奠定基础

物联网的应用有助于食品安全监管,为食品可追溯体系的发展奠定基础。到 2011 年 6 月,上海一些副食品市场已经应用了一些先进的物联网技术。[②] 2012 年,上海市农委会同有关部门提出在 2020 年前,完成利用物联网、移动通信等现代信息技术对农业种植结构、重大动植物疫情疫病等的监测。农业部将上海作为全国农业物联网试点城市之一,安排 950 万元专项资金扶持上海农业物联网区域试验工程。为此,上海启动了光明米业粮食作物"产加销"一体化、能繁母猪保险管理、水产健康养殖、农机综合指挥调度等物联网技术应用示范项目。[③][④]

2.3　深圳市农产品质量安全监管的实践经验

2.3.1　食品药品由市场监管委员会统一监管,推行食品质量安全大部制监管

为解决食品安全执法不严、多头管理现象突出,职能交叉和缺位等食品安全监管机制的问题,深圳市进行了体制改革,实行食品安全大部制监管模式。整合了原来分属于质监、工商、卫生等部门承担的食品安全监管职能,统一由深圳市市场监督管理局负责。深圳市市场监督管理局成立于 2009 年 9 月 9 日,整合了工商、质监和知识产权三个监管部门的机构与资源。但当时该局的监管职责主要集中在食品生产、加工、流通和餐饮领域,而不涉及食用农产品,仍属于"半程"监管。2011 年 12 月 21 日,深圳撤销市农业和渔业局,并将食用农产品安全监管职责划入市场

---

① 资料来源:上海创新方式多措并举保障农产品质量安全[EB/OL],http://e-nw.shac.gov.cn/zfxxgk/zwxw/biaozhunhua/201212/t20121217_1333481.htm,2012-12-17

② 资料来源:物联网为食品安全"保驾护航"[EB/OL],腾讯网,http://tech.qq.com/a/20110627/000216.htm,2011-06-27

③ 资料来源:上海年鉴 2013[EB/OL],中国上海网,http://www.shanghai.gov.cn/shanghai/node2314/node24651/n32098/n32112/u21ai865402.html,2014-04-15

④ 资料来源:市农委等关于上海农业物联网发展的实施意见[EB/OL],中国上海网,http://www.shanghai.gov.cn/shanghai/node2314/node2319/node12344/u26ai35052.html,2013-03-13

监督管理局。到 2012 年年中，深圳市又将原属食品安全委员会办公室的食品安全综合协调职责集中到市场监督管理局，成立了食品安全监督管理局。作为市场监督管理局的"二级局"，食品安全监管至此才有了真正专属的主管部门。到 2013 年 1 月，食品安全监督管理局下属派出机构已经覆盖深圳全部 9 个城区。2014 年深圳市政府机构改革又有新动作，将该市市场监督管理局升格为委员会的设置，提出组建深圳市市场和质量监督管理委员会以及深圳市市场监督管理局（市质量管理局、市知识产权局）、深圳市食品药品监督管理局，不再保留深圳市药品监督管理局、深圳市食品安全监督管理局。深圳市市场和质量监督管理委员会为市政府工作部门，深圳市市场监督管理局、深圳市食品药品监督管理局设在深圳市市场和质量监督管理委员会下，分别负责市场和质量、食品药品等领域的日常监管工作，其人财物管理统一由深圳市市场和质量监督管理委员会负责。[①]

2.3.2 成立食品安全委员会，实行食品质量安全综合协调

为进一步加强深圳市食品安全监管工作，建立健全食品安全综合协调机制，2004 年 9 月，深圳市食品安全委员会正式成立，包括了主要食品监管部门等 15 个成员单位，委员会办公室设在食品药品监督管理局，并在 6 个区成立区食品安全委员会。深圳市食品安全委员会的主要职责是：统一组织领导全市的食品安全工作，制定全市食品安全工作规划并组织实施；协调政府各职能部门的职责分工，检查、督促和落实各部门食品安全监管责任的落实等。初步形成了综合监督与具体监管相结合的食品安全监管体系。[②] 为进一步加大监管力度，切实提高食品安全水平，深圳市食品安全委员会还每年发布《监管责任白皮书》、《深圳市食品安全专项整治工作方案》。

2.3.3 重视食品安全监管信息化体系建设，完善食品质量安全追溯体系

为避免食品安全监管部门之间、食品安全监管部门与食品企业之间、消费者与食品企业之间的信息不对称，深圳市很重视食品安全的信息化基础设施建设，拟投入 1.17 亿元，开发建设食品安全风险管理体系，积极推进食品安全可追溯系统以及食品安全舆情分析系统的开发和建设，建立和完善食品安全信息化监管体系。

2.3.4 建立食品安全长效机制，提升食品质量安全检测能力

近年来，深圳市加强政府食品安全检测机构建设，拓展检验项目，提升检验能

---

① 资料来源：深圳：食品药品由市场监管委员会统一监管［EB/OL］，中国质量新闻网，http://www.cqn.com.cnnewszgzlb/disan/866086.html，2014-03-24

② 资料来源：深圳市人民政府关于成立深圳市食品安全委员会的通知［EB/OL］，110 法律法规网，http://www.110.com/fagui/law_238653.html，2004-09-29

力。到 2013 年年底,深圳市政府批准实施了总投入达到 23.66 亿元的食品药品安全重大民生工程,其中近 5 亿元投入食品和食用农产品检测实验室建设和食品快检车辆的配备,已经基本建立起"以市级检测机构为核心,区、街道检测网络完善,企业检测机构健全"的食品安全检验检测体系。[①] 深圳市计划到 2017 年,全市食品(含食用农产品)抽检覆盖率提升至每千人 9.5 份,超过香港当前每千人 9 份的水平。将投入 5000 万元,在全市建设 1000 个食用农产品质量安全快速筛查和定量检测预处理点。[②]

2.3.5　完善食品安全风险监测体系,开展食品质量安全风险交流

深圳市建立了食品安全风险监测体系,实行提前介入,重点发现食品行业的潜规则并进行针对性的检测,改变过去只有食品安全出了问题被曝光后才进行检测的方式。深圳通过合理规划食品安全风险监测点,建立深圳市食品安全风险监测信息数据库,为食品安全风险评估、风险预警、风险控制和食品安全标准制定提供依据。针对目前公众对风险交流的社会认知度不高的状况,为更好地向民众传播食品安全知识,深圳市拟建立常态机制,与企业、媒体、专家共同建立食品风险交流平台,希望通过平等对话、坦诚交流,提升公众辨识能力、促进行业规范发展、提升食品安全风险防控能力,最终达成食品安全共识,形成多方参与、社会共治的良好格局。[③]

2.3.6　推进企业诚信体系建设,形成食品质量安全"黑名单"失信惩戒机制

2011 年 6 月,广东省政府提出推进食品工业企业诚信体系建设。2012 年,食品安全监管局查处了"超级牛排"、"兽药猪排"、"孔雀石绿鱼",建立了"食品安全黑名单"制度。2013 年 7 月,深圳市市场监督管理局制定了《深圳市食品安全信用信息管理办法》,规定了食品安全信用信息的主要内容;列举了食品生产经营者列入"食品安全黑名单"的生产情形及曝光方式,规定将其记入全市企业信用档案。[④]深圳市通过落实食品生产经营企业主体责任,完善食品经营企业诚信体系建设,形成"食品安全黑名单"失信惩戒机制,不断提高食品安全水平。

---

① 资料来源:深圳市食品安全"十二五"规划(深卫人发[2011]533 号)[EB/OL],食品伙伴网,http://www.foodmate.net/law/guangdong/174147_2.html,2011-12-14

② 资料来源:深圳 4 部门晒"民生报告"2 年后食品抽检率赶上香港[EB/OL],中国经济网,http://district.ce.cn/newarearoll201505/13/t20150513_5354198.shtml,2015-05-13

③ 资料来源:深圳拟建食品药品安全风险交流平台[EB/OL],深圳新闻网,http://www.sznews.com/zhuanti/content/2015-05/03/content_11541804.htm,2015-05-03

④ 资料来源:深圳市市场监督管理局关于印发深圳市食品安全信用信息管理办法的通知[EB/OL],深圳政府在线,http://www.sz.gov.cn/gsj/scjgjxxgkqtztlmspaqjg/spjgtzgg/201307/t20130725_2175937.htm,2013-07-25

2.3.7 鼓励社会公众参与食品质量安全监督,建立食品安全社会参与体系

由于政府的监管资源和食品企业自律还比较有限,深圳鼓励社会公众参与食品安全监督。如 2006 年 7 月,深圳市无公害农产品质量监督检验站倡导成立了"食品安全义工队"。[①] 深圳还探索建立了食品安全协管员制度。为鼓励社会公众参与食品安全监督,营造良好的食品安全全社会参与氛围,2012 年 3 月,深圳市食品安全委员会制定了《深圳市食品安全举报奖励办法》,根据是否有罚没款入库、举报的不同等级等分别规定了相应的举报奖励。[②] 到目前为止,深圳市基本建立了以"政府监督管理、经营者责任管理、行业自律管理、社会参与管理"为内容的生产、流通、餐饮服务环节"四位一体"食品安全管理体系。

2.4 浙江省农产品质量安全监管与追溯的实践经验

近年来,浙江省紧紧围绕"两个千方百计、两个努力确保、两个持续提高"目标,坚持"产""管"并重,深入开展农产品质量安全监管活动,落实强化监管八项措施。2013 年省级定量检测共抽检各类农产品 10069 批次,累计检测 62 万个参数,总体合格率 98.5%,高于全国平均水平。综观浙江省的工作,主要有几个方面的经验。

2.4.1 浙江省农产品质量安全监管的实践经验

1.强化属地监管责任,探索建立乡镇全员监管模式

自浙江省农业厅 2009 年 12 月成立了农产品质量安全监管处以来,目前全省 11 市有 52 个县(市、区)单独设立农产品质量安全监管处(科)室,尚未单设监管机构的县(市、区)也相应明确了职能部门和工作人员。乡镇农产品质量安全监管机构依托"三位一体"基层农业公共服务体系建设也得到不断完善。截至 2014 年 8 月底,全省涉农 87 个县(市、区)1159 个乡镇中,有 1153 个乡镇完成"三位一体"监管机构建设,建设完成率 99.48%;建成乡镇监管机构中有 1153 个乡镇落实监管人员编制数 1620 人,实有工作人数 1747 人,单独建立检测室的 1130 间,配备快速检测设备 1159 台。[③] 为确保基层农业公共服务中心质量安全监测人员编制、岗

---

① 资料来源:深圳成立国内首支"食品安全义工队"[EB/OL],新浪网,http://finance.sina.com.cnroll20060330/1405622685.shtml,2006-03-30

② 资料来源:《深圳市食品安全举报奖励办法》出台奖励最高可达 50 万元[EB/OL],中国质量新闻网,http://www.cqn.com.cnnewszjpddfdt551952.html,2012-03-31

③ 资料来源:课题调查。

位、人员三落实,浙江省创新乡镇农业公共服务机构用人机制,将乡镇农产品质量安全监管工作纳入现代农业建设中,实行一把手负责制,积极与人事、财政等有关部门沟通协调,形成工作合力。建立健全了岗位责任、考核评价、学习培训、巡查检查、报告汇报、奖励追责等六项乡镇农产品质量安全监管制度。

2.以农业园区、特色产业带为平台,加快农业标准的示范推广

浙江省在农业标准化推广模式探索上,继探索出农业技术推广机构、行业协会、合作社和龙头企业为主导的四种标准化推广模式后,在吸收四种模式的基础上,为进一步加快农业发展方式转变,将农业标准化工作与现代农业园区建设结合起来,既能全面提升园区的现代化程度,又能通过现代农业园区建设的全面铺开带动浙江省的农业标准化示范推广工作。为此,浙江省围绕以两区(粮食生产功能区和现代农业园区)和特色产业带为核心的现代农业发展战略,积极探索以政府引导、主体运作、地方为主、省级扶持的现代农业园区为平台的农业标准化推进模式,"园区+建设主体+农户"、"合作社(龙头企业)+基地+农户"的标准化推进模式。在园区建设中,浙江省积极探索项目管理制模式,为了保证该模式运转出成效,园区落实责任农技推广制度,实行首席农技专家负责制度,各产业区块责任农技员到位、工作任务量化到人。邀请省内知名专家或县(市、区)相关专家担任首席农技专家,依托于业务技术指导部门落实相关技术服务人员,及时解答农户技术问题。相关指导专家经常前往园区进行现场指导或集中培训,帮助农户试验新品种,建立技术保障体系。由于农业标准化基础设施投入回报周期较长,农业企业的经营利润普遍不高,为此,浙江省十分注重基础配套设施的配套投入。在政府的引导下,根据课题组对浙江省 2012 年验收的 77 个现代农业园区包括 19 个主导产业示范区和 58 个特色农业精品园的绩效评价,现代农业园区从规范生产、质量安全、经济生态效益等方面,其绩效水平均取得很大进展。具体表现为:第一,标准化生产能力显著上升。园区良种覆盖率在 95% 以上,种植业类园区标准化生产面积占种植业类园区总面积的 84.0%,配方施肥应用推广率为 68.8%,统防统治覆盖率达到65.6%,建立生产档案的面积比率为 74.5%,远远高于浙江示范区的水平。第二,生产过程的标准化程度与等级明显提高。与一般示范区相比,园区绿色和有机产品认证率高 22.6%。基本所有园区都建设有生产档案记录、农业投入品管理、农产品准出制度等控制措施,超过 60.0% 的园区实现了质量安全可追溯。第三,经济、社会和生态效益突出。除了带动周边农民外,还增加农民和大学生就业。以生态效益为例,因现代农业园区比一般示范区通过绿色、有机农产品认证更多,而绿色和有机生产技术的推广运用,使农业面源污染得到控制,所以农业生态环境逐步向良性循环发展,从而改善农业、农村生态环境质量。

3.推进档案记录，探索产地准出和市场准入管理

除了重视现代园区建设，循着农产品质量安全"产""管"并重原则，浙江省还努力探索从田头到餐桌的质量安全追溯体系，具体为：第一，建设产地准出示范点。按照"五有一追溯"要求（有管理制度、有专门人员、有生产记录、有质量检测、有产品标识，开展质量安全追溯），在全省的 18 个县（市、区）建立 104 个省级产地准出管理示范试点，制定标准模式图 160 余套、《农业标准化大讲堂》15 集，建立示范基地 361 个，种植业标准化示范面积 16.04 万亩，养殖业 495.3 万头（羽）。第二，加强农产品质量安全追溯信息平台的建设。在浙江发达地区，已建立覆盖省、市县、乡以及批发市场、超市、农贸市场、生产基地的检验检测网络，并要求有条件的生产企业或合作社实现农产品追溯信息化联网。第三，加强与市场监管部门联动，做好产地准出与市场准入的衔接。加强市场中农产品质量安全的监控，优先允许获得准出证明的农产品入市交易，并要求大型批发市场、配送企业建立检测实验室，对于没有获得准出证明的农产品入市要实行严格的检查验收制度，建立进出货台账，以及检测记录等档案，杜绝不合格产品进入市场。

4.改革食品安全监管体制，夯实食品安全监管基础

为解决食品安全多头管理，夯实食品安全监管基础，浙江省稳步推进食品安全监管体制改革。2013 年 9 月，浙江省政府发布《浙江省人民政府关于改革完善市县食品药品监管体制的意见》，要求组建市场监督管理局（保留工商行政管理局、食品药品监督管理局牌子）。到目前为止，新一轮食品安全监管体制改革已经基本到位，市场监管局市、县（市、区）级基本全覆盖。在市级层面，舟山采取工商、食药监、质监"三合一"大部制市场监管体制改革模式，其他 10 个市采取工商、食药监"二合一"模式。在县级层面，65 个县（市、区）采取"二合一"模式，25 个县（市、区）采取"三合一"模式。浙江省政府与各市政府签订食品安全工作目标管理责任书，对于没有完成目标任务的，根据年限不同，分别给予黄牌警告或追究政府领导责任。[①]

5.探索完善网络食品安全监管体系，推进电子商务产品追溯平台建设

当前，网络食品销售，尤其是网上订餐服务快速发展。网络订餐在方便大众的同时，也存在一些安全隐患，但法律法规还没有明确规定，这对食品安全的日常监管提出了新的挑战。为此，浙江省结合实际情况探索完善网络食品安全监管体系，建立网络追溯平台，督促指导网络运营商充分运用现代信息技术，对网络订餐数据

---

① 资料来源:浙改革食品安全监管体制 市场监管局基本全覆盖[EB/OL],中央政府门户网站,http://www.gov.cn/xinwen/2014-11/25/content_2783233.htm,2014-11-25

进行记录和保存,以备追溯,发现问题及时向监管部门举报。① 早在2013年8月,浙江省就出台了文件提出要加快产品质量追溯体系建设,探索以组织机构代码为核心,以物品编码为基础的质量追溯平台。浙江省标准化院推进"码上查"电子商务产品追溯平台建设,主要包括数据库建设,网络平台、移动APP端及企业数据采集端建设,平台追溯认证规范研究与制定推广三方面。②

6.依托智慧监管系统,推行食品安全基层网格化管理模式

为破解"管得着的看不见,看得见的管不着"的食品安全监管长期困局,浙江省依托智慧监管系统,建立健全基层食品监管运行机制,完善基层食品安全工作分片包干、责任到人等工作机制,推行食品安全基层责任网络,在第一时间发现、防范和化解食品安全风险。2014年2月,浙江省政府办公厅发文,要求全面推进食品安全工作重心下移,实行食品安全基层网格化管理模式,乡镇按照居住户数或监管任务划分食品安全责任网格,覆盖到社区行政村。到2014年年底,浙江省初步建立起食品安全基层网络,实现1347个城乡网络全覆盖,建立大、中、小网格9.9万个。③

2.4.2 浙江省实施农产品质量安全可追溯体系的实践经验

生鲜农产品,尤其是蔬菜,一直是农产品质量安全监管难点,也是建立农产品质量安全可追溯体系建设的难点。在我国,农产品批发市场仍然是蔬菜流通的主要渠道,以批发市场为核心建设蔬菜质量安全追溯体系是当前我国蔬菜质量安全保障的必然选择。浙江省杭州市以蔬菜为突破口,在推进生鲜农产品质量安全追溯实践方面取得了一些成绩,虽然杭州市在推动批发市场实施可追溯体系过程中面临一些问题还未解决,但其在推进中的实际经验可为全国其他地区实行可追溯体系提供借鉴,降低其他地区建设可追溯体系的成本。

1.提高资金支持,改进追溯手段

由于可追溯体系建设需要支付大量的前期费用,而市场各主体之间无法有效达成共识,也就没有哪一方愿意出钱建设可追溯体系,这个时期的成本主要还是由政府部门支付。因此,提高资金支持,是可追溯体系建设的前提。杭州市政府高度重视蔬菜质量安全,为可追溯体系的建设提供强大的财政资金支持,以保证该体系不断建设完善。同时,为了提高追溯的效率和效益,需要为先进的追溯手段提供技

---

① 资料来源:爱订饭、美团网等被约谈 网络订餐服务即将有法可依[EB/OL],浙江在线网,http://zjnews.zjol.com.cn/system—11/26/020381142.shtml,2014-11-26

② 资料来源:浙江省标准化院推进电子商务产品追溯平台建设[EB/OL],浙江新闻网,http://news.zj.com/detail-03/12/1510169.html,2014-03-12

③ 资料来源:浙江推进基层责任网络建设 解食品安全监管困局[EB/OL],中国新闻网,http://finance.chinanews.com/jk/2014/11-29/6827888.shtml,2014-11-29

术支持。杭州市政府积极推动电子媒介 IC 卡应用于批发市场可追溯体系，取得了良好的预期效果。

2.增强宣传培训力度，促进各方经营主体交流

在向生产者和供货商发放 IC 卡的同时，杭州市政府也积极展开对这部分群体的相关培训，普及了蔬菜质量安全可追溯体系的知识，推动了可追溯体系的建设进程。另外，杭州市政府改变原有的封闭管理方式，加强与批发市场各流通主体之间的沟通，主动聆听消费者、供货商和市场管理者的意见。杭州市政府每一项可追溯体系措施的出台，都集中了政府部门和市场主体的双重智慧，因此这些政策和措施在执行时都较为顺畅。

3.加强政府部门之间协作，成立多方参与的统一管理机构

为了克服政府各个部门多头管理产生的弊端，杭州市政府开拓新思路，加强了政府各个部门之间的沟通和协作。以杭州市余杭区农副产品物流中心管理委员会（下简称管委会）为例，管委会由杭州市和余杭区农业、贸易、工商等有关职能部门选派的人员组成，并明确管委会内部关系，清晰岗位职责。管委会统一协调，对蔬菜进场交易检测、索证索票制度进行实时监管，真正把好农产品安全关。

2.5 农垦系统农产品质量安全监管的实践经验

农垦是我国从 1954 年开始大规模开荒建场的基础上发展起来的特殊组织，目前已发展成为国家粮、棉、油、糖、胶、乳等重要农产品生产基地，光明、三元、北大荒等品牌是农垦发展现代农业的代表。① 从 2003 年开始，农垦就开始探索农产品质量追溯体系建设，经过多年努力，28 个垦区、320 多家农场/企业、1500 多种产品实现了质量可追溯，已经建立了对生产环节实行全程质量监控、覆盖面较大的农产品质量追溯体系。②

2.5.1 农垦农产品质量安全总体监管经验和实践③

1.农业生产技术先进，标准化生产应用广泛

农垦的农业科技水平先进，标准化生产应用广泛，主要农产品生产技术全国领

---

① 资料来源：我国将推进农垦改革 打造现代农业"排头兵"［EB/OL］，新华网，http://news.xinhuanet.comttgg2015-02/03/c_1114240862.htm,2015-02-03
② 资料来源：杨绍品党组成员在全国农垦工作会议上的讲话［EB/OL］，农业部农垦局，http://www.moa.gov.cnsjzznkjhyfz201404/t20140416_3874154.htm,2014-4-16
③ 资料来源：杨绍品党组成员在全国农垦工作会议上的讲话［EB/OL］，农业部农垦局，http://www.moa.gov.cnsjzznkjhyfz201404/t20140416_3874154.htm,2014-4-16

先。从 20 世纪 90 年代开始,农垦就大力推行标准化生产。目前,一些垦区的主要农产品在投入品、生产、产品销售等环节,都有一套严格的标准体系,并严格按标准执行,生产已经实现全程标准化。[①] 2002 年,农垦系统就启动了"农垦无公害食品行动计划",到 2006 年 6 月,农垦系统累计完成了 346 项国家和行业标准的制订和修订工作,其中农业部标准 253 项、无公害农业部标准 42 项。

2. 推行机械化生产,扩大农机全程化服务

农业机械化能提高农业劳动生产率和集约化,能提高农产品质量。农垦系统的农业机械化水平全国领先。2002—2011 年,农垦农机总动力年均增长 7.0%;部分垦区主要农机装备达到国内甚至世界先进水平。[②] 2013 年 2 月,农业部决定在农垦系统开展全国农垦农机标准化示范农场创建活动,向标准化、智能化、精准农业方向迈进,促进农产品质量提高。同时,各垦区不断扩大统一机耕、统一机插、统一植保、统一机收等全程化服务,不断拓展农机服务领域和产品,促进农产品质量的不断提高。[③]

3. 建设低碳节约型生态农业,确保产品质量不断提高

农垦一直注重生态环境保护和农业的可持续发展,农垦单位面积和单位粮食产量的化肥、农药施用量均低于全国平均水平。2013 年的一项专家研究课题表明,近 5 年间农垦农业投入指数增长率为负值,而其他省区均为正值。同期农垦的农产品保障、农业生态环境、农业资源保障指数增长率却远远高于全国。农垦通过不断维护农业生态环境,以实现农业可持续发展,确保主要农产品产量持续增长和质量提高。[④][⑤]

4. 建设农产品质量追溯体系,实行生产环节全程有效质量监控

结合农业部"以信息化促进农业现代化"的要求,从 2003 年开始,农垦就开始探索农产品质量追溯体系建设,2004 年追溯系统开始试点,2008 年国家正式立项。目前已经建立了对生产环节实行全程质量监控的农产品质量追溯体系。截至 2013 年年底,覆盖了除西藏、青海、山西三省、自治区以外的其他 28 个省、自治区、

---

① 资料来源:农垦无公害农产品示范基地农场检查验收总结会讲话[EB/OL],豆丁网,http://www.docin.com/p-313593375.html

② 资料来源:农业部农垦局在京召开座谈会——建设现代农业发挥示范带动[EB/OL],农民日报,http://szb.farmer.com.cnnmrbhtml/2012-10/01/nw.D110000nmrb_20121001_2-02.htm? div=-1,2012-10-01

③ 资料来源:全国农垦农业机械化工作会议召开[EB/OL],农业部,http://www.moa.gov.cn/zwllm/zwdt/201209/t20120929_2953703.htm,2012-09-29

④ 资料来源:明确新形势下农垦的战略定位扎实推进农垦实现"两个率先"[EB/OL],三湖管理区(农场)信息网,http://www.sanhu.gov.cn/news/? 130_1015.html,2014-08-26

⑤ 资料来源:我国大力推进农垦率先实现农业现代化[EB/OL],新华网,http://news.xinhuanet.com/local/2013-10/30/c_117938841.htm,2013-10-30

直辖市,追溯范围涵盖谷物、蔬菜、水果等主要农产品,种子等农业投入品及葡萄酒等农产加工品,推出了一批可追溯产品供应市场。

2.5.2　农垦农产品质量追溯体系的经验和实践

结合农垦农产品质量追溯系统、产品追溯查询和追溯产品市场营销的实践,总结出农垦农产品质量追溯体系建设的经验如下。

1. 建设农产品质量追溯制度,形成农产品质量追溯标准体系

2006 年,农垦系统根据《中华人民共和国农产品质量安全法》(以下简称《农产品质量安全法》)、《中华人民共和国食品安全法》(以下简称《食品安全法》)等的要求,把质量追溯作为提升农产品质量控制的重要手段,推动企业向信息化生产经营方式转变。农垦系统制定了《农垦农产品质量追溯系统建设项目管理办法》、《农垦农产品质量追溯系统建设项目验收办法》、《农垦农产品质量追溯系统建设项目量化考核方案(试行)》、《农垦农产品质量追溯系统建设项目信息管理办法》、《农垦农产品质量追溯标识管理办法》等制度,不断提高追溯管理工作的科学性和可操作性。2009 年 4 月,中国农垦经济发展中心研究制定的农业行业标准《农产品质量安全追溯操作规程通则》(NY/Y 1761—2009)发布,同时发布了谷物、水果、茶叶、畜肉农产品质量安全追溯操作过程标准;2011 年 9 月,发布蔬菜、面粉质量安全追溯操作规程。① 除执行以上标准外,农垦系统在质量监控文件中详细规定了其他产品质量标准的执行依据,如《2012 农垦农产品质量监控方案》规定:无公害食品按无公害食品标准判定;绿色食品或有机食品按绿色食品标准判定;非以上质量认证的产品按相应产品的国家标准判定,若无国家标准则可按备案的企业标准进行判定。农垦系统已初步形成了与国际标准相衔接、与我国农产品生产实际相结合的农产品质量追溯标准体系。②

2. 重视追溯信息化支撑体系的建设,软件开发与操作培训有序进行

农垦系统利用信息技术改造传统农业,运用信息化手段建立信息记录规范、流向跟踪精准的农产品质量追溯网络监管体系。农垦农产品质量追溯软件从功能上设计了四个子系统:定制子系统、采集子系统、汇总子系统、查询子系统。其中查询子系统除为消费者提供查询渠道外,还提供农产品质量安全网络动态监管系统,便

---

① 资料来源:农业部办公厅关于印发《全国农垦农产品质量追溯体系建设发展规划(2011—2015)》的通知[EB/OL],中华人民共和国农业部网站,http://www.moa.gov.cn/zwllmghjh201110/t20111028_2389416.htm,2011-10-10

② 资料来源:农业部公布 2012 农垦农产品质量监控方案[EB/OL],仪器信息网,http://www.instrument.com.cnnews20120531/078684.shtml,2012-05-21

于主管部门对追溯产品的全程跟踪监管。[①] 中国农垦经济发展中心还不定期地针对追溯项目建设单位出现的软件操作问题举办培训班，确保农垦农产品追溯系统规范运行提供保障。

3. 在追溯体系建设中加强质量监管，推动追溯工作的持续健康发展

农垦系统还将追溯系统功能从产品生产全过程管理延伸到农产品质量安全管理、产供销管理等多个层面，如农垦农产品质量追溯信息系统中有监管子系统，系统中有完整的追溯数据，主管部门和质量检测机构可以利用该平台实现各自的质量监管需要。农垦系统还制定《农垦农产品质量追溯标识管理办法》，要求中国农垦经济发展中心及省级主管部门负责对追溯标识使用情况进行监督指导及日常监管，并对获得许可使用权的单位采用欺骗手段或其他不正当手段获取追溯标识使用权的行为作出了处罚规定。2012年6月，农业部发布了《农垦农产品质量追溯系统建设项目量化考核方案（试行）》，规定"委托中国农垦经济发展中心每年对省级主管部门、部级质检中心、项目建设和创建单位的工作进行量化评分"，其考核重点如表2-7所示。根据各被考核单位信息填报和信息报送情况，由软件系统进行自动计分，形成量化考核结果，这些举措都推动了农垦系统追溯工作的持续健康发展。

表 2-7　农垦农产品质量追溯系统建设监管和考核重点

部　门	监管工作
省级主管部门	1. 对项目建设单位每月进行一次网上监管，重点监管项目建设单位的信息审核、可追溯编码及标签使用、全程质量监管情况。2. 对项目建设单位每年开展一次实地核查。重点针对项目建设单位生产档案记录、追溯信息采集、追溯标签标识使用等情况进行实地检查。3. 对创建单位每年至少进行三次网上监管，对创建单位网上填报信息和投入品使用记录情况进行重点监管
部级质检中心	1. 对项目建设单位、当年新增创建单位相关产品每年进行一次质量抽检。2. 对项目建设单位每月进行一次网上监管，对投入品分析、安全期监管、全程质量监管情况进行重点监管，查验、分析项目建设单位投入品使用是否合理。3. 对创建单位每年至少进行三次网上监管，对创建单位"网上填报监管"情况进行重点监管，查验、分析创建单位投入品使用是否合理
项目建设单位	在追溯产品种养、加工、销售季节应每20天上传一次生产信息，农产品上市期间实时上传相关信息；规范运行追溯系统，按量、足额使用追溯标签标识
创建单位	当年新增创建单位应在5月底前完成企业基本信息和当年已使用投入品信息填报工作，6—12月根据生产实际动态填报投入品使用信息。其他创建单位应根据生产实际及时填报、更新企业基本信息和投入品使用信息

资料来源：农垦农产品质量追溯系统建设项目量化考核方案（试行）［EB/OL］，百度文库，http://wenku. baidu. com/view/85c88b00e87101f69e319591. html

---

① 　资料来源：农垦农产品质量追溯软件系统简介［EB/OL］，浙江农业信息网，http://www. zjagri. gov. cnhtmlncjj/farmNewsView/97980. html，2008-07-07

4.追溯体系建设与标准化、农产品质量认证等工作紧密结合，注重查询信息统计

农垦系统在追溯体系建设的同时，不断加强对农业标准化示范场（示范园）创建、"三品一标"产品认证、农业投入品使用等工作的管理，为农产品质量安全提供了保障。在追溯系统软件中，汇总子系统中要求追溯项目单位定期向农垦农产品质量追溯数据中心上报数据，提供全程、动态监管功能；查询子系统中为主管部门提供农产品质量安全网络动态监管系统。在该系统中，追溯码在一定时期内可以被多次查询，并保存有完整的被查询记录，包括查询者的 IP 地址、手机号、电话信息等。企业如想掌握哪些地域的消费者比较关注产品的可追溯性，可利用系统进行消费者查询统计。根据追溯码可查询追溯产品销售信息，为召回产品提供依据。①②

5.加强市场运作，发展电子商务，推广农垦追溯农产品品牌

针对农垦追溯农产品在社会上的认知度不够高、品牌效应还不够理想的现状，农垦系统不断通过举办专题展会、产品推介、新闻发布会等方式加大农垦农产品的宣传推广工作，将可追溯理念融入农产品的品牌建设、市场营销等工作中，并探索建立农垦追溯产品电子商务展销平台。2014 年 3 月，农垦系统提出培育农垦农产品质量追溯品牌，搭建农垦可追溯产品现代营销平台，筹建追溯产品电商展销平台。2014 年 4 月，农垦局提出设立农垦可追溯农产品电商平台准入门槛，明确各方责任，研究建立激励、问责和淘汰退出的动态管理机制，对成效突出的农垦追溯企业给予政策、资金等方面的鼓励和支持。2014 年 7 月，农垦局邀请黑龙江、上海、广东、海南、宁夏等相关垦区电商负责人和一号店对外事务总监，共同研究农垦可追溯农产品电子商务平台建设工作。2014 年 12 月 24 日，天猫农垦溯源食品专营店正式开通（见图 2-1），农垦溯源食品专营店目前销售的主要商品具体信息如表 2-8 所示。在天猫（Tmall.com）（B2C）开设"农垦馆"培育农垦农产品质量追溯品牌后，农垦系统又将在阿里巴巴中国（1688.com）（B2B）上也开设农垦馆，不断搭建农垦可追溯产品现代营销平台。③

---

① 资料来源:农垦追溯系统打造舌尖上的安全——访农业部农垦局叶长江副局长［EB/OL］,新华网, http://news. xinhuanet. comzhcs2014-06/18/c_133417759. htm,2014-06-18

② 资料来源:农垦农产品质量追溯系统操作手册 V1.0(简版)［EB/OL］,百度文库,http://wenku. baidu. com/link? url = efLO3gh6ly4KYThORgiEeMwHLEV9cFbwK6JcEGEtx7U5cEhy3NIj5Ipn5cPMHrLi_ YF56AB-a8qRp7f8QGjEZfknmiYux05Vk8ToJXtdT03_

③ 农垦农产品追溯信息网.2015

图 2-1 农垦溯源馆天猫店

表 2-8 农垦溯源馆天猫店所售可追溯产品情况

产品大类	产品小类	产品描述	单价（元）
大米	海阆越光大米 2.5kg	[国有农场出品]辽宁农垦五四国有农场出品！第十二届全运会指定用米＋农交会金奖！ [一袋一码]农业部农垦质量追溯,安全、健康、质量可追溯！	49.6
	海阆越光大米 5kg	[170 天成就米中之王]不就菜也好吃,第二顿凉吃不回生！源于日本越光大米＋鸭绿江与黄海两合水灌溉＋170 天生长周期！	98.0
	苏垦富硒米袋装 5kg	[国有农场出品]江苏农垦国有农场出品！专业富硒技术,精准定量补硒！ [一袋一码]农业部农垦质量追溯,安全、健康、质量可追溯！ [功能性大米领导品牌]亨氏婴幼儿米粉在中国大米供应商;南京中小学食堂用米供应商。 [200 微克含量]每千克含硒 200 微克,国内罕见！	118.0

续表

产品大类	产品小类	产品描述	单价(元)
和田玉枣	三星昆仑山和田玉枣	[国有农场出品]新疆农垦系统国有农场(新疆建设兵团)出品！ [一袋一码]农业部农垦质量追溯,安全、健康、质量可追溯！ [第一品牌]不是所有的新疆大枣都是和田大枣,不是所有的和田大枣都是和田玉枣！ [三星和田玉枣]物超所值！2014年最新大枣！	28.6
	四星昆仑山和田玉枣	[四星和田玉枣]性价比之王！2014年最新大枣！	36.6
	五星昆仑山和田玉枣	[五星和田玉枣]送礼首选！2014年最新大枣！	45.5
	六星昆仑山和田玉枣	[六星和田玉枣]王牌大枣！2014年最新大枣！	53.8
枸杞	宁夏枸杞王250g	[国有农场出品]宁夏农垦国有农场出品！65摄氏度恒温＋密封烘干工艺,色泽好、免洗！	46.0
	宁夏枸杞王250g盒装	[一袋一码]农业部农垦质量追溯,安全、健康、质量可追溯！	47.8
	宁夏枸杞王150g罐装	[宁夏枸杞王]种植面积1.5万亩,宁夏五宝之首——红宝,富硒枸杞,国家专利,九项金奖得主！	29.6
茶叶	大明山有机红茶40g×4	[国有农场出品]广西农垦国有农场出品！权威有机认证！ [一袋一码]农业部农垦质量追溯,安全、健康、质量可追溯！	79.0
	大明山有机绿茶40g×4	[国有农场出品]广西农垦国有农场出品！权威有机认证！ [一袋一码]农业部农垦质量追溯,安全、健康、质量可追溯！	79.0
螺旋藻	绿仙牌螺旋藻片0.25g×400片	[国有农场出品]广西农垦国有农场出品！权威有机认证！ [一袋一码]农业部农垦质量追溯,安全、健康、质量可追溯！	98.0

资料来源：根据农垦溯源馆天猫店整理,http://bjldsp. tmall. com/? spm＝alz10.4-b.w5001-10062848844.4.tetu9d&scene＝taobao_shop

2.6　结论与政策建议

2.6.1　结　论

从先进地区、行业对农产食品质量安全监管和食品可追溯建设的实践看,我们可以总结如下:

第一,我国食品监管体制逐渐从多部门分割向重点部门统一协调管理方向发展。我国政府一直采用"分段监管为主、品种监管为辅"的食品安全监管模式,资源分散配置难以形成合力。但从先进地区和行业的食品安全监管经验发现,它们基本上改革了"多头"监管体制,理顺了食品监管机构之间的职能交叉情况,成立了具有统一组织、协调和管理职能的部门,加强综合协调和统一监管,已基本实现食品监管由重点部门统一协调管理。

第二,监管方式多元化,开始注重行政、经济、法律、科技等多种工具并用,促使企业按标准要求生产。传统以强制为基础的单一监管方式已经不能满足现代社会对食品安全监管的需求,严重阻碍了食品安全监管的有效性。从先进地区和行业的食品安全监管经验发现,他们的监管方式多样,除了行政命令,开始注重制度建设、信息技术的使用,注重食品技术研发与食品制造技术升级,注重举报受理、举报保密和奖励机制,注重推广食安险、财政补贴引导食品安全项目建设等经济激励。

第三,发挥市场监督的作用,并强化监管基础设施的建设和明确食品安全的属地管理职责。从先进地区和行业对农产食品质量安全监管的实践来看,它们实施了食品产地准出和市场准入制度,建立了食品可追溯体系,增强了食品生产、加工和流通者的责任心,利于监管部门的监管,更好地发挥市场监督的作用;监管部门也不断地强化监管基础设施的建设和明确食品安全的属地管理职责,探索了建立乡镇全员监管模式等。

第四,重视现代农业建设,将农产品质量安全监管与农业标准化生产、农产品品牌建设等发展战略进行整合。纵观先进地区和行业对农产食品质量安全监管的实践,都可以看到它们对农业标准化生产的重视,不断推行标准化生产,加快农业标准的示范推广;随着经济的发展,产业在升级,消费在升级,农产品供需双方对品牌的诉求越来越强烈,目前各地区和行业都很关注农产品品牌的建设,把农产品质量安全监管与农产品品牌建设战略整合起来,促进农产品牌产品的消费者认知度和满意度。

第五,搞好食品安全专业培训及食品安全知识普及,提升社会组织与公众对食品安全监管的参与度。纵观先进地区和行业的食品安全监管经验，食品安全监管已经从政府单一管理走向政府社会共治。它们都很重视对公众的食品安全培训，提升社会组织与公众对食品安全监管的参与度，以形成优质优价的绿色消费观；重视消费者追溯体系的宣传，引导消费者购买追溯产品；重视食品安全的大众监督，鼓励社会公众参与食品安全监督，建立食品安全社会参与体系；建立了黑名单制度。这些举措对提升社会组织与公众对食品安全监管的参与度具有一定的促进作用。

2.6.2　政策建议

综上所述，对加强农产品质量安全监管与追溯体系建议有如下几条政策建议：

第一，必须尽快完善地方各级食品安全监督管理机构，加强机构协调，提升监管效率，充分发挥它们在本行政领域内的食品安全监管的作用。目前，我国食品安全监管改革的序幕已经拉开，一些地方政府的食品药品监管体制改革已基本到位，但在具体执行中还会出现新问题、新情况，必须结合实际情况，不断完善。

第二，必须转变食品安全监管方式，注重行政、经济、法律、科技等多种工具并用。因为完善的法律法规体系是实行严格的食品安全管理的基础，食品安全标准是实施监管的前提和依据，食品安全检验检测技术是食品安全法律法规和标准落实的保障。同时，监管机构要根据被监管企业履行食品安全合同约定的情况实施奖励或处罚措施。

第三，必须实施食品产地准出和市场准入制度，建立和完善食品可追溯体系。我国食品的加工和生产环节是食品安全事故发生最频繁的环节。针对我国生产经营主体组织化程度小、食品的监管成本高的现状，在制度建设上，应当逐步提高准入门槛，实施食品产地准出和市场准入制度，引导企业和商贩走规模化、集约化经营的道路，真正实现有效监管。实施产地准出制度可以推进农产品标准化生产、打造品牌农产品、建立农产品全程质量安全追溯管理等各项工作。实施农产品市场准入制度，可以促进农产品标准化生产，推进质量提高，保障消费安全，增强生产者、消费者质量意识，实现农产品优质优价。

第四，加强基层监管的投入，促进监管服务能力的提升，重视追溯体系建设与生产管理、质量监管、品牌建设等结合。我国不断加强基层监管的投入，在食品追溯体系建设中要加强农业标准化基地创建、"三品一标"产品认证、农业投入品使用、产品质量检测、品牌建设等工作，提升监管服务能力，促进农产品安全保障的各种措施协调发展，为农产品质量安全提供了保障。

第五，建立食品安全培训制度，提升社会组织与公众的食品安全意识。目前，我国一些食品从业人员法律知识匮乏，食品安全知识缺乏，食品安全意识和自律意识淡薄,为此制定一套具有法定强制性、完备的企业食品安全培训制度并常态化对保证企业的产品质量就非常重要。民众既是食品安全的受益者,更应是保证食品安全的行动者,所以各级政府与部门应制定政策引导民众参与食品安全管理,出台食品安全重奖举报制度,形成食品安全政府社会共治的局面。

3 先进超市农产品质量安全监管与追溯实践经验

3.1 麦德龙超市的农产品质量安全监管与追溯实践经验

作为全球自助式批发业务的领导者，麦德龙于 1995 年进入中国，与锦江国际（集团）有限公司合作，建立了锦江麦德龙现购自运有限公司。作为全球 500 强企业，麦德龙更关注食品安全，专注于质量控制的建设，公司一直坚持为专业客户提供量身定制的高质量产品组合，其产品系列以品种多样、高品质和高性价比而著称。

3.1.1 构建全程管理、动态监控的食品安全管理体系

欧盟对食品安全要求极高，麦德龙作为欧洲严格食品安全标准的执行者代表，面对不断出现的食品安全问题，麦德龙调整了在中国市场的发展模式，从"以供应商为中心"的发展模式转变为"以客户为中心"，不断寻求提升企业质量管理水平和成效的方法和路径，从供应商、运输、配送中心至商场对食品进行全程质量控制，质量动态监控贯穿整条供应链。为此，麦德龙把牢供应商和产品准入、质量风险动态监控、质量问题的纠正与预防三个环节，建立联通全国商场的质量信息沟通平台，对产品的质量状况进行日常监控（见图 3-1）；麦德龙对到货商品进行查验、对果蔬和肉类的药物残留等进行快速检验，对上架商品进行质量日常巡查，对在售产品根据质量风险进行质量抽检，形成质量安全的三道防线；通过各种渠道搜集食品安全信息，通过风险评估，确定撤架、停止采购等风险防控措施。麦德龙将质量管理线延伸到规范上游供应商，不仅与供应商进行及时的交流和沟通质量方面的信息，还将先进的质量管理技术和方法通过培训和现场指导等途径传授给供应商。麦德龙通过设定具体的质量目标和量化的质量工作指标，不断提升顾客满意度。

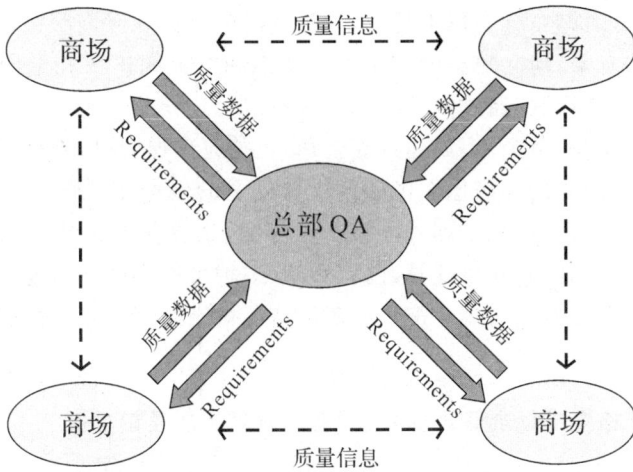

图 3-1　麦德龙联通全国商场的质量信息沟通平台

资料来源:邹翔.构建全过程、动态监控的超市食品安全管理体系——麦德龙食品安全管理案例[J].上海质量,2013(4)

3.1.2　建立食品质量安全可追溯体系,形成供应链倒逼机制

为保障食品安全,麦德龙改变过去只专注于自己经营范围的封闭思维,抓生产源头,对食品供应链实行"从田地到餐桌"的全程监控,建立食品可追溯体系,形成供应链倒逼机制。2007 年,麦德龙创建了食品可追溯系统并成立了麦咨达农业信息咨询有限公司。2009 年 6 月,麦德龙中国总部宣布,引入食品安全可追溯体并推广麦咨达产品。在麦德龙商场,顾客可以看到不少包装上标有"麦咨达可追溯产品"的商品(见图 3-2),这就是麦咨达产品。

图 3-2　麦咨达可追溯产品标志

49

麦咨达的可追溯系统有以下特点：通过系统的培训和咨询服务，为企业提供最合适、最有效的方案；建立完整的质量控制体系和可追溯体系并定期复查；从源头到市场的全供应链控制；通过网站(www.starfarm.com.cn)让消费者便捷了解产品履历。麦咨达有八条金律，如通过麦咨达，麦德龙确保"从田地到餐桌"的食品安全；在麦咨达，麦德龙指导当地农民如何生产安全的农产品；所有麦咨达的产品都可以追溯到其源头；麦德龙中国关注整个供应链，从收获到包装，直到输送到商场货架的全过程等。到2013年6月，已有2000多种可追溯产品在麦德龙全国64家商场内销售，消费者通过终端查询机或麦咨达公司网站，就可以查询到相应产品的可追溯信息。

3.1.3 严格要求标准管理体系，拥有行业领先的质量标准

麦咨达通过国际标准化管理体系为食品安全保驾护航。麦德龙设立严格的食品准入机制，规定食品供应商必须通过国际食品标准"全球食品安全倡议(GFSI认证)"审核。实施GFSI认证后，实力欠缺、质量难以保障的小供应商被淘汰，而大品牌、质量能够保障的供应商能经受住考验，提升了麦德龙超市的食品安全水平。在农业种植及加工领域，麦德龙引入全球良好农业操作规范 GLOBAL GAP和国际食品标准IFS，并制定出将国际标准与中国国情有效结合的 TS 标准，使标准更符合中国生产企业现状。目前，麦德龙在各个环节采用的标准主要有以下几类：农场基地采用全球良好农业操作规范 GLOBAL GAP；生产加工环节采用GMP良好操作规范、SSOP卫生标准操作程序、HACCP/ISO 22000 危害分析及关键控制点，针对麦德龙自有品牌，采用国际食品标准 IFS、International Slaughtering Standard 国际屠宰标准。麦德龙通过对标准管理体系进行严格要求，确保食品、农产品生产的每一环节清晰、透明、可追溯。

3.1.4 建立 HACCP 认证体系，降低食品质量安全危害

HACCP 即"危害分析和关键控制点"，是近年来全球通用的食品质量安全控制体系，是国际自由贸易的"绿色通行证"，是决定食品安全的基础。麦德龙在进驻中国时，就将德国这一成熟的食品安全管理体系引入中国市场。目前，麦德龙已在全国所有商场全面推行了 HACCP 体系，用以预防为主的理念控制关键环节的操作，将食品安全危害降到最低。麦德龙 HACCP 体系的建立表现在硬件和软件两方面，如在软件方面，建立了 HACCP 质量手册，包括清洁手册、良好卫生操作规范GHP、危害关键点分析、标准操作 SOP 等。在专业公司的指导下，麦德龙从收货、储存、加工到销售，根据 HACCP 原则，在物理危害、化学危害、微生物危害和过敏源等方面作出分析，制定出危害分析关键控制点，以及相关标准和纠错措施，不断

降低食品安全事件的危害。[①]

3.1.5 建立质量管理团队，推行全面质量管理

从 2008 年起，麦德龙以质量管理团队为核心，形成了搜集国内外产品质量风险信息，并及时进行风险评估和响应的日常工作机制。上海总部专门设有以食品安全为工作重点的质量监控部，专门负责供应商质量控制；全国每个商场配备专职质量经理，每日对商场所有商品的出样品质、保质期等进行监控检查，对员工进行质量培训等工作。麦德龙质量团队持续改进质量管理，把努力的方向确定为"从合格至满意"，推行全面质量管理（TQM），不仅要关注产品安全与合规达标，更要全面关注顾客的满意，努力实现社会满意。

3.1.6 坚持生态和社会可持续发展，重视供应商和农民的指导和培训

麦德龙坚持生态和社会可持续发展，坚持与国际顶尖种植公司、农药科技公司，以及农户等合作伙伴共同搭建可持续发展的产品平台，与供货商和农民建立可持续发展的关系，为供应商和农民进行培训。麦德龙将先进的质量管理技术和方法，通过培训和现场指导传授给供应商，帮助供应商特别是中小型企业提高了质量管理水平。麦德龙帮助许多农产品生产企业、专业农户建立食品可追溯体系，并通过培训，帮助他们按照全球良好农业操作规范建立和完善产品安全质量管理体系。除了为上游供应商提供技术培训和指导之外，麦德龙还为下游客户企业提供培训，如帮助他们掌握 HACCP 知识，建立和完善其食品安全管理体系。[②]

3.2 华润万家超市的农产品质量安全监管与追溯实践经验

华润万家创立于 1984 年，是华润集团旗下零售连锁企业集团，旗下拥有华润万家、苏果、乐购 express、e 万家等多个著名品牌，其中超市业务已连续多年位居中国连锁超市第一位。[③]"食品安全无小事"是华润万家恪守的信念。现将华润万

---

① 资料来源：麦德龙建立 HACCP 食品安全体系的实践［EB/OL］，道客巴巴，http://www.doc88.com/p-2734718279606.html，2013-05-12

② 资料来源：麦德龙携手三大机构启动"绿色可持续发展消费宣传周"［EB/OL］，问财网，http://x.10jqka.com.cn/snapshot/news/bd2e66111fb1cf53.html? qs = stockpick _ bnewsmore _ topstock&tid = stockpick，2013-09-02

③ 资料来源：公司简介［EB/OL］，华润万家网，http://www.crv.com.cngywmgsgkgsjj，2015-05-16

家超市的农产品质量安全监管与追溯实践经验总结如下。

3.2.1　进行食品安全评审，提升食品安全管理水平

为构筑健康良好的购物环境，华润万家在食品安全工作上的投入逐年增加。为了提高食品安全标准和专业度，提升门店的食品安全管理水平，华润万家花费数百万元聘请第三方检验公司 SGS 对所有门店进行食品安全评审。SGS 公司是全球领先的检验、鉴定、测试和认证机构，检测结果国际上认可，是公认的质量和诚信的基准。SGS 与华润万家的合作分为卖场审核以及商品检测，其中商品检测主要针对卖场销售商品的品质检测，按照国家法定标准，对每个商品进行微生物及理化检测和必要的仪器分析。到 2013 年 3 月，SGS 平均每月从华润万家抽检样品 50 件，华润万家华东区的测试合格率 96％。[①②]

3.2.2　建立食品质量安全标准，获食品安全双体系认证

2009 年 10 月，华润万家 8 家大卖场正式通过了 HACCP 国际食品安全管理体系及绿色市场双体系的认证工作。其中 HACCP 要求零售商从生产源头到商品销售全供应链各个环节对食品安全进行全方位的监控，以保证食品安全；绿色市场认证是我国实施的以提倡绿色消费、培育绿色市场、开辟绿色通道而进行的评定活动，以提高市售食品的卫生质量安全水平。[③] 2011 年，华润万家沈阳沈新店和长春红旗店通过了 HACCP 食品安全示范店的审核；同时，华润万家又投资 1400 万元，对沈阳三经店、沈阳联店、丹东六纬店的生鲜操作间进行符合 HACCP 认证标准的改造。[④]

3.2.3　注重提高员工的食品质量安全、意识和知识水平

"我们致力于成为改善大众生活品质的卓越零售企业"、"华润万家以持续改进消费者生活品质为己任，引导现代与健康的生活方式"。华润万家这些愿景和信念的实现需要员工的努力。为此，华润万家比较注重提高员工的食品质量安全意识

---

①　资料来源：华润万家超市组织消费者参观商品检测过程[EB/OL]，联商网，http://www. linkshop. com. cn/web/archives-245816. shtml，2013-03-14

②　资料来源：华润万家全方位多角度提升服务质量迎接达沃斯[EB/OL]，天津政务网，http://www. tjcoc. gov. cn/index. php? m=content&c=index&a=show&catid=22&id=30533，2014-08-18

③　资料来源：华润万家获食品安全双认证[EB/OL]，深圳商报，http://szsb. sznews. comhtml2009-10/30/content_828964. htm，2009-10-30

④　资料来源：华润万家情系民生关注食品安全[EB/OL]，搜狐网，http://roll. sohu. com/20111215/n329066907. shtml，2011-12-15

和知识水平。如华润万家面向员工下发《食品安全三字经》、《质量安全基础质检手册》，每年组织超过 10 万名员工参与食品安全知识培训和全国竞赛，新员工一入职就要进行食品安全培训，负责生鲜食品的员工每个月会组织一次培训，对于基层管理人员也会有标准性的培训。[①] 从 2015 年 3 月 11 日起，华润万家华北区域内所有大门店全线启动一年一度的"食品安全月"活动。[②] 2015 年 4 月，华润万家开展了员工食品安全知识竞赛，希望通过食品安全竞赛让更多的员工重视、参与食品安全全方位的监管与落实执行。[③]

3.2.4　管控食品的准入环节，控制自制食品质量安全

华润万家成立商品质量安全管理委员会，对供应商的商品质量进行严格把关。华润万家门店有管控食品的准入环节，每日有专人进行农残检测并公示检测结果，设立临期食品专区等。[④] 自华润万家自有品牌"润之家花椒粉"铅超标两倍事件后，华润万家更加强对供应商的审核和监督，邀请第三方机构对原材料进行每批次的检查。同时增加产品送检频率，监管频次调整为每季度一次，高于国家规定的食品安全标准。[⑤] 华润万家对自制食品的原材料采购和安全控制比较严格，自制食品每四个小时会有员工检验一次，当晚报损没有销售的食品。

3.2.5　开展"农超对接"，从源头上保证食品质量安全

2009 年，华润万家被商务部和农业部确定为国家首批"农超对接"的九家试点企业之一。2010 年，华润万家提出"三百工程"，即用三年时间，在全国建立 100 家环保节能示范店、100 家食品安全示范店和 100 家"农超对接"基地。[⑥] 2011 年，华润自有品牌"润之家"纽荷尔脐橙种植基地被中国连锁经营协会授予首批"百个农超对接示范项目"。到 2012 年 7 月，华润万家"农超对接"基地遍布全国 20 多个

---

① 资料来源：华润万家：食品安全无小事[EB/OL]，和讯网，http://news.hexun.com/2012-09-20/146040870.html，2012-09-20

② 资料来源：华润万家食品安全月[EB/OL]，搜狐网，http://roll.sohu.com/20140314/n396585226.shtml，2014-03-14

③ 资料来源：华润万家食品安全知识竞赛[EB/OL]，光明网，http://difang.gmw.cn/newspaper/2015-04/17/content_106001009.htm，2015-04-17

④ 资料来源：天津政务网，华润万家全方位多角度提升服务质量迎接达沃斯 http://www.tjcoc.gov.cn/index.php? m=content&c=index&a=show&catid=22&id=30533，2014-08-18

⑤ 资料来源：华润万家回应"花椒粉"事件：问题花椒粉早已下架[EB/OL]，中国食品科技网，http://www.tech-food.comnews2015-1-15/n1174516.htm，2015-01-15

⑥ 资料来源：牵手万家 责任中国——华润万家"三百工程"[EB/OL]，中青在线，http://news.cyol.com/content/2012-08-03/content_6716592.htm，2012-08-03

省、自治区、直辖市，产品数量近 200 个。其中位于西安、南京和睢宁的三个"农超对接"基地又入选中国连锁经营协会公布的第二批"百个农超对接示范项目"名单。[①] 华润万家的"农超对接"模式为"超市＋基地"的供应链模式，直接与鲜活农产品产地的农民专业合作社对接。华润万家"农超对接"基地的基本要求包括产品符合国家标准、达到政府机构农药残留标准等。资质要求包括申请时需提供加盖供应商公章的产品检测报告、动物防疫合格证等。还要求合作基地周围无影响农产品生产的污染源，每年的土壤、水检测需合格；有专职或兼职的植保员、防疫员，负责基地有害生物检测防治等工作；建立了完善的质量管理程序；近两年来未发生重大动植物疫情等。这些规定一定程度上从源头上保证了食品安全。

3.2.6 加强消费者食品质量安全宣传和体验，提高消费者的满意度

为加强与消费者的联系，提高全员食品安全意识，为顾客构筑一个健康良好的购物环境，华润万家在每年 3·15 前后，都会开展全国食品安全月活动，活动内容包括：消费者可报名参观门店操作间、"农超对接"生鲜基地；开设食品安全讲座，教消费者如何辨别食品优劣，了解食品添加剂安全知识；开展现场检测活动，让消费者了解果蔬检验流程；华润万家还主动走入社区，现场宣讲食品安全常识等。

3.3 小 结

随着收入的提高，消费者在食品数量需求得到满足的同时，更关注食品的品质（包括安全性）。中国拥有世界上最具潜力的消费市场，为超市的发展提供了广阔的市场。但据 2012 年 7 月笔者带领学生在浙江台州市黄岩区与椒江区对 420 个城镇居民农产品购买场所的抽样调查发现，当前仅有 9.55％(40 人)消费者固定在超市购买农产品，34.13％(143 人)的消费者虽也选择以超市购买为主，但同时也会通过其他渠道购买农产品。而对被访者购买农产品的质量安全体验评价调查发现，顾客认为超市出售的粮油的质量安全方面显著优于农贸市场，而在肉类、果蔬、蛋类、水产品等品种的质量安全方面均显著差于农贸市场。总体而言，我国国内超市尚处于粗放扩张的初级阶段，系统性管理较弱。所以要满足消费者的需求，吸引更多的消费者固定去超市购买食品特别是农产品，本土超市必须向国际超市巨头学习先进的管理理念，把握消费者的购物习惯，做大做强自己的品牌。为此，本土

---

① 资料来源："百个农超对接示范项目"华润万家再增三家［EB/OL］，搜狐网，http://roll.sohu.com/20120719/n348513885.shtml，2009-07-19

超市应该在以下方面做好质量管理工作：

第一，重视信息系统等科技投入带来的企业质量管理的改善，如建立配送系统、商品管理等系统。沃尔玛很早就意识到信息系统对质量等方面管理的重要性，很早就对信息系统进行了积极的投资，它的全球采购战略、配送系统、商品管理、天天平价等战略的成功都是建立在其利用信息技术整合优势资源的基础上的。

第二，建立超市内部质量管理监控体系，成立质量管理团队，配备专业尽职的质量监控人员，对超市产品质量进行动态监控管理。近几年，媒体不断曝光一些超市的食品质量安全事件，这将直接影响到消费者对超市产品质量安全的信心。所以，超市要建立健全内部质量管理监控体系，成立质量管理团队，配备专业尽职的质量监控人员，并且要把这些措施落实到位，而不是流于形式。

第三，加强食品供应商的管理，细化食品供应商资质和评估审核，从源头上控制食品的质量安全。供应商管理是超市食品安全管理的关键环节之一，超市除在引入初期加强对供应商的资质审核外，还应更多地加强合作期间的供应商资质、经营规范程度等的后续审核和动态管理，从源头上保障食品安全。

第四，发展"农超对接"，从源头上控制农产品安全。生鲜经营是连锁超市竞争的焦点所在，但农产品的品质除了受气候和生产因素影响外，还与对生产者的监控力度、物流配送时间有关。所以超市要满足消费者对高品质和安全农产品的需求，就要发展"农超对接"这一"从田间到餐桌"的新型流通方式，这样既可以直接介入农产品生产过程的监管，又可以减少中间流通渠道来节约配送时间，提高农产品品质和安全性。

第五，建立食品可追溯体系，完善体系整体配套，形成供应链倒逼机制。超市一般建立食品可追溯体系时，对农产品供应商有严格的筛选、培训，对供应商的农场规模、物流配送条件都有一定的要求。一旦出现食品安全问题，可以立即追踪到产源地。但由于一套完善的食品可追溯体系不仅需要超市的系统投入，还需要食品供应链上的生产者、加工企业与超市的紧密配合，所以超市要加强供应链管理，建立和完善食品可追溯体系，提高产品质量。

第六，强化超市食品安全企业文化建设，提高超市员工食品安全意识，形成质量安全管理全员参与的良好风气。超市对于员工道德素质、食品安全意识的要求甚至会高于专业素质的要求，所以超市要号召全体成员共同参加超市的质量安全管理，加强对员工的食品安全培训，强化超市食品安全企业文化建设，形成质量安全管理全员参与的良好风气。

中 篇

我国农产食品质量安全追溯体系与质量安全标准体系建设的现状与实证分析

我国近年来在农产食品质量安全追溯乃至质量安全管理方面都取得了很大进展,国内学者也对我国的质量安全追溯体系的目标、模式以及运行机制进行了探索。但总体上我国有一定深度的研究多为"切块式"的研究成果,对于标识与追溯制度建立中的一些基本理论问题,如追溯有效范围(深度、广度及精度)的确定、政府—生产者—消费者的互动整合机制、标识追溯与农产品供应链组织的关系、生产者建立追溯系统的绩效等的研究较少。而农产品供应链理论正是着力于研究如何管理与控制农产品供需关系之间的物流、信息资金流,如何克服农产品鲜活易腐性、季节性、地域性强等特点约束,更快、更好地保证人民群众的物质生活,满足消费者的个性需求的理论。农产品供应链是供应链理论在农业中的应用,是对农产品生产、流通和销售进行一体化管理的一种组织管理模式。基于供应链的基本构成,农产品供应链可定义为农产品沿着生产者(农户和生产基地)、批发市场(或加工企业)、零售部门(超市和农贸市场)以及消费者运动的一个网状链条。农产品供应链涵盖了从"供货商的供货商"到"客户的客户"之间有关最终产品或服务的形成和交付的一切业务活动。具体的,蔬菜的供应链一般由三个环节组成:生产环节、流通环节及销售环节。蔬菜供应链显示的是一个网络结构，是由物流、信息流、技术流、标准化流、安全流贯穿连接而成的。农产品供应链追溯体系是农产品质量安全管理体系中的重要组成部分。近几年来，主要发达国家如美国、加拿大、欧盟诸国、日本等，关于农产品追溯的法律建设和系统建设等方面采取了许多积极的措施，在实施过程中积累了丰富的经验。总结起来，农产品供应链理论为评价我国农产食品质量安全追溯体系的现状提供了一个系统而有效的视角。

此外，在研究方法上，追溯系统绩效和经营主体实施追溯成本收益评估、追溯行为的测评多采用感知法，结果缺乏客观性，组织调查的设计也与世界先进研究方法有一定的距离。

有鉴于此，本研究以供应链管理理论为基础，通过梳理、评估和研究现行我国农产食品质量安全追溯体系建设现状、追溯能力、法律法规要求及追溯需求的基础上，明确我国农产食品质量安全追溯的内容、标准，通过问卷调查及典型案例分析，深刻剖析关键节点与其上下游组织建立信息协作、实施质量安全追溯的行为动力机制，及推广我国成功试点经验制度化的瓶颈及深层次成因，并进一步通过构建委托代理模型，引入产业技术数据，对现有供应链关键节点质量安全追溯系统控制绩效进行评估，在借鉴先进经验基础上设计并提出加快我国农产食品质量安全追溯制度建设的推广思路、激励监督机制及对策。

4 农产品质量安全追溯体系建设的现状与能力

4.1 我国农产品实施质量安全追溯体系的总体情况

4.1.1 相关法律、法规、制度和标准的建设情况

为保证质量安全可追溯体系在农产品生产和流通中顺利实施,推动我国农产品质量安全水平的提高,中央、各部委和各省、自治区、直辖市出台了一系列的法律法规、规章制度和行业标准,对涉及质量安全可追溯体系的相关活动作出了规定,并制定了相应规范。

1.《中华人民共和国食品安全法》

(1)《中华人民共和国食品安全法》(2009 年 6 月)

《中华人民共和国食品安全法》对农产品生产和经营的相关主体提出了与质量安全可追溯体系相关活动的要求,具体为:第三十五条规定,食用农产品生产者应当依照食品安全标准和国家有关规定使用农药、肥料、生长调节剂、兽药、饲料和饲料添加剂等农业投入品。食用农产品的生产企业和农民专业合作经济组织应当建立食用农产品生产记录制度。第三十六条规定,食品生产者采购食品原料、食品添加剂、食品相关产品,应当查验供货者的许可证和产品合格证明文件;对无法提供合格证明文件的食品原料,应当依照食品安全标准进行检验;不得采购或者使用不符合食品安全标准的食品原料、食品添加剂、食品相关产品。食品生产企业应当建立食品原料、食品添加剂、食品相关产品进货查验记录制度,如实记录食品原料,食品添加剂,食品相关产品的名称、规格、数量、供货者名称及联系方式,进货日期等内容。食品原料、食品添加剂、食品相关产品进货查验记录应当真实,保存期限不得少于两年。第三十七条规定,食品生产企业应当建立食品出厂检验记录制度,查验出厂食品的检验合格证和安全状况,并如实记录食品的名称、规格、数量、生产日期、生产批号、检验合格证号、购货者名称及联系方式、销售日期等内容。食品出厂检验记录应当真实,保存期限不得少于两年。实行统一配送经营方式的食品经营企业,可以由企业总部统一查验供货者的许可证和食品合格的证明文件,进行食品进货查验记录。第五十二条规

定,集中交易市场的开办者、柜台出租者和展销会举办者,应当审查入场食品经营者的许可证,明确入场食品经营者的食品安全管理责任,定期对入场食品经营者的经营环境和条件进行检查,发现食品经营者有违反本法规定的行为的,应当及时制止并立即报告所在地县级工商行政管理部门或者食品药品监督管理部门。集中交易市场的开办者、柜台出租者和展销会举办者未履行前款规定义务,本市场发生食品安全事故的,应当承担连带责任。第五十三条规定,国家建立食品召回制度。食品生产者发现其生产的食品不符合食品安全标准,应当立即停止生产,召回已经上市销售的食品,通知相关生产经营者和消费者,并记录召回和通知情况。食品经营者发现其经营的食品不符合食品安全标准,应当立即停止经营,通知相关生产经营者和消费者,并记录停止经营和通知情况。食品生产者认为应当召回的,应当立即召回。食品生产者应当对召回的食品采取补救、无害化处理、销毁等措施,并将食品召回和处理情况向县级以上质量监督部门报告。第六十七条规定,进口商应当建立食品进口和销售记录制度,如实记录食品的名称、规格、数量、生产日期、生产或者进口批号、保质期、出口商和购货者名称及联系方式、交货日期等内容。①

(2)《中华人民共和国食品安全法(修订草案)》(2014年5月)

为建立最严格的食品监管制度,我国政府进行了《中华人民共和国食品安全法》的立法推进,2014年5月14日召开的国务院常务会议讨论通过《中华人民共和国食品安全法(修订草案)》,明确表示对生产、销售、餐饮服务等各环节实施最严格的全过程管理,强化生产经营者主体责任,完善追溯制度。与2009年的《中华人民共和国食品安全法》相比,在质量安全可追溯体系方面主要有以下变动:新增的第三条规定食品安全工作实行预防为主、风险管理、全程控制、社会共治,建立最严格的监督管理制度。新增的四十五条规定国家建立食品全程追溯制度,国务院食品药品监督管理部门会同国务院农业行政等有关部门建立食品和食用农产品全程追溯协作机制。食品生产经营企业应当依照本法的规定,建立食品追溯体系。修改的第四十六条(对应原三十六条)就食品生产企业应当建立食品原料、食品添加剂、食品相关产品进货查验记录制度,记录内容及记录和凭证保存期限作出了明确的规定。修改的第四十七条(对应原第三十六条)对食品生产企业应当建立食品出厂检验记录制度,记录内容及记录和凭证保存期限作出了规定。新增的第五十六条规定国家对食品添加剂的生产实行许可制度。新增的第六十九条规定国家对婴幼儿配方食品实行严格监督管理。新增的第七十三条对网络食品交易第三方平台提供者的责任和消费者通过网络食品交易第三方平台购买食品合法权益受到损害

---

① 资料来源:中华人民共和国食品安全法[EB/OL],中华人民共和国政府网,http://www.gov.cnflfg2009-02/28/content_1246367.htm,2009-02-28

后的赔偿等作出了规定。第七十五条(原五十三条)对国家建立食品召回制度有关规定进行了修改。第九十三条(原六十七条)对进口商应当建立食品进口和销售记录制度进行了有关修改。^①

(3)《中华人民共和国食品安全法》(2015年4月24日修订)

新修订的《中华人民共和国食品安全法》于2015年4月24日经第十二届全国人大常委会第十四次会议审议通过,将于2015年10月1日起正式施行。这部经全国人大常委会第九次会议、第十二次会议两次审议,三易其稿,被称为"史上最严"的食品安全法,主要有以下修改:禁止剧毒、高毒农药用于果蔬茶叶、保健食品标签不得涉防病治疗功能、婴幼儿配方食品生产全程质量控制、网购食品纳入监管范围、生产经营转基因食品应按规定标示。^②与2014年5月的《中华人民共和国食品安全法(修订草案)》相比在质量安全可追溯体系方面主要有以下变动:

第四十二条(原第四十五条)修订了国家建立食品安全全程追溯制度,与修订草案相比,主要是突出鼓励食品生产经营者采用信息化手段采集、留存生产经营信息。第四十九条(原四十四条)对农业投入品的使用作出了修改,与修改草案比,主要是增加"严格执行农业投入品使用安全间隔期或者休药期的规定,不得使用国家明令禁止的农业投入品。禁止将剧毒、高毒农药用于蔬菜、瓜果、茶叶和中草药材等国家规定的农作物"。把"食用农产品生产记录"改成"农业投入品使用记录制度",并强调了政府农业部门的监督管理职能。第五十条(原四十六条),取消了产品合格证明文件中的"文件"两字。第五十三条(原四十九条和五十条合并)把食品经营者在采购食品,应当查验供货者的食品合格证明文件改成"食品出厂检验合格证或者其他合格证明(以下称合格证明文件)"。把原五十条的第一句"从事食品批发业务的经营企业销售食品"改成"从事食品批发业务的经营企业应当建立食品销售记录制度"。新增第五十九条规定,"食品添加剂生产者应当建立食品添加剂出厂检验记录制度,查验出厂产品的检验合格证和安全状况,如实记录食品添加剂的名称、规格、数量、生产日期或者生产批号、保质期、检验合格证号、销售日期以及购货者名称、地址、联系方式等相关内容,并保存相关凭证。记录和凭证保存期限应当符合本法第五十条第二款的规定"。第六十条(原五十六条第二款)中的"食品添加剂经营者购进食品添加剂,应当查验产品合格证明文件"修改为"食品添加剂经营者采购食品添加剂,应当依法查验供货者的许可证和产品合格证明文件"。第六

---

① 资料来源:食品安全法(修订草案)全文[EB/OL],中国人大网,http://www.npc.gov.cn/npc/xinwenlfgzflca/2014-06/30/content_1869695.htm,2014-05

② 资料来源:新食品安全法主要有哪些修改(一览)[EB/OL],中金在线,http://news.cnfol.com/xiaofei/20150424/20632115.shtml,2015-04-24

十三条(原七十五条)，对国家建立食品召回制度进行以下修改：增加由于食品经营者的原因造成其经营的食品有前款规定情形的(生产的食品不符合食品安全标准或者有证据证明可能危害人体健康的)，食品经营者应当召回。取消原来的"食品生产者应当对召回的食品采取补救、无害化处理、销毁等措施"中的"补救"措施。新增第六十五条规定，"食用农产品销售者应当建立食用农产品进货查验记录制度，如实记录食用农产品的名称、数量、进货日期以及供货者名称、地址、联系方式等内容，并保存相关凭证。记录和凭证保存期限不得少于六个月"。第八十一条(原六十九条)中对"国家对婴幼儿配方食品实行严格监督管理"，修改为"婴幼儿配方食品生产企业应当实施从原料进厂到成品出厂的全过程质量控制"，增加"婴幼儿配方乳粉的产品配方应当经国务院食品药品监督管理部门注册。注册时，应当提交配方研发报告和其他表明配方科学性、安全性的材料"。把"不得以委托、贴牌、分装方式生产婴幼儿配方乳粉，不得用同一配方生产不同品牌的婴幼儿配方乳粉"修改成"不得以分装方式生产婴幼儿配方乳粉，同一企业不得用同一配方生产不同品牌的婴幼儿配方乳粉"。并增加"食品添加剂"向有关食品药品监督管理部门备案。第九十八条(原九十三条)中对进口商应当建立进口和销售记录制度中，把原来所用的"食品"扩大成"食品、食品添加剂"。第一百二十六条(原一百二十七条)中"规定违反本法规定，有下列情形之一的，由县级以上人民政府食品药品监督管理部门责令改正，给予警告；拒不改正的，处 5000 元以上 5 万元以下罚款；情节严重的，责令停产停业，直至吊销许可证"中的第三条，由原来的"食品生产经营企业、食品添加剂经营者未按规定建立并遵守进货查验记录制度、出厂检验记录制度"改成"食品、食品添加剂生产经营者进货时未查验许可证和相关证明文件，或者未按规定建立并遵守进货查验记录、出厂检验记录和销售记录制度"，对于拒不改正的，处罚金额从"2000 元以上 2 万元以下"调整到"5000 元以上 5 万元以下"。[①]

2.《中华人民共和国农产品质量安全法》(2006 年 11 月)

2006 年 11 月实施的《中华人民共和国农产品质量安全法》明确指出，农产品生产企业和农民专业合作经济组织应当建立农产品生产记录，如实记载使用农业投入品的名称、来源、用法、用量和使用、停用的日期；动物疫病、植物病虫草害的发生和防治情况；收获、屠宰或者捕捞的日期。国家鼓励其他农产品生产者建立农产品生产记录。[②]

---

① 资料来源：中华人民共和国食品安全法(主席令第二十一号)［EB/OL］，中华人民共和国政府网，http://www.gov.cn/zhengce/2015-04/25/content_2853643.htm，2015-04-25

② 资料来源：中华人民共和国农产品质量安全法［EB/OL］，中华人民共和国政府网，http://www.gov.cnflfg2006-04/30/content_271633.htm，2006-04-29

3. 中央一号文件(2008—2010年、2012—2015年)

《中共中央国务院关于切实加强农业基础建设进一步促进农业发展农民增收的若干意见》(2008年中央一号文件)提出,深入实施无公害农产品行动计划,建立农产品质量安全风险评估机制,健全农产品标识和可追溯制度。鼓励优势农产品出口,推进出口农产品质量追溯体系建设。

《中共中央国务院促进农业稳定发展农民稳定增收的若干意见》(2009年中央一号文件)提出,要严格农产品质量安全的全程监控,制定和完善《中华人民共和国农产品质量安全法》配套规章制度,健全部门分工合作的监管工作机制,进一步探索更有效的食品安全监管体制,实行严格的食品质量安全追溯制度、召回制度、市场准入和退出制度。

《中共中央国务院关于加大统筹城乡发展力度进一步夯实农业农村发展基础的若干意见》(2010年中央一号文件)要求推进农产品质量可追溯体系建设,支持建设出口基地。

《中共中央国务院关于加快推进农业科技创新持续增强农产品供给保障能力的若干意见》(2012年中央一号文件)要求强化食品质量安全监管综合协调,加强检验检测体系和追溯体系建设,开展质量安全风险评估。

《中共中央国务院关于加快发展现代农业进一步增强农村发展活力的若干意见》(2013年中央一号文件)要求改革和健全食品安全监管体制,加强综合协调联动,落实从田头到餐桌的全程监管责任,加快形成符合国情、科学完善的食品安全体系。健全农产品质量安全和食品安全追溯体系。

《中共中央国务院关于全面深化农村改革加快推进农业现代化的若干意见》(2014年中央一号文件)要求支持标准化生产、重点产品风险监测预警、食品追溯体系建设。推行种子企业委托经营制度,强化种子全程可追溯管理。

《中共中央国务院关于加大改革创新力度加快农业现代化建设的若干意见》(2015年中央一号文件)要求加强县乡农产品质量和食品安全监管能力建设;建立全程可追溯、互联共享的农产品质量和食品安全信息平台。

4.《中共中央关于推进农村改革发展若干重大问题的决定》(2008年)

2008年党的十七届三中全会通过的《中共中央关于推进农村改革发展若干重大问题的决定》指出,加强农业标准化和农产品质量安全工作,严格产地环境、投入品使用、生产过程、产品质量全程监控,切实落实农产品生产、收购、储运、加工、销售各环节的质量安全监管责任,杜绝不合格产品进入市场。支持发展绿色食品和有机食品,加大农产品注册商标和地理标志保护力度。

5. 国务院有关农产品质量安全追溯体系的相关规定

2007年7月,国务院颁布了《关于加强食品等产品安全监督管理的特别规定》，明确要求：销售者必须建立并执行进货检查验收制度及建立产品进货台账，从事产品批发业务的销售企业应当建立产品销售台账。在产品集中交易场所销售自制产品的生产企业应当比照从事产品批发业务的销售企业的规定，履行建立产品销售台账的义务。进货台账和销售台账保存期限不得少于两年。

为应对"三鹿毒奶粉"事件给中国乳品工业的重创，重拾其发展的信心，2007年9月27日，国务院印发《关于促进奶业持续健康发展的意见》（国发〔2007〕31号）提出，中国奶业发展必须遵循建立健全质量标准，完善检验检测手段，落实产品标识制度，加强市场监管，确保质量安全的基本原则，着力构建质量标准体系和标识制度，规范市场秩序，对所有的奶制品实施严格的产品标识标注管理。

2007年12月19日由国务院修订并于2008年8月1日生效执行的《生猪屠宰管理条例》第十二条明确规定，生猪定点屠宰厂（场）应当如实记录其屠宰的生猪来源和生猪产品流向。生猪来源和生猪产品流向记录保存期限不得少于两年。并对违反此规定的行为制定了罚则。

2008年10月9日，国务院下发《乳品质量安全监督管理条例》，明确规定在乳制品行业中，必须在乳畜饲养、原奶收购、运输、生产、销售、经营等环节建立详细的档案登记、食品标签、进货查验、销售台账和质量监测等制度。

2008年12月30日，国务院下发《国务院办公厅关于搞活流通扩大消费的意见》，其中为加快完善农产品流通网络，指出在重点销区和产区再新建或改造一批农产品批发市场和农贸市场，加强冷藏保鲜、卫生、质量安全可追溯、检验检测、物流等设施建设。加强对定点屠宰企业无害化处理的监控，建立肉品质量信息可追溯体系。

2009年3月23日，国务院发文《关于落实〈政府工作报告〉重点工作部门分工的意见》，提出由国家质检总局、卫生部、农业部等部门负责健全并严格执行产品质量安全标准，实行严格的市场准入制度和产品质量追溯制度、召回制度。

2010年开始，中央政府对产品质量安全追溯体系建设的重视程度不断提高，多次发文强调建设质量安全追溯体系，国务院（办公厅）近年来发布文件的数量呈增长趋势，特别是2012年6月，国务院发布《国务院办公厅关于印发国家食品安全监管体系"十二五"规划的通知》后，提出"按照循序渐进原则，先行在婴幼儿配方乳粉和原料乳粉、肉类、蔬菜、酒类产品、保健食品等方面实现电子追溯，并逐步拓展到其他重点食品品种"后，国务院（办公厅）发文所涉及的追溯对象不断地扩大（见表4-1），追溯体系的建设也越来越具体。但到目前为止，所涉及的追溯对象集中在食品（包括婴幼儿配方乳粉、酒类与保健食品）、药品（包括中药材）、农产品（包括肉类、蔬菜、水果、水产品、木本油料、有机产品）、农业投入品（包括农资）。

表 4-1 2010 年 1 月以来国务院(办公厅)发文涉及"追溯"的部分文件

成文时间	文 件	涉及内容
2010-03-02	2010 年食品安全整顿工作安排	加强生产加工环节食品安全监督抽检,督促企业建立健全食品可追溯制度和食品召回制度
2010-03-09	国务院办公厅关于统筹推进新一轮"菜篮子"工程建设的意见	支持城市菜市场在场地环境、设施设备、追溯平台、规范管理等方面进行标准化建设。支持建立国家级"菜篮子"产品全程质量追溯信息处理平台,并在"菜篮子"产品生产企业或农民专业合作组织中建立完善的农产品全程质量追溯信息采集系统,逐步形成产地有准出制度、销地有准入制度、产品有标识和身份证明、信息可得、成本可算、风险可控的全程质量追溯体系
2010-08-27	国务院关于进一步促进蔬菜生产保障市场供应和价格基本稳定的通知	建立质量安全检测及追溯机制,严格产地准出制度
2010-09-16	国务院办公厅关于进一步加强乳品质量安全工作的通知	农业、商务等部门要进一步细化对乳品生产经营记录和进货查验的具体要求,并做好各环节的衔接,增强记录的可追溯性。国家质检总局、国家工商总局、农业部、商务部、国家食品药品监管局要会同有关部门抓紧研究以婴幼儿配方乳粉和原料乳粉为试点推行电子信息追溯系统,实现从奶源、采购、生产、出厂、运输到销售终端的全程有效监管。2011 年年底前完成婴幼儿配方乳粉和原料乳粉电子信息追溯系统建设和相关标准、法规的制定,并逐步在乳品行业推行电子信息追溯系统
2010-10-11	关于促进我国热带作物产业发展的意见	支持企业和专业合作经济组织建立质量追溯监管制度,开展可追溯产品的推介促销活动
2011-03-15	国务院办公厅关于印发 2011 年食品安全重点工作安排的通知	在婴幼儿配方乳粉和原料乳粉生产企业试点建设电子信息追溯系统。推进动物标识及疫病可追溯体系建设。继续推进"放心肉"服务体系和肉类流通追溯体系建设试点。严格落实白酒和葡萄酒经营者备案登记制度、质量安全溯源制度、进货查验和记录制度,推进酒类电子追溯系统建设。引导和支持企业加大对快速检测、贮存、运输、信息化追溯等保障食品安全关键技术的研发应用
2011-08-02	国务院办公厅关于促进物流业健康发展政策措施的意见	推动农产品包装和标识的标准化,完善农产品质量安全可追溯制度
2011-12-13	关于加强鲜活农产品流通体系建设的意见	加快鲜活农产品质量安全追溯体系建设,进一步落实索证索票和购销台账制度,强化质量安全管理

续表

成文时间	文　件	涉及内容
2012-01-13	全国现代农业发展规划（2011—2015年）	完善投入品登记、生产、经营、使用和市场监督等管理制度，完善农产品质量安全风险评估、产地准出、市场准入、质量追溯、退市销毁等监管制度，健全检验检测体系
2012-02-06	质量发展纲要（2011—2020年）	企业要健全产品质量追溯体系，切实履行质量担保责任及缺陷产品召回等法定义务，依法承担质量损害赔偿责任。健全强制性产品认证质量可追溯体系，促进认证产品质量水平全面提高
2012-02-26	2012年食品安全重点工作安排	加快重点食品和食用农产品安全追溯体系建设。推进肉菜、酒类电子追溯系统建设
2012-03-06	国务院关于支持农业产业化龙头企业发展的意见	龙头企业要大力推进标准化生产，建立健全投入品登记使用管理制度和生产操作规程，完善农产品质量安全全程控制和可追溯制度，提高农产品质量安全水平
2012-06-23	国务院关于加强食品安全工作的决定	推动食品安全全程追溯、检验检测互认和监管执法等方面的区域合作。建立健全农产品产地准出、市场准入制度和农产品质量安全追溯体系，强化农产品包装标识管理。加快推进食品安全电子追溯系统建设，建立统一的追溯手段和技术平台。推动食品安全全程追溯、检验检测互认和监管执法等方面的区域合作
2012-06-28	国务院关于大力推进信息化发展和切实保障信息安全的若干意见	加强农业生产环境监控、生产过程监测、行业发展监管，建立和完善农产品质量安全追溯体系。积极培育、示范、推广适用的农业信息化应用模式
2012-08-03	国务院关于深化流通体制改革加快流通产业发展的意见	充分利用社会检测资源，建立涉及人身健康与安全的商品检验制度。建立健全肉类、水产品、蔬菜、水果、酒类、中药材、农资等商品流通追溯体系
2012-09-01	国内贸易发展"十二五"规划	逐步建立肉菜等食用农产品的流通追溯体系。在具备条件的大中城市，建立覆盖屠宰、批发、零售、消费等环节的追溯体系和中央、省、市三级政府管理平台。选择品牌知名度高的酒类企业，建立覆盖酒类生产、批发、零售、餐饮的追溯链条，实现品牌酒瓶瓶可追溯。形成全国性的肉类、蔬菜、酒类流通追溯网络
2012-12-01	服务业发展"十二五"规划	强化农业生产资料市场准入和监管，实施经营台账和可追溯管理，提升经营单位技术服务能力，鼓励发展连锁配送等现代经营方式。建立国家商品条码信息服务平台，形成产品质量追溯体系
2012-12-26	全国现代农作物种业发展规划（2012—2020年）	建立农作物种业信息服务平台，推进物联网技术应用，引导企业建立覆盖生产、加工、流通各环节的种子质量可追溯系统

成文时间	文　件	涉及内容
2013-02-27	贯彻实施质量发展纲要2013年行动计划	以酒类、化肥为重点，探索建立质量安全违法责任追溯制度。推进乳制品、大米、面粉、食用油、白酒、特种设备等重点产品质量安全追溯物联网应用示范工程建设
2013-04-07	2013年食品安全重点工作安排	统筹规划建设食品安全电子追溯体系，统一追溯编码，确保追溯链条的完整性和兼容性，重点加快婴幼儿配方乳粉和原料乳粉、肉类、蔬菜、酒类、保健食品电子追溯系统建设
2013-04-10	国务院关于地方改革完善食品药品监督管理体制的指导意见	地方各级政府要增加食品药品监管投入，改善监管执法条件，健全风险监测、检验检测和产品追溯等技术支撑体系，提升科学监管水平
2013-05-17	2013年全国打击侵犯知识产权和制售假冒伪劣商品工作要点	建设中药材追溯体系，治理中药材和中药饮片制假售假、掺杂使假、增重染色、以劣充好等问题。加快推进国家重点产品质量安全追溯物联网应用示范工程建设，推动质量信用信息社会共享
2013-12-02	国务院办公厅关于加强农产品质量安全监管工作的通知	加强检验检测和行政执法，推动农产品收购、储存、运输企业建立健全农产品进货查验、质量追溯和召回等制度
2013-12-20	国务院办公厅关于深化种业体制改革提高创新能力的意见	建立种子市场秩序行业评价机制，督促企业建立种子可追溯信息系统，完善全程可追溯管理
2014-03-23	国务院关于落实《政府工作报告》重点工作部门分工的意见	建立从生产加工到流通消费的全程监管机制、社会共治制度和可追溯体系，健全从中央到地方直至基层的食品药品安全监管体制
2014-03-29	2014年全国打击侵犯知识产权和制售假冒伪劣商品工作要点	完善农资质量追溯体系，加强农资质量检测，对不合格的农资坚决采取下架、退市、召回等措施
2014-04-29	国务院办公厅关于印发2014年食品安全重点工作安排的通知	建立食品原产地可追溯制度和质量标识制度。加快建立"从农田到餐桌"的全程追溯体系，研究起草重要食用农产品追溯管理办法，稳步推进农产品质量安全追溯、肉菜流通追溯、酒类流通追溯、乳制品安全追溯体系建设
2014-05-26	国务院办公厅关于进一步加强林业有害生物防治工作的意见	切实加强有害生物传播扩散源头管理，抓好产地检疫和监管，重点做好种苗产地检疫，推进应施检疫的林业植物及其产品全过程追溯监管平台建设
2014-06-04	国务院关于促进市场公平竞争维护市场正常秩序的若干意见	利用物联网建设重要产品等追溯体系，形成"来源可查、去向可追、责任可究"的信息链条

续表

成文时间	文件	涉及内容
2014-06-14	国务院关于印发社会信用体系建设规划纲要（2014—2020年）的通知	逐步建立以商品条形码等标识为基础的全国商品流通追溯体系
2014-07-28	国务院关于加快发展生产性服务业促进产业结构调整升级的指导意见	支持农业生产的信息技术服务创新和应用，发展农作物良种繁育、农业生产动态监测、环境监控等信息技术服务，建立健全农产品质量安全可追溯体系
2014-10-24	国务院办公厅关于促进内贸流通健康发展的若干意见	集中开展重点商品、重点领域专项整治行动，完善网络商品的监督抽查、风险监测、源头追溯、质量担保、损害赔偿、联合办案等制度
2014-12-26	国务院办公厅关于加快木本油料产业发展的意见	加强对木本食用油原料生产、加工、储存、流通、销售等环节的监管，严格执行国家标准，强化市场准入管理和质量监督检查，严厉打击制假、售假等违法违规行为，严禁不合格产品进入市场，建立健全产品质量送检、抽检、公示和责任追溯制度

数据截止时间：2015-03-20

数据来源：中华人民共和国中央人民政府网站（http://www.gov.cn/）

6.农业部等国家部委有关农产品质量安全追溯体系的相关规定

2001年5月23日，农业部实施《农业转基因生物安全管理条例》，条例规定：生产转基因植物种子、种畜禽、水产苗种的单位和个人，应当建立生产档案，载明生产地点、基因及其来源、转基因的方法以及种子、种畜禽、水产苗种流向等内容。

2002年4月，由农业部、国家质量监督检验检疫总局共同颁布的《无公害农产品管理办法》中对无公害农产品的生产管理作出了规定：无公害农产品的生产要有完善的质量控制措施，并有完整的生产和销售记录档案。

2005年8月，农业部颁布《关于发展无公害农产品绿色食品有机农产品的意见》（农市发〔2005〕11号），要求在发展无公害农产品、绿色食品和有机农产品的过程中，要建立产品的生产和质量档案、监管档案，推进认证产品的网上公示、查询和追溯制度，强化农产品生产者的质量安全责任意识，提高产品公信力。

为规范农产品生产经营行为，加强农产品包装和标识管理，建立健全农产品可追溯制度，保障农产品质量安全，农业部在《中华人民共和国农产品质量安全法》的基础上，于2006年11月颁布并实施了《农产品包装和标识管理办法》，强制规定农产品生产企业、农民专业合作经济组织以及从事农产品收购的单位或者个人包装销售的农产品，应当在包装物上标注或者附加标识标明品名、产地、生产者或者销售者名称、生产日期。

2007年5月1日，商务部实施《流通领域食品安全管理办法》，从流通领域监管入手,要求作为流通载体的各类市场建立保证食品安全的各项制度,严把进货关和销售关,保证上市食品的安全。其核心内容是要求市场建立保障食品安全的管理制度,具体包括协议准入制度、经销商管理制度、索证索票制度、购销台账制度和不合格食品退市制度。通过这些制度的建立,达到食品在流通环节的可追溯,从而保障食品在流通中的安全。

2008 年 2 月,农业部发布《农产品地理标志管理办法》,要求"地理标志农产品的生产经营者,应当建立质量控制追溯体系。农产品地理标志登记证书持有人和标志使用人,对地理标志农产品的质量和信誉负责"。

2008 年 7 月,农业部办公厅下发了《农垦农产品质量追溯系统建设项目管理办法(试行)》,正式全面推进农垦农产品质量追溯系统的建设,随后在资金使用、项目验收、标示管理等方面出台了一系列文件,以保障和完善质量追溯体系的建设,是我国首部明确实施农产品质量追溯体系的规范性文件。

2009 年 3 月 23 日,农业部下发了《生鲜乳收购站标准化管理技术规范》,明确要求在生鲜乳收购过程中实行准入制度。

2009 年,农业部农产品质量安全中心相继制定并出台了《无公害农产品质量安全风险预警管理规范》、《绿色食品质量安全预警信息收集与上报规范》和《关于有机农产品风险预警及应急处理办法》等文件,积极推进无公害农产品、绿色食品和有机农产品监管工作制度化、规范化;并要求在"三品"生产中构建质量安全可追溯体系。

2008 年 11 月 19 日,国家发展改革委、农业部等部门联合制定了《奶业整顿和振兴规划纲要》,其中明确指出,乳品工业要建立产品质量可追溯制度。从饲料供应到乳品生产、收购、加工、销售等各环节均应建立台账制度,如实记录产品来源、数量、质量、批次、日期等相关信息。质检、农业、工业和信息化、工商、商务等相关部门要按照职责分工,依法加强从生产到销售的全过程质量监管,对发现的问题区别不同情况,分别实施责令整改、产品召回、下架退市等处置措施。

2009 年 2 月 5 日,财政部、商务部联合制定了《关于做好支持搞活流通扩大消费有关资金管理的通知》,提出支持大型鲜活农产品批发市场对冷链系统、质量安全可追溯系统、废弃物处理系统以及仓储、分拣包装、加工配送等设施升级改造。

2009 年 3 月 9 日,商务部、国家发展改革委、工业和信息化部、财政部、农业部、国家工商总局、国家质检总局、供销总社联合制定了《关于完善农业生产资料流通体系的意见》,提出农业、工商、质检、价格等行政管理部门要加大农资市场监管力度,督促企业健全农资商品购销台账、质量承诺、问题农资产品源头追溯、明码标价等制度。

2009 年 8 月 3 号,中国保监会和农业部联合发布《关于进一步加强生猪保险和防疫工作促进生猪生产发展的通知》，要求"要在动物标识及疫病可追溯体系建设的基础上，应用能繁母猪专用标识和中央数据库对能繁母猪实行单独管理"。

2010年开始，随着中央政府对农产品追溯体系建设的重视，特别是2010年2月海南毒豇豆事件后，农业部等国家部委对农产品追溯体系的建设不断跟进，出台的有关农产品追溯的文件也不断增加，范围涉及农业部、国家发展改革委、财政部、中国保监会、国家质量监督检验检疫总局、国家食品药品监管总局、工业和信息化部、公安部、商务部、国家卫生计生委、海关总署、国家工商总局、国家质检总局等部门，具体文件及有关农产品质量安全追溯体系建设的规定如表4-2所示。

表4-2　2010年1月以来农业部等国家部委有关农产品追溯的部分文件

成文时间	部门	文件	涉及内容
2010-02-24	农业部	关于切实加强蔬菜质量安全生产监督管理的紧急通知	进一步完善农药等投入品管理、生产档案、产品检测、基地准出、质量追溯5项全程质量管理制度，构建产品质量安全管理长效机制
2010-02-26	农业部	关于切实加强对获证蔬菜产品监督管理的通知	增强获证单位依法包装标识意识，并帮助有条件的获证单位建立质量安全可追溯管理体系
2010-01-21	农业部	动物检疫管理办法	动物检疫遵循过程监管、风险控制、区域化和可追溯管理相结合的原则
2010-06-18	国家发展改革委	农产品冷链物流发展规划	加强各相关企业温度监控和追溯体系建设；重点加强冷链物流监控追溯系统等冷链物流装备的研发与推广。按照规范化、标准化运作的要求，选择50个果蔬、肉类、水产品等大型农产品生产及物流企业，率先建设全程温控和可追溯系统，充分利用现有的企业管理和市场交易信息平台，建立便捷、高效、低成本的农产品冷链物流信息追溯系统。对农产品质量安全追溯装置等进行集中攻关与研制
2010-08-18	财政部	财政部关于印发《生猪调出大县奖励资金管理办法》的通知	支持生猪产业化龙头企业实施自建基地、帮助合同养殖场（户、合作社）发展生猪生产，建设猪肉产品质量安全可追溯系统，改善加工流通条件等项目的支出
2010-11-30	国家发展改革委、农业部	国务院办公厅转发发展改革委农业部关于加快转变东北地区农业发展方式建设现代农业的指导意见	支持龙头企业大力发展无公害农产品、绿色食品和有机食品，建立产品质量追溯机制，推行标准化生产

成文时间	部门	文 件	涉及内容
2011-01-04	国家质量监督检验检疫总局	进出口肉类产品检验检疫监督管理办法	《入境货物检验检疫证明》应当注明进口肉类产品的集装箱号、生产批次号、生产厂家名称和注册号、唛头等追溯信息。出口肉类产品生产企业应当按照输入国家或者地区的要求,对出口肉类产品的原辅料、生产、加工、仓储、运输、出口等全过程建立有效运行的可追溯的质量安全自控体系
2011-01-04	国家质量监督检验检疫总局	进出口水产品检验检疫监督管理办法	《入境货物检验检疫证明》应当注明进口水产品的集装箱号、生产批次号、生产厂家及唛头等追溯信息。出口水产品生产企业应当建立完善可追溯的质量安全控制体系,确保出口水产品从原料到成品不得违规使用保鲜剂、防腐剂、保水剂、保色剂等物质。出口水产品生产企业未建立产品追溯制度的检验检疫机构可以责令整改以符合要求
2011-05-28	国家发展改革委	国务院批转发展改革委关于2011年深化经济体制改革重点工作意见的通知	深化流通体制改革,开展农产品现代流通综合试点,稳步推进肉类、蔬菜流通追溯体系试点
2011-09-13	国家质量监督检验检疫总局	进出口食品安全管理办法	出口食品生产企业应当在运输包装上注明生产企业名称、备案号、产品品名、生产批号和生产日期。检验检疫机构应当在出具的证单中注明上述信息。进口国家(地区)或者合同有特殊要求的,在保证产品可追溯的前提下,经直属检验检疫局同意,标注内容可以适当调整
2012-09-14	水利部、国家质检总局、全国节水办	水利部 质检总局 全国节水办关于加强节水产品质量提升与推广普及工作的指导意见	以组织机构代码实名制为基础,以物品编码为追溯手段,逐步完善节水产品生产企业质量信用档案和产品质量信用信息平台,将企业违法违规等不良记录和奖励等良好记录全部记入档案
2013-01-24	国家质量监督检验检疫总局	进出口乳品检验检疫监督管理办法	出口乳品生产经营者应当建立产品追溯制度,建立相关记录,保证追溯有效性
2013-06-16	国家食品药品监管总局等9部门	关于进一步加强婴幼儿配方乳粉质量安全工作的意见	推行婴幼儿配方乳粉电子信息化管理,加快实现产品全程可查询、可追溯

续表

成文时间	部门	文　件	涉及内容
2013-11-15	国家质量监督检验检疫总局	有机产品认证管理办法	获证产品的认证委托人以及有机产品销售单位和个人,在产品生产、加工、包装、贮藏、运输和销售等过程中,应当建立完善的产品质量安全追溯体系和生产、加工、销售记录档案制度
2013-11-22	商务部	商务部关于进一步加强商务行政执法工作的意见	充分利用肉类蔬菜和中药材追溯体系等各类信息系统数据资源,加强市场秩序动态分析研判,完善预测预警及快速反应机制,提高监管效率
2013-12-13	农业部等 9 部门	国家农民专业合作社示范社评定及监测暂行办法	广泛推行标准化,有严格的生产技术操作规范,建立完善的生产、包装、储藏、加工、运输、销售、服务等记录制度,实现产品质量可追溯
2014-01-23	农业部	农业部关于加强农产品质量安全全程监管的意见	着力构建农业投入品监管信息平台,将农业投入品纳入可追溯的信息化监管范围。推行产地准出和追溯管理。积极推行质量追溯。加快建立覆盖各层级的农产品质量追溯公共信息平台,制定和完善质量追溯管理制度规范,优先将生猪和获得“三品一标”认证登记的农产品纳入追溯范围,鼓励农产品生产企业、农民专业合作社、家庭农场、种养大户等规模化生产经营主体开展追溯试点,抓紧依托农业产业化龙头企业和农民专业合作社启动创建一批追溯示范基地(企业、合作社)和产品,以点带面,逐步实现农产品生产、收购、贮藏、运输全环节可追溯
2014-02-25	商务部等 13 部门	商务部等 13 部门关于进一步加强农产品市场体系建设的指导意见	支持引导农产品市场积极参与农产品流通追溯体系建设,实现来源可追、去向可查、责任可究
2014-04-30	国家发展改革委	国务院批转发展改革委关于 2014 年深化经济体制改革重点任务意见的通知	建立科学的抽查制度、责任追溯制度、经营异常名录和黑名单制度,重点监控问题企业和违法违规经营者。健全从中央到地方直至基层的食品药品安全监管体制,建立从生产加工到流通消费的全过程监管机制、社会共治制度和可追溯体系
2014-11-13	国家质量监督检验检疫总局	进出境非食用动物产品检验检疫监督管理办法	建立并维护企业档案,确保原料、产品可追溯

数据截止时间:2015-03-20

数据来源:中华人民共和国中央人民政府网站(http://www.gov.cn/)

7.地方性有关农产品质量安全追溯体系的相关规定

在提高农产品质量安全水平上,各地结合自身实际制定了许多保障农产品质

量安全的地方性法规和文件,其中大都涉及与质量安全可追溯体系相关的行为活动,比较典型的有:

2001年7月,上海市政府颁布了《上海市食用农产品安全监管暂行办法》,提出了在流通环节建立市场档案可溯源制度。2014年7月1日,上海市人民政府法制办公室就《上海市食品安全信息追溯管理办法(草案)》公开征求意见。2014年8月12日,上海市政府法制办就《上海市食品安全信息追溯管理办法(草案)》进行立法听证。2015年2月21日,上海市人民政府办公厅发布《关于加强本市农产品质量安全监管工作的通知》,要求各区县政府健全农业档案制度,推进电子化追溯技术应用,探索实行农产品市场准入和产地准出制度,完善农产品质量安全追溯体系建设。①

2007年3月,河北省出台了《农产品质量安全工作目标量化考核办法》,将农产品质量安全可追溯体系的建立作为质量安全工作重要的考核指标。2008年1月7日,河北省政府出台《河北省农产品市场准入办法》,要求市场、超市和配送中心等各类市场主体应当建立健全农产品进货检查验收、质量抽检、问题农产品主动召回、不合格农产品清退和质量追溯等制度。

2006年10月,山东省政府出台《山东省出口农产品质量安全监督管理规定》,要求生产经营出口农产品的,应当建立健全质量可追溯体系和质量责任追溯制度。2014年4月,山东省政府发布《山东省农产品质量安全监督管理规定》,要求县级以上政府农产品质量安全监督管理部门和商务、食品药品监督管理等部门,应当建立健全农产品质量安全追溯制度和工作协调机制,加强联合执法,依法做好农产品生产、运输、加工、销售等环节的监督管理,保证农产品质量安全。

为遏制水产品污染,2007年10月10日,辽宁省颁布实施了全国首部地方性水产品质量安全政府规章——《辽宁省水产品质量安全管理办法》,明确要求在水产品的养殖和生产中建立生产档案,实施标识管理等一系列与追溯有关的行为,以此来构建水产品质量安全的长效机制。2013年3月,辽宁省颁布《关于加快发展现代农业的实施意见》,提出完善产地环评、投入品管理、档案记录、产地准出、标记标识等质量管理制度,建立全程质量控制可追溯体系。2014年7月,辽宁省颁布《辽宁省人民政府办公厅关于加强农产品质量安全监管工作的意见》,提出将建立覆盖全省的农产品质量追溯平台,统一设计印制农产品质量安全追溯二维码,逐步实现农产品全环节可追溯。2014年12月,辽宁省政府办公厅发布《辽宁省农村经济委员会主要职责内设机构和人员编制规定》,要求农村经济委员会推动农产品质量安全追溯、风险评估和农业检验检测体系建设,建立农产品质量安全监督管理有

---

① 资料来源:市政府办公厅关于加强本市农产品质量安全监管工作的通知[EB/OL],中国上海网,http://www.shanghai.gov.cn/shanghai/node2314/node2319/node12344/u26ai41855.html,2015-02-21

效机制。2014年12月26日,辽宁省政府发布《辽宁省农产品现代流通体系建设方案》,要求建立肉类、蔬菜流通追溯体系,并逐步拓展到水果、水产品等其他农产品;并要求加快建设覆盖城乡的农产品仓储配送网络,建设冷藏冷冻库、监管和查验设施、全程监控和信息追溯系统。

2012年7月5日,浙江省政府印发《浙江省出口食用农产品示范基地认定办法》,要求凡在浙江省范围内从事农产品出口的企业或合作社等申报出口食用农产品示范基地,必须建成农产品质量可追溯体系。2012年7月15日,浙江省颁发《浙江省人民政府关于加强农产品质量安全和标准化工作的通知》,要求"在流通环节,加强监控,实行农产品质量安全追溯制度,积极推行食用农产品标明产地、生产单位、生产日期和保质期限,积极推行市场准入制度,实行优质优价"。2013年1月10日,浙江省颁布《关于加强鲜活农产品流通体系建设的实施意见》,提出要加强质量全程监管,"进一步扩大鲜活农产品质量安全追溯体系建设试点,落实索证索票和购销台账制度,推动农产品包装和标识的标准化、品牌化,完善以肉、菜为重点的质量安全责任追溯制度"。2014年3月24日,浙江省政府颁布《关于创新农药管理机制保障农产品质量及生态安全的意见》,指出"全面推行农药产品条形码,实现农药产品的可追溯";要求各级农药行政主管部门要督促农产品生产经营者认真执行安全间隔期(休药期)、生产档案记录等制度,确保可追溯。

为进一步提高杭州市农产品质量安全水平,探索创建科学、高效、规范的农产品质量安全追溯管理机制,确保全市人民吃上放心农产品。2008年11月,杭州市人民政府出台了《杭州市人民政府办公厅关于开展农产品质量安全追溯管理工作的实施意见》。该《意见》提出,杭州市农产品质量安全追溯管理工作坚持"政府引导、企业实施,重点突破、分步推进,强化监管、保障安全"的原则,建立以批发市场为重点的流通领域质量追溯管理机制和以农业企业、农民专业合作社、认证产品生产基地为重点的生产领域质量追溯管理机制。确定蔬菜和猪肉为首批追溯管理的鲜活农产品,批发市场和生产基地为重点追溯管理对象;加强综合监管,逐步消除监管盲区。基本建立全市农产品质量安全追溯管理的运行机制。2011年3月,杭州市政府发文提出全面推行"菜篮子"产品质量安全追溯制度。2013年1月,杭州市政府发布《关于加快构建新型畜牧产业体系的实施意见》,提出建立从产地环境、投入品、饲养到市场销售的全程监控与质量可追溯系统。2014年3月,杭州市政府发布《关于调整市和区县(市)工商质监体制改革完善食品药品监管体制的实施意见》,要求"切实加大食品药品监督管理投入力度,改善监管执法条件,健全风险监测、检验检测和产品追溯等技术支撑体系,提升科学监管水平"。

8.农产品质量安全可追溯体系的相关的国家、行业和地方标准

2003年,陕西标准化研究院制订的《牛肉质量跟踪与溯源系统实用方案》,成

为我国第一部农产品质量安全可追溯体系的地方性标准。

2004年,为应对我国水产品出口遭遇一系列贸易壁垒的问题,国家质检总局出台了《出境水产品溯源规程(试行)》,用以指导水产品的养殖、加工和出口企业有效构建质量安全可追溯体系。

为应对出口国对农产品质量安全不断提高的要求,2008年,国家标准化管理委员会出台了《出口茶叶质量安全控制规范》国家标准,对茶叶从生产到出口全过程的各个环节均作了详细规定,还特别根据当前的出口形势,新增了茶叶源头管理,即茶园管理和初加工部分以及产品出口的预警和召回制度等,实现了茶叶从种植到消费者全过程的可追溯性。

2008年8月,由国家标准化管理委员会颁布的《蜜蜂产品生产管理规范》国家标准正式实施。强调确立了"可追溯性体系",即要求蜂产品生产管理全过程都要有真实、清晰、易于识别和检索的记录,并确保三年内的可追溯性。一旦蜂产品出现质量问题,处置或召回均可查至生产源头。

2009年3月,由安徽省标准化院主持完成的《茶叶安全全程可追溯系统及推广应用》项目通过国家科技部验收,获得了国家版权局颁布的软件著作权登记证书。该项目实现了对茶叶生产、加工等内部质量的管理和控制;实现对茶叶质量状况的外部监管,利于茶叶快速召回;利于消费者查询追溯信息,实现与企业的互动。该系统的全面推广应用将切实提高茶叶企业管理水平和茶叶质量安全水平,确保消费者健康安全。①

从2003年开始,中国物品编码中心在借鉴欧盟相关经验的基础上,开始参照国际物品编码协会的相关应用指南,结合我国实际,相继出版了《牛肉制品溯源指南》、《牛肉产品跟踪与追溯指南》、《水果、蔬菜跟踪与追溯指南》、《我国农产品质量快速溯源过程中电子标签应用指南》、《食品安全追溯应用案例集》和《牛肉质量跟踪与溯源系统实用方案》,并通过"条码推进工程"项目,在全国范围内积极开展应用试点及推广工作,为《食品可追溯性通用规范》和《食品追溯信息编码与标识规范》等国家标准的制定作了充分准备。

2008年,为保证奥运会期间的食品安全,中国物品编码中心与其北京分中心合作,制定了《奥运会食品追溯编码规则》和《奥运会食品安全数据元目录规范》,为食品安全的可追溯管理积累了有益的经验。

2009年,国家标准化管理委员会相继颁布《饲料和食品链的可追溯性—体系设计与实施的通用原则和基本要求》、《饲料和食品链的可追溯性—体系设计与实

---

① 资料来源:《茶叶安全全程可追溯系统》项目通过国家验收[EB/OL],新民网,http://news. xinmin. cn/rollnews/2009/03/03111760035. html,2009-03-31

施指南》。

2009年12月，国家标准化管理委员会颁布了《食品可追溯性通用规范》和《食品追溯信息编码与标识规范》并通过审定。前者规定了食品追溯的基本原则和基本要求、追溯流程和追溯管理规则，适用于各类食品可追溯系统的建立和管理。后者规定了食品追溯的信息编码、数据结构和载体标识，适用于食品追溯体系的建立和应用。

2010年1—3月，国家标准化管理委员会颁布了《农产品追溯要求（水产品）》、《农产品追溯要求（果蔬）》、《农产品追溯要求（蜂蜜）》、《农产品追溯要求（茶叶）》4项国家标准并通过审定，并在2010年间完成《猪肉可追溯体系基本要求》、《农产品追溯要求 乳制品》、《农产品追溯信息系统设计指南》、《肉与肉制品的射频识别（RFID）追溯技术要求》。到目前为止，我国发布的与农产品质量安全可追溯体系的相关的国家、行业和地方标准如表4-3所示。

表 4-3　农产品质量安全追溯体系的相关国家、行业和地方标准

类型	标准号及标准名	发布日期	实施日期
ISO	ISO 22005—2007 饲料和食物链中的可追溯性系统设计和实施的一般原则与基本要求	2007-07-15	2007-07-15
国家标准	GB/T 22005—2009 饲料和食品链的可追溯性体系设计与实施的通用原则和基本要求	2009-09-30	2010-03-01
	GB/Z 25008—2010 饲料和食品链的可追溯性体系设计与实施指南	2010-09-02	2010-12-01
	GB/T 28843—2012 食品冷链物流追溯管理要求	2012-11-05	2012-12-01
	GB/T 29373—2012 农产品追溯要求 果蔬	2012-12-31	2013-07-01
	GB/T 29568—2013 农产品追溯要求 水产品	2013-07-19	2013-12-06
农业部标准	NY/T 1761—2009 农产品质量安全追溯操作规程 通则	2009-04-23	2009-05-20
	NY/T 1762—2009 农产品质量安全追溯操作规程 水果	2009-04-23	2009-05-20
	NY/T 1763—2009 农产品质量安全追溯操作规程 茶叶	2009-04-23	2009-05-20
	NY/T 1764—2009 农产品质量安全追溯操作规程 畜肉	2009-04-23	2009-05-20
	NY/T 1765—2009 农产品质量安全追溯操作规程 谷物	2009-04-23	2009-05-20
	NY/T 1993—2011 农产品质量安全追溯操作规程 蔬菜	2011-09-01	2011-12-01
	NY/T 1994—2011 农产品质量安全追溯操作规程 小麦粉及面条	2011-09-01	2011-12-01
	NY/T 2531—2013 农产品质量追溯信息交换接口规范	2013-12-12	2014-04-01
	NY/T 1431—2007 农产品追溯编码导则	2007-09-14	2007-12-01

类型	标准号及标准名	发布日期	实施日期
商业部标准	SB/T 10680—2012 肉类蔬菜流通追溯体系编码规则	2012-03-15	2012-06-01
	SB/T 10681—2012 肉类蔬菜流通追溯体系信息传输技术要求	2012-03-15	2012-06-01
	SB/T 10682—2012 肉类蔬菜流通追溯体系信息感知技术要求	2012-03-15	2012-06-01
	SB/T 10683—2012 肉类蔬菜流通追溯体系管理平台技术要求	2012-03-15	2012-06-01
	SB/T 10684—2012 肉类蔬菜流通追溯体系信息处理技术要求	2012-03-15	2012-06-01
	SB/T 10768—2012 基于射频识别的瓶装酒追溯与防伪标签技术要求	2012-09-19	2012-12-01
	SB/T 10769—2012 基于射频识别的瓶装酒追溯与防伪查询服务流程	2012-09-19	2012-12-01
	SB/T 10770—2012 基于射频识别的瓶装酒追溯与防伪读写器技术要求	2012-09-19	2012-12-01
	SB/T 10771—2012 基于射频识别的瓶装酒追溯与防伪应用数据编码	2012-09-19	2012-12-01
	SB/T 10824—2012 速冻食品二维条码识别追溯技术规范	2012-12-20	2013-06-01
	SB/T 11001—2013 基于射频识别的瓶装酒追溯与防伪标签测试规范	2013-04-16	2013-11-01
	SB/T 11002—2013 基于射频识别的瓶装酒追溯与防伪读写器测试规范	2013-04-16	2013-11-01
	SB/T 11003—2013 基于射频识别的瓶装酒追溯与防伪设备互操作测试规范	2013-04-16	2013-11-01
	SB/T 11039—2013 中药材追溯通用标识规范	2013-12-04	2014-06-01
	SB/T 11038—2013 中药材流通追溯体系专用术语规范	2013-12-04	2014-06-01
	SB/T 11059—2013 肉类蔬菜流通追溯体系城市管理平台技术要求	2014-04-06	2014-12-01
	SB/T 11060—2013 基于二维条码的瓶装酒追溯与防伪应用规范	2014-04-06	2014-12-01
	SB/T 11074—2013 糖果、巧克力及其制品二维条码识别追溯技术要求	2014-04-06	2014-12-01

续表

类型	标准号及标准名	发布日期	实施日期
地方标准	DB13/T 1159—2009 果品质量安全追溯产地编码技术规范	2009-11-24	2009-11-24
	DB44/T 737—2010 罗非鱼产品可追溯规范	2010-03-22	2010-07-01
	DB51/T 1169—2010 茶叶追溯要求 绿茶	2010-08-18	2010-09-01
	DB37/T 1804—2011 农产品追溯要求 肥城桃	2011-01-19	2011-03-01
	DB37/T 1805—2011 乳制品电子信息追溯系统通用技术要求	2011-01-19	2011-03-01
	DB44/T 910—2011 养殖对虾产品可追溯规范	2011-09-08	2011-12-01
	DB65/T 3324—2011 农产品追溯编码及标识应用规范	2011-12-10	2012-01-01
	DB37/T 2115—2012 水产品冷链物流服务规范	2012-04-17	2012-05-01
	DB13/T 1523—2012 果品质量安全追溯系统建设实施指南	2012-04-19	2012-04-30
	DB34/T 1640—2012 农产品追溯信息采集规范 粮食	2012-04-24	2012-05-24
	DB34/T 1639—2012 农产品追溯信息采集规范 禽蛋	2012-04-24	2012-05-24
	DB36/T 680—2012 赣南脐橙质量安全追溯操作规范	2012-06-14	2012-09-01
	DB34/T 1683—2012 农资产品追溯信息编码和标识规范	2012-09-21	2012-10-21
	DB34/T 1685—2012 食品质量追溯标准体系表	2012-09-21	2012-10-21
	DB15/T 532—2012 商品条码 畜肉追溯编码与条码表示	2012-12-10	2013-02-10
	DB22/T 1651—2012 产地水产品质量追溯操作规程	2012-12-17	2013-01-01
	DB22/T 1699—2012 猪肉产品追溯信息编码规则	2012-12-21	2013-01-01
	DB34/T 1810—2012 农产品追溯要求 通则	2012-12-26	2013-01-26
	DB34/T 1898—2013 池塘养殖水产品质量安全可追溯管理规范	2013-06-27	2013-07-27
	DB15/T 641—2013 食品安全追溯体系设计与实施通用规范	2013-11-20	2014-01-20
	DB15/T 643—2013 基于射频识别的肉牛屠宰环节关键控制点追溯信息采集指南	2013-11-20	2014-01-20
	DB15/T 642—2013 基于射频识别的肉牛育肥环节关键控制点追溯信息采集指南	2013-11-20	2014-01-20
	DB15/T 644—2013 肉牛物流环节关键控制点追溯信息采集指南	2013-11-20	2014-01-20
	DB22/T 1936—2013 粮食产品质量安全追溯编码与标识指南	2013-12-04	2013-12-31
	DB22/T 1937—2013 粮食产品质量安全追溯数据采集规范	2013-12-04	2013-12-31
	DB46/T 269—2013 农产品流通信息追溯系统建设与管理规范	2013-12-11	2014-02-01
	DB44/T 1267—2013 捕捞对虾产品可追溯技术规范	2013-12-20	2014-03-20
	DB15/T 701—2014 产品质量信息追溯体系通用技术要求	2014-07-31	2014-10-31

类型	标准号及标准名	发布日期	实施日期
水产行业标准	SC/T 3045—2014 养殖水产品可追溯信息采集规程	2014-03-24	2014-06-01
	SC/T 3044—2014 养殖水产品可追溯编码规程	2014-03-24	2014-06-01
	SC/T 3043—2014 养殖水产品可追溯标签规程	2014-03-24	2014-06-01

资料来源:国家标准查询网,http://cx.spsp.gov.cn/index.aspx?Keys=％d7％b7％cb％dd&Token=＄Token＄&First＝First

4.1.2　农产品生产档案的建设情况

农产品生产档案的建设是质量安全可追溯体系建立的基础,而农产品供应链上各主体所使用的食品安全管理方法和手段,实现规范化生产是获取生产档案、如实反映质量安全信息的前提,因此,食品安全管理方法和手段的实施状况与农产品生产档案的建设情况息息相关。当前我国农产品供应链上各主体所实施的食品安全管理方法主要有:危害分析与关键控制点(HACCP)、良好农业规范(GAP)和良好操作规范(GMP),每一种管理方法都强调了生产档案的记录与保存。

1. 危害分析与关键控制点(Hazard Analysis and Critical Control Point, HACCP)

危害分析与关键控制点是一种对食品安全危害予以识别、评估和控制的系统方法,也是一个确保食品生产过程及供应链免受生物、化学和物理性危害污染的安全管理工具,更是一种简便、合理而专业性很强的食品安全质量控制体系。其核心是通过对食品生产和流通过程中可能造成食品安全危害的关键控制点进行识别、确认和监控,从而将各种实际存在和潜在危害有效消除或是至少减少到最低限度。20世纪80年代HACCP原理传入我国,在其推行过程中,我国商检部门和农业主管部门做了大量的工作,也取得了一定的经验。原国家出入境检验检疫局拟定了进出口食品危险性登记分类管理方案和"危害分析与关键控制点"(HACCP)实施方法,并组织实施了"危害分析与关键控制点"(HACCP)管理方案。原国家商检局从事水产检验的科技人员也积极在出口企业中推行应用HACCP,并对专业人员进行HACCP及水产进口国法规的培训。2002年3月20日,国家认证认可监督委员会于2002年3号文发布了《食品生产企业危害分析与关键控制点(HACCP)管理体系认证管理规定》,该规定要求列入《出口食品卫生注册需要评审HACCP管理体系的产品目录》的企业,即罐头类、水产类、肉及肉制品类、冷冻蔬菜类、果蔬汁类、含肉或水产品的速冻方便食品类生产企业必须建立和实施HACCP管理体系并通过认证,鼓励从事生产、加工出口食品的企业建立并实施HACCP管理体系;同时要求其他食品生产企业参照执行。2009年3月,中国国家认证认可监督管理委员会发布《乳制品生产企业危害分析与关键控制点(HACCP)体系认证实施规则(试行)》，规定了从事乳品企业 HACCP 认证的认证机构实施乳品企业 HACCP 认证的程序与管理的基本要求。2009 年 9 月 10 日，国家认监委以 2009 年第 43 号公告发布《关于启用乳制品生产企业 GMP、HACCP 体系认证信息子系统的公告》。2011 年 12 月 6 日，为规范食品行业危害分析与关键控制点(HACCP)体系认证，国家认监委以 2011 年第 35 号公告发布了《危害分析与关键控制点(HACCP)体系认证实施规则》和《危害分析与关键控制点(HACCP)体系认证依据与认证范围(第一批)》，规定了从事 HACCP 体系认证的认证机构实施 HACCP 体系认证的程序与管理的基本要求。2012 年 1 月 19 日，为进一步规范危害分析与关键控制点(HACCP)体系认证工作，保证《危害分析与关键控制点(HACCP)体系认证实施规则(CNCA-N-008:2011)》的顺利实施，经与有关部门协商，国家认监委发布《关于〈危害分析与关键控制点(HACCP)体系认证实施规则〉发布实施相关问题的通知》，对各认证机构的相关文件修订、证书转换、过渡期的要求等都作了明确规定。截至 2013 年 6 月 30 日，在食用农产品中，已有 3833 家企业和专业合作组织通过了 HACCP 认证，共有 273 家乳品企业和专业合作组织通过了 HACCP 认证(国家认证认可监督委员会，2015)。

2. 良好农业规范(Good Agricultural Practices，GAP)

从广义上讲，良好农业规范作为一种适用方法和体系，通过经济的、环境的和社会的可持续发展措施，来保障食品安全和食品质量。GAP 主要针对未加工和最简单加工(生的)出售给消费者和加工企业的大多数果蔬的种植、采收、清洗、摆放、包装和运输过程中常见的微生物的危害控制，其关注的是新鲜果蔬的生产和包装，但不限于农场，包含从农场到餐桌的整个食品链的所有步骤。2003 年 4 月，国家认监委开始在我国食品链源头建立"良好农业规范"标准和认证体系。其后一系列GAP 的标准出台。2005 年 12 月 31 日，国家质检总局、国家标准委联合发布了由国家认监委联合农业、质检部门等提出的 GB/T20014.1～11《良好农业规范认证实施规则(试行)》国家标准。2006 年 1 月，国家认监委制定了《良好农业规范》(CNCA-N-004:2006)。2007 年 8 月，国家认监委又对 2006 年 1 月发布的《良好农业规范认证实施规则(试行)》进行了修订，自 2008 年 1 月 1 日起施行。目前国家认监委已制定、发布了 24 项 GAP 国家标准，内容涵盖种植、畜禽养殖和水产养殖。在标准制定和实施的同时，我国各级部门和组织根据自身实际，加大培训力度，提高对标准的理解和贯彻能力。通过技术培训和指导，逐步提高农民的素质，使其掌握正确使用农药化肥等农业投入物的能力。通过政府推动，加强区域监管，严格控制农药化肥等农业投入物的生产、销售和使用。到 2010 年，我国已在 23 个省、自治区、直辖市的 522 家企业启动了 GAP 认证和标准化试点工作。全国共有 15 家认证机构分别开展不同范围的 GAP 认证活动,有注册检查员 435 名,累计发证 603 张,有效证书 322 张。到 2013 年 6 月底,在食用农产品中,已有 546 家企业和专业合作组织通过了 GAP 认证(国家认证认可监督委员会,2015)。

3. 良好操作规范(Good Manufacturing Practice,GMP)

良好操作规范是保证食品具有高度安全性的良好生产管理体系,其基本内容是从原料到成品全过程中每个环节的卫生条件和操作规程。食品 GMP 是从药品 GMP 中发展起来的,主要环节包括各种原料的安全、各种污染的防止、加强工艺技术方面的管理、商标管理和管理记录的保存。GMP 在发达国家广泛应用,是其食品管理的先进方法和成功经验,也是保证食品卫生质量的关键。我国已经颁布了《罐头厂卫生规范》、《乳品厂卫生规范》等 15 类规范,并以国家标准的形式列于法规之中,要求在全国范围内加以实施。我国的食品企业卫生规范,相当于国外广泛应用的 GMP 管理方法。如为规范乳制品生产企业良好生产规范(GMP)认证工作,强化乳制品生产企业质量安全自控能力,2009 年 3 月,中国国家认证认可监督管理委员会发布《乳制品生产企业良好生产规范(GMP)认证实施规则(试行)》,规则规定了从事乳品企业 GMP 认证的认证机构实施乳品企业 GMP 认证的程序与管理的基本要求。这是认证机构从事乳品企业 GMP 认证活动的基本依据。我国 GMP 的颁布和实施,对食品安全法规的进一步贯彻执行,保证食品安全卫生,加快改善食品厂的卫生面貌,实现卫生管理标准化和规范化,保障人民健康,起到了积极的作用。截至 2013 年 6 月 30 日,我国共有 89 家乳品企业和专业合作组织通过了 GMP 认证(国家认证认可监督委员会,2015)。

除与食品安全管理方法相关的生产档案记录外,基于我国农产品生产主体多、规模小、分散广的特点,许多地方都结合自身实际,采取多种方式促进农产品生产环节档案记录的实施,引导农民渐次建立良好的生产习惯。江苏强制农产品生产企业、专业合作经济组织推行生产记录;天津对不按照规程和制度的生产经营者实施高密度监督抽查的惩罚性措施。为应对主体多、规模小对农产品监管的困扰,各地许多专业合作社组织农户记录详尽的种植养殖日记,会员互相监督,严肃追究不按照技术标准生产的会员的责任,农产品安全得到有效监管。如浙江临海西兰花合作社统一印发西兰花生产记录文本,要求每个社员按照地方标准和日本《肯定列表制度》要求进行标准化生产,并对西兰花种植和病虫害防治进行记录;出售的西兰花标签上除有产地和生产日期外,有些还印有种植者照片,实现了产品可追溯。①

---

① 提升质量安全——全国农产品质量安全专项整治综述[EB/OL],中华人民共和国政府网,http://www.gov.cn/gzdt/2008-011291content_873683.htm,2008-01-29.

4.1.3　农产品标识系统的建设情况

农产品标识系统建设是实现农产品质量安全信息化的重要环节,对全过程的农产品质量安全可追溯体系的建设至关重要,当前农产品质量安全可追溯工作在我国越来越受到关注与重视,并被认为是管理和控制农产品质量安全问题最有效的手段之一。众多相关的行业和部门正在积极地探索和投入这项工作,分头实施农产品质量安全可追溯体系,并建立了各自独立的数据库和信息查询平台,使用了形式多样的标识系统。

为规范农产品地理标志登记和使用管理,2008 年 8 月,农业部在《中华人民共和国农产品质量安全法》、《农产品地理标志管理办法》等有关规定的基础上,制定并实施了《农产品地理标志登记程序》和《农产品地理标志使用规范》,同时配套了颁布了《农产品地理标志公共标识设计使用规范手册》,对农产品地理标志公共标识图案、文字及编号在产品包装、广告等媒介上的设计、使用进行指导,规范了公共标识标准色、文字、组合图形等内容,并配合了不同包装上的应用示范,以规范标志使用人印刷使用行为。2014 年,全国无公害农产品产地认定和产品认证数量均保持在 1 万个以上,绿色食品企业总数达 8700 家、产品 21153 个,绿色企业和产品认证同比增长了 13.1％和 8.5％,公示农产品地理标志 229 个,公告颁证 213 个。产品质量安全抽检合格率继续高于全国平均水平,其中无公害农产品合格率 99.2％,地标产品安全合格率继续保持 100％。同时,农业部农产品质量安全中心与防伪公司合作,研制出了多种类、多规格的可追溯防伪标志,供标志使用人根据实际需要选择使用。此外,农业部还对无公害农产品、绿色农产品和有机农产品的产地和产品建立特定的标识管理体系。科学严格的标识体系已经在农产品逐步形成并得以推广(农业部,2015)。

形式多样化的标识体系的建立极大地推动了农产品标识体系的发展,但也带来了一系列的弊端,由于标识的不统一,各个行业、部门的数据库不统一、不兼容,形成了一个个信息"孤岛",容易引发食品安全事件的发生。鉴于此,我国已开始推广以商品条码、物品编码及射频等识别技术为核心的全球统一标识系统(GS1)进行农产品质量安全可追溯工作。GS1 是在商品条码的基础上发展而来,国际上称为 GS1 系统,由编码体系、可自动识别的数据载体和电子数据交换标准协议组成。这三部分之间相辅相成,紧密联系。编码体系是核心部分,实现了对不同物品的唯一编码;数据载体是将供肉眼识读的编码转化为可供机器识读的载体;然后通过自动数据采集技术及电子数据交换,以最少的人工介入,实现自动化操作。GS1 系统通过具有一定编码结构的代码实现对相关项目及其数据的标识,该结构保证了在相关应用领域中代码在世界范围内的唯一性。在提供唯一的标识代码的同时,

GS1 系统还提供附加信息的标识,例如有效期、系列号和批号,这些都可以用条码来表示。以商品条码为基础的全球统一标识系统已经在商业、物流、食品安全、医疗卫生、出版、金融保险和服务等行业得到了广泛应用,并成为全球通用的商务语言。目前,全世界已有 40 多个国家和地区采用 GS1 系统,对食品的生产过程进行跟踪与追溯,获得了良好的效果。联合国欧洲经济委员会已经正式推荐该系统用于食品的跟踪与追溯。在我国,采用以商品条码、物品编码及射频等识别技术为核心的 GS1 系统进行食品安全追溯工作,建立起一套行之有效的追溯体制和"快速预警系统",不仅是提高百姓生活质量的必然要求,也是参与全球贸易竞争、提高我国食品企业产品质量管理水平和应对技术壁垒的迫切需要。2008 年北京奥运会期间,中国物品编码中心与北京市工商行政管理局、北京市食品安全监督协调办公室签署了合作协议,建设了以 GS1 系统为中心的奥运食品安全追溯系统。2014 年6 月,由中国物品编码中心浙江分中心承担的"GS1(全球统一标识)追溯认证体系研究与试点"项目通过中国物品编码中心验收,该项目可以按照 GS1 食品追溯的规则开展对企业的 GS1 追溯认证试点(中国物品编码中心,2015)。

4.1.4　农产品基地准出和市场准入的建设情况

农产品基地准出和市场准入是农产品质量安全可追溯体系在流通领域实施过程中的重要环节,各地在农产品质量安全监管中着力构建了基地准出和市场准入制度。

山东省寿光市是我国重要的蔬菜种植和集散地之一,在蔬菜质量安全监管上,首先完善基地准出制度。农业部门设立基地认定前置条件,对达不到标准的基地,坚决不予申报。蔬菜生产者严格执行基地准出制度,建立农产品质量安全追溯系统,持质量检测合格证明办理产地证明后,方可上市销售。对销售不合格蔬菜的,由农业部门责令停止销售,并进行无害化处理或监督销毁。其次完善市场准入制度。蔬菜批发市场、超市、农贸市场、村头地边市场等市场和蔬菜销售组织、个体购销者等经营者严格执行进货检查验收制度,凡无质量合格证明的不得入市销售。对进场销售的蔬菜质量安全状况进行抽样检测,经检测不合格的蔬菜,由工商部门责令停止销售,并追回已经销售的蔬菜,进行无害化处理或者监督销毁。

湖北省出台了一系列制度来保障农产品市场准入制度的有力执行。按照湖北省人民政府的规定,自 2009 年 8 月 20 日起,在市(州)政府所在城区内的批发市场、超市、配送中心和仓储单位(以下简称市场主体)销售的新鲜蔬菜和猪肉,实行市场准入。自 2011 年 1 月 1 日起,在市(州)政府所在城区内的市场主体销售的水果、其他畜禽产品和水产品,在县(市)政府所在城镇内的市场主体销售的新鲜蔬菜和猪肉,实行市场准入。自 2012 年 1 月 1 日起,凡本省行政区域内各类市场主体销售的所有农产品，全部实行市场准入。① 2011 年 9 月，湖北省政府印发《湖北省质量兴省战略发展纲要（2011—2020 年）》，要求制定并实施严格的产地准出、市场准入标准，完善农产品质量可追溯制度；全面推行产地准出和市场准入制度，加强流通环节监管。2015 年湖北省委一号文件《关于进一步深化农村改革加快推进农业现代化的若干意见》提出"全面推行产地准出和市场准入制度，加强流通环节监管"。

新疆从源头上保证销售农产品的质量安全。2007 年 6 月 1 日起，乌鲁木齐在全疆首先全面实行蔬菜类农产品质量安全市场准入制度。2010 年，乌鲁木齐市政府出台了《乌鲁木齐市农产品质量安全条例》，明确规定乌鲁木齐农产品销售实行市场准入制。该条例要求上市的农产品须具备产地证明和质量安全检测机构出具的质量合格证明；对农产品生产者在生产过程中禁止或限量使用的肥料、农药、兽药、饲料等农业投入品作了明确规定；对农产品经营销售单位规定了禁止销售的农产品种类，并要求建立农产品质量安全责任制度和经营档案，配备冷藏设施，建立进货检查验收制度。此外，对包装销售的农产品也在包装标识、质量等级区分等方面作了明确规定。2010 年新疆出台《关于加强农产品质量安全检验检测体系建设工作的意见》（新农市〔2010〕157 号），要求"县（市）要力争在三年内基本建立农产品质量安全监督检验机构，负责农产品生产过程中的检验和农产品市场准入检验"。2013 年，新疆维吾尔自治区政府印发《关于深化流通体制改革加快流通产业发展的实施意见》，强调"加强对关系国计民生、生命安全等商品的流通准入管理，形成覆盖准入、监管、退出的全程管理机制"。

2008 年 5 月，浙江省人民政府办公厅转发省食品安全委员会办公室《关于加强食用农产品入市管理工作若干意见的通知》，规定凡在浙江省生产加工和进入销售的食用农产品，由生产加工者提供相关供货凭证，经营者也须索取相关进货销售凭证。2013 年 1 月，浙江省颁布《关于加强鲜活农产品流通体系建设的实施意见》，提出严格实行鲜活农产品产地准出和市场准入制度。2014 年 9 月，浙江省颁布《关于加强农产品质量建设加快打造绿色农业强省的意见》，提出"加快建立健全农产品准出机制，引导农产品生产经营者建立健全产地环境管理、生产过程管控、安全检测、分级包装、标志标识、农（兽）药使用档案等制度，严格执行安全间隔期（休药期）、生产档案记录等有关规定"。②

为有效防止不符合质量安全标准的食用农产品进入市场，陕西省食品药品监

---

① 资料来源：关于实行农产品质量安全市场准入制度有关事项的通知〔EB/OL〕. 新浪网，http://news.sina.com.cn/0/2009-08-14/043/16120262s.shtml，2009-08-10

② 资料来源：浙政办发〔2014〕112 号关于加强农产品质量建设加快打造绿色农业强省的意见〔EB/OL〕，北仑之窗，2014-10-16

管局 2014 年 3 月 12 日出台了《食用农产品市场准入管理指导意见(试行)》,该《意见》在全国尚属首例,对社会关注的转基因、禁用药物、退市等作出了明确说明。

4.1.5 我国农产品生产记录制度的实施情况

1.我国农产品生产记录制度建设状况

我国关于食品可追溯体系的研究始于 2002 年,在实施和研究过程中,国家逐步制定了一系列的法规和标准。2002 年,农业部颁布《动物免疫标识管理办法》,要求猪、牛、羊必须佩带免疫耳标,建立免疫档案管理制度。

2004 年,国家质检总局颁布《出境水产品追溯规程(试行)》,要求出口水产品及其原料必须按照规定进行标识。同年,我国农业部、国家食品药品监督管理局等 8 个部门确定肉类行业作为食品安全信用体系的试点行业,开始启动肉类食品追溯制度和系统建设项目,其主要任务是制定适合我国国情的管理规范和技术标准,制定肉类食品追溯应用解决方案。

2005 年,农业部在《农业部关于进一步加强农产品质量安全管理工作的意见》中指出,当前工作的一个重点就是加强农产品质量安全追溯能力建设,逐步实现生产记录可存储、产品流向可追踪、储运信息可查询;应当建立完备的质量安全档案记录和农产品标签管理制度。

2006 年 11 月 1 日,《中华人民共和国农产品质量安全法》正式实施,这是农产品质量追溯制度建设最主要的进步,填补了中国农产品质量安全监管法律的空白。该法律规定,我国农产品生产与经营旨在保障农产品质量安全,维护公众健康,保证农产品质量符合人的健康、安全的要求,政府加快推进产地建设和农产品质量安全认证。同时,该法第二十四条对生产记录制度明确规定:"农产品生产企业和农民专业合作经济组织应当建立农产品生产记录,如实记载下列事项:第一,使用农业投入品的名称、来源、用法、用量和使用、停用的日期;第二,动物疫病、植物病虫草害的发生和防治情况;第三,收获、屠宰或者捕捞的日期。农产品生产记录应当保存两年。禁止伪造农产品生产记录。国家鼓励其他农产品生产者建立农产品生产记录。"这为农产品生产记录制度建设提供了基本条件和法律基础。

国家质量监督检验检疫总局于 2007 年 8 月 27 日正式实施《食品召回管理规定》,这是农产品质量安全可追溯体系建设的进一步发展。根据该规定第九条要求,食品生产者应当建立和完善产品质量安全档案和相关管理制度,准确记录并保存生产环节的原辅料采购、生产加工、储运、销售以及产品标识等信息,保存消费者投诉、食品污染事故记录、食源性疾病事故,以及食品危害纠纷信息等档案。

2008 年 10 月 12 日,中共十七届三中全会通过《中共中央关于推进农村改革发展若干重大问题的决定》规定:"加强农业标准化和农产品质量安全工作,严格产地环境、投入品使用、生产过程、产品质量全程监控，切实落实农产品生产、收购、储运、加工、销售各环节的质量安全监管责任，杜绝不合格产品进入市场。

2009年6月1日，《中华人民共和国食品安全法》正式实施，成为我国农产品质量可追溯建设的一个里程碑，对问题食品进行追溯直至召回，是其基本精神之一。该法第三十五条规定："食用农产品的生产企业和农民专业合作经济组织应当建立食用农产品生产记录制度。"2009年7月24日，《中华人民共和国食品安全法实施条例》正式公布执行，旨在进一步落实企业作为食品安全第一责任人的责任，强化各部门在食品安全监管方面的职责，将《中华人民共和国食品安全法》中一些较为原则的规定具体化。

2009年6月，农业部农产品质量安全监管局副局长程金根指出，《农产品质量安全法》与《食品安全法》是一致的，都对建立农产品生产记录制度提出了明确要求。建立农产品生产记录，有利于提高生产者的科学生产意识和质量安全意识，有利于统一生产技术、科学施肥和安全用药，推动农业标准化发展，有利于实现质量安全追溯。同时，他也指出，建立农产品生产记录制度会增加农业生产成本，目前我国全面建立该制度还有一定的难度，当前主要在农产品生产企业和农民专业合作经济组织中推行。①

2010年9月16日，国务院办公厅发布《国务院办公厅关于进一步加强乳品质量安全工作的通知》，指出农业、商务、工商、质检、食品药品监管等部门要进一步细化对乳品生产经营记录和进货查验的具体要求，并做好各环节的衔接，增强记录的可追溯性。

2011年3月15日，国务院办公厅发布《国务院办公厅关于印发2011年食品安全重点工作安排的通知》，指出监督生产经营者严格执行乳制品生产经营记录和进货查验制度。

2012年3月6日，国务院发布《国务院关于支持农业产业化龙头企业发展的意见》，指出龙头企业要大力推进标准化生产，建立健全投入品登记使用管理制度和生产操作规程，完善农产品质量安全全程控制和可追溯制度，提高农产品质量安全水平。

2013年12月2日，国务院办公厅发布《国务院办公厅关于加强农产品质量安全监管工作的通知》，指出要加强对农产品生产经营的服务指导和监督检查，督促生产经营者认真执行安全间隔期（休药期）、生产档案记录等制度。

2014年1月23日，农业部发布《农业部关于加强农产品质量安全全程监管的

---

① 农业部将健全农产品生产记录制度保障质量安全［EB/OL］，糖酒快讯网，http://info.tjkx.com/detail/449558.htm，2009-06-02

意见》,指出推行生产档案管理。督促农产品生产企业和农民专业合作社依法建立农产品质量安全生产档案,如实记录病虫害发生、投入品使用、收获(屠宰、捕捞)、检验检测等情况,加大对生产档案的监督检查力度。积极引导和推动家庭农场、生产大户等农产品生产经营主体建立生产档案,鼓励农产品生产经营散户主动参加规模化生产和品牌创建,自觉建立和实施生产档案。

2014年4月29日,国务院办公厅发布《2014年食品安全重点工作安排》,提出加强对企业持续保持许可条件、生产过程记录、产品检验情况的检查。

2. 我国农产品生产记录制度试点情况

根据农业部要求和法律规定,我国各省、自治区、直辖市先后建立了生产记录制度的试点,并取得了良好效果。

(1)北京市

2004年,北京市启动"进京蔬菜产品质量追溯制度试点项目",河北6县市蔬菜试点基地使用产品标签信息码和统一包装,向北京大洋路和新发地两个批发市场供货,建立了标签管理为中心的市场准入管理,初步建立了以生产履历中心和查询平台为核心的信息追踪系统,消费者通过短信、上网等方式就可以对来自试点基地的蔬菜药物残留等检测情况进行查询,覆盖蔬菜、水果、水产、畜禽等多个领域,横跨生产、包装、加工、零售等各个环节。2007年11月,北京市第十二届人民代表大会常务委员会第四十次会议通过《北京市食品安全条例》,规定食品生产经营者应当按照规定建立食品生产、加工、包装、运输、储存、采购、销售等生产经营记录,如实记载食品的名称、产地、生产者、供货商、进货日期、数量等信息。2014年1月,北京市食品药品监督管理局印发《北京市食品流通许可管理办法(试行)》,规定"食品安全管理制度包括但不限于以下内容:员工食品安全知识培训和健康检查制度、食品进货查验及记录制度、贮存场所管理制度、不合格食品处置制度。从事食品批发的企业还应当建立食品批发销售记录制度"。2015年,北京市开展"2015年农民专业合作社市级示范社培育创建工作",规定"生产食用农产品的农民专业合作社,所有成员能够按照《农产品质量安全法》和《食品安全法》的规定,建立完整的生产记录制度,完整记录生产全过程,实现产品质量可追溯"。

(2)上海市

2001年颁布《上海市食用农产品安全监管暂行办法》,提出在食品流通环节建立"市场档案可溯源制"。从2004年2月8日开始,上海搭建"上海食用农副产品质量安全信息平台",通过平台对食用农副产品的生产过程、条码识别和网络查询进行系统化管理。农产品生产企业通过"食用农副产品安全信息条形码"给每个产品建立起相应的生产档案,上海市民已经通过网站对自己所购买的食用农副产品进行"身份查询",实现了源头可追溯。2008年,上海的13家生猪屠宰场、485家标准化菜市场、11 家肉类批发市场、90 家大卖场与 6 家外省市肉类加工厂建立猪肉信息安全追溯系统。近几年来，上海市畜牧部门依据《上海市动物免疫标识管理办法》，以动物产品的质量安全追溯信息系统建设为突破口，相继为猪、牛、羊等畜类建立档案。上海市在全国率先启动以乡镇为着力点的农产品质量安全监管示范镇创建活动，如 2012 年示范镇建设的重点是建立农业档案可追溯体系，包括生产和销售档案，特别要记录农药、肥料、兽药、渔药、饲料等农业投入品的品种、用量、使用时间和安全间隔期等，以及农产品的上市时间、销售品种、销售量和销售对象等。①

（3）天津市

2007 年，天津市开始试点使用"猪肉质量安全可追溯系统"，生猪一出生就会戴上一种二维耳标，耳标上的 15 位数，就是它的身份证编号。每头猪的养殖、防疫、屠宰、加工等所有信息都会输入对应的编号。如果消费者对购买的猪肉质量存在疑问，只需将所购猪肉外包装上的一维条形码在查询系统进行扫描。2007 年，天津市在全国率先建立了农药生产、销售、使用的可追溯制度。一旦发生农药残留超标，就可通过台账等记录追查农药使用者、销售商和生产商，实现全面追溯。2008 年，天津启动无公害蔬菜可追溯制，无公害蔬菜将陆续建立生产管理档案，从播种定植、防病治虫到施肥浇水、采摘配送，每个环节均记录在案，由专人负责，可随时追溯，天津市还推出网上无公害蔬菜订菜服务。2010 年 2 月 25 日，天津市政府发布《关于进一步明确政府和有关部门食品安全职责并建立责任制的意见》，规定建立健全农业投入品安全使用制度，鼓励并监督生产者建立农产品生产记录。2014 年，天津市启动"农民土地股份合作社和家庭农场试点"，规定试点的家庭农场对外销售的产品有完整的生产记录。

（4）山东省

山东省寿光等地开展了以条形码为主要手段的"无公害蔬菜质量追溯系统"的研究与建设。该系统以企业＋农户的模式为主，强化技术员的辅导，以 EAN/UCC 编码为载体实施农产品可追溯。企业端管理信息系统通过编码系统对蔬菜生产、包装、仓储、运输、销售的全过程进行记录，全过程都可通过编码显示出来，消费环节如果发现蔬菜质量问题，可以通过编码系统进行溯源，查明责任，召回产品。寿光蔬菜批发市场还建立了完整的客户档案，与客户和菜农签订农产品质量安全协议书，逐步实施农产品质量安全保证金制度。2006 年 10 月，山东出台《山东省出口农产品质量安全监督管理规定》，要求"生产经营出口农产品的，应当建立健全质量可追溯体系和质量责任追溯制度，做好农业化学投入品的进货、使用、出口农产

---

① 资料来源：上海创新方式多措并举保障农产品质量安全[EB/OL]，上海农委政务网，http://e-nw.shac.gov.cn/zfxxgk/zwxw/biaozhunhua/201212/t20121217_1333481.htm，2012-12-17

品的生产和销售过程记录,并妥善保存两年以上"。2010 年 4 月,山东省政府印发《山东省农民专业合作社条例》,规定农业行政主管部门和其他有关部门应当指导农民专业合作社依法建立农产品生产记录和质量安全台账,健全农产品质量安全管理制度。2011 年 5 月,山东省人民政府办公厅出台《山东省严厉打击食品非法添加和滥用食品添加剂专项行动方案的通知》,要求农业、畜牧兽医等部门督促食用农产品生产企业、农民专业合作经济组织等,严格依法落实检验检测、生产记录等制度。2011 年 6 月,山东省政府出台《山东省农产品质量安全条例》,要求农产品生产企业和农民专业合作经济组织在生产活动中,应当建立生产记录,并对记录内容及保存期限作出规定,并"禁止伪造农产品生产记录。鼓励其他农产品生产者建立农产品生产记录"。

(5)浙江省

从 2004 年开始,浙江省开始实行农产品可追溯制度的试点工作,首先选取杭州市和台州市试点,摸索农产品追溯制度的建立经验,杭州市制定农产品生产档案制度,建立产地标识卡,解决生产、加工、流通各环节的追溯问题;台州市实行产地编码制度,开设"产地编码查询系统"。浙江省一直把生产记录制度建设作为农产品源头追溯的重要手段。2007 年 9 月,浙江省农业厅发布《关于建立农产品生产记录的通知》,要求"对农产品生产企业、农民专业合作社和无公害农产品、绿色食品、有机食品(简称'三品',以下同)获证单位在农产品生产过程中建立生产记录实行强制要求,鼓励其他从事农产品生产的生产者建立农产品生产记录。农产品生产记录应当保存两年,以保证农产品质量安全追溯和生产过程问题的追查"。2012年,浙江省林业厅下发《关于建立食用林产品生产记录档案的通知》,就全面建立食用林产品生产记录档案进行部署。2014 年 7 月,浙江省政府法制办发布《关于公开征求〈浙江省食用农产品质量安全条例(征求意见稿)〉意见的公告》。征求意见稿对食用农产品生产记录进行了详细的规定,并规定禁止伪造食用农产品生产记录。2014 年 10 月,浙江省财政厅、浙江省农业厅等 4 部门发布《关于拨付 2014 年省财政农民专业合作社及农业部示范社补助资金的通知》,要求项目扶持的农民专业合作社必须"生产记录健全,产品质量安全、可追溯"。

浙江省结合实际情况,推行记录统一格式。各地根据这一统一格式,印制记录文本,加强规范和管理。浙江省农产品生产记录由生产采购记录、田间农事记录和产品销售记录三部分组成,如表 4-4、表 4-5、表 4-6 和表 4-7 所示,生产农户应当按照要求对各部分进行详细记录。

```
                    ×××农产品生产记录
        生产单位(个人)：＿＿＿＿＿＿＿＿＿
        生产地点：＿＿＿＿＿＿＿＿＿
        种植面积：＿＿＿＿亩(食用菌：万袋、平方米)
        作物种类、品种：＿＿＿＿＿＿＿
        产地编号：＿＿＿＿＿＿＿
        使用日期：  年  月—  年  月
        监 管 人：        电话：
```

图 4-1 浙江省农产品生产记录封面

资料来源：浙江省农业厅《关于建立农产品生产记录的通知》，http://www. zjagri. gov. cn/html/main/documentView/2007091290102. html

表 4-4 浙江省农产品生产采购记录

填表人：

日期	产品名称	主要成分	数量	产品批准登记号	生产单位	经营单位	票据号

资料来源：浙江省农业厅《关于建立农产品生产记录的通知》，http://www. zjagri. gov. cn/html/ main/documentView/2007091290102. html

表 4-5 浙江省农产品田间农事操作记录

填表人：

日期	作物品种	作业面积	作业内容	农业投入品(肥、药等)		天气情况	备注
				商品名称	用量		

资料来源：浙江省农业厅《关于建立农产品生产记录的通知》，http://www. zjagri. gov. cn/html/main/ documentView/2007091290102. html

表 4-6 浙江省农产品销售记录

填表人：

日期	产品名称	原生产地点	数量	产品批次或编号	销售去向(市场、单位或个人)	备注

资料来源：浙江省农业厅《关于建立农产品生产记录的通知》，http://www. zjagri. gov. cn/html/ main/documentView/2007091290102. html

4.1.6　农产品质量安全认证情况

农产品质量安全认证能减少农产品供应链中各主体间由于质量安全特性交易产生的成本,可成为质量安全的信号,从而提高农产品质量安全可追溯体系的效率。从 20 世纪 90 年代初,农业部陆续启动了绿色食品认证、无公害农产品认证、农业系统有机食品认证和地理标志农产品登记保护工作。当前我国农产品质量安全认证主要包括无公害农产品认证、绿色食品认证和有机农产品认证等。近年来,我国无公害农产品认证、绿色食品认证和有机农产品认证工作取得了重大突破,"三品一标"成为我国安全优质农产品的主导品牌,特别是绿色食品成为我国安全优质农产品的精品品牌。

截至 2012 年年底,全国有效无公害农产品达到 74529 个;全国有效使用绿色食品标志企业总数达到 6862 家,产品总数达到 17125 个;2012 年经过中国绿色食品中心认证的有机食品企业 685 家,产品 2762 个。[①] 2013 年,认证"三品一标"2.1 万个,"三品一标"总数达到 10.3 万个,认定产地和认证产品分别占到耕地面积和食用农产品总量的 36%。2014 年新认证无公害农产品 11912 个,绿色食品 7335 个,有机食品 3316 个,地标农产品 213 个。到 2014 年年底,全国有效期内的无公害农产品有 7.9 万个,涉及 3.3 万个主体,绿色食品企业总数达到 8700 家,产品总数近 2.1 万个;农业系统认证的有机食品企业 814 家,产品超过 3300 个;登记保护农产品地理标志产品 1588 个。产品质量安全抽检合格率继续高于全国平均水平,其中无公害农产品合格率 99.2%,绿色食品产品抽检合格率 99.5%;有机食品抽检合格率 98.4%;地理标志农产品连续 6 年重点监测农药残留及重金属污染合格率一直保持在 100%。[②③]

"三品一标"是我国农业部门打造的一个安全优质农产品公共品牌。"三品一标"推行全程质量控制和规范生产,在过程控制、减量化生产、生态环境保护和可追溯方面起到示范引领作用,促进了农产品标准化、品牌化、准入管理、示范创建。无公害农产品、绿色食品和有机农产品在认证过程中推行标准化生产和全程控制,实施严格的产地认定和产品认证制度。同时为维护无公害农产品、绿色食品和有机农产品认证权威性和品牌公信力,强化证后监管,农业部每年都会对取得认证资质

---

① 资料来源:提升影响力:"三品一标"步入新征程[EB/OT],中国农业新闻网,http://www.farmer.com.cn/xwpd/jjsn/201304/t20130409_828484_1.htm,2013-04-09

② 资料来源:农业部:2014 年末发生重大农产品质量安全事件[EB/OT],人民网,http://politics.people.com.cn/n/2014/1217/c1001-26227618.html,2014-12-17

③ 资料来源:中国农产品质量安全网,全国"三品一标"工作会议在宁波市召开[EB/OT],http://www.aqsc.agri.cn/zhxx/xwzx/201503/t20150323_136685.htm,2015-03-23

的农产品进行质量安全的专项治理，加大抽检力度，严厉查处不合格产品、不规范用标产品以及假冒产品，严格退出机制，做到"发现问题，坚决出局"，通过监督和检查，促进了获证生产组织深入推进生产环节的质量安全可追溯体系建设，较好地实现了上市获证产品"生产有记录、流向可追踪、信息可查询、质量可追溯"，保证了生产的规范化和产品的安全性。"三品一标"因此被列为市场准入、追溯体系建设的基础。黑龙江、山西、河南、上海、广东、宁波等地高标准设定生产规模要求，严格限定申请主体条件，提高了无公害农产品的认证准入门槛；北京、山东、湖北、四川、陕西、青海等地结合实际，开展了形式多样的农产品地理标志宣传推介和示范创建活动；内蒙古、山东、江苏、广西、黑龙江、重庆等地出台奖励扶持政策；黑龙江、江苏、四川、新疆、大连等地开展"三品一标"专项监测和标志使用检查，并进行了相应的整改和注销，有力推动了"三品一标"健康发展。同时，我国稳步发展无公害、绿色、有机和地理标志农产品，加强证后监管和标志使用管理。为提升"三品一标"的品牌影响力，我国对"三品一标"的监管重点有所侧重，无公害农产品着力强化质量安全考核，要按照各地方的准出准入制度进行管理；绿色食品要突出全程控制，发挥品牌引领工作；有机食品要坚持因地制宜和生态安全；地理标志农产品要彰显地域特色，强化精品培育。2014年上半年，我国农业部组织开展的两次全国农产品质量安全例行监测结果显示，通过认证和登记的产品监测合格率一直保持在98%以上。2014年，农业部农产品质量安全中心抽检无公害农产品824个，抽检合格率99.2%；各地共组织抽检产品11538个，合格率99.7%（农业部，2015）。

4.1.7　农产品质量安全信息系统的建设情况

农产品质量安全信息系统是农产品质量安全可追溯体系建立的重要载体，其目的是消除农产品在生产和流通中的信息不对称。我国农产品质量安全信息系统的建设起步较晚，许多经济发达地区率先建立并实施了农产品质量安全信息系统。

早在2004年11月，浙江省农业厅就曾推出"浙江食用农副产品质量安全信息系统平台"，内销的部分产品被贴上了质量安全信息条形码。顾客购买时，只需在超市的多媒体信息查询机上扫描，产品的生产单位、产地、加工地、认证信息、药物残留等各种信息，均会出现在屏幕上。2008年，农业部开始启动农垦质量追溯项目。2009年，山东省寿光市在认真贯彻落实《农产品质量安全法》的基础上，建设寿光农业信息网，设立农村信息网络服务站，通过网络视频服务等形式，向农户提供生产技术指导的同时，即时发布农产品质量安全信息。四川省的农产品质量安全信息系统建设走在全国的前面，2009年11月成都市主城区45家农贸市场实施可追溯体系。2010年四川省绿色食品质量追溯体系建设开始起步，到2015年3月四川省全面启动了动物标识及产品追溯体系信息化建设工作；青海首个农产品质量安全追溯监管信息系统在 2015 年春节前在大通回族土族自治县正式建成并投入运营;到 2015 年年底,辽宁省将对 1000 余家"三品一标"企业建立农产品质量追溯平台;2012 年福建开始试点县级肉品追溯系统建设,2013 年福建推出进口食品安全追溯系统,2015 年福建省将试点食品全程追溯机制,着手婴幼儿配方乳粉追溯系统的建设;广东省将加快建设农产品质量安全追溯系统,在 2014 年年底完成了系统开发设计,2015 年上半年进行追溯系统调试和试点运行,2015 年年底系统试运行;2015 年,国务院办公厅印发的《2015 年食品安全重点工作安排》提出,我国将建设国家级食品安全信息平台,该平台将包括食品安全监管信息化工程、食品安全风险评估预警系统、重要食品安全追溯系统、农产品质量安全追溯管理信息平台等,实现"农田到餐桌"全程可追溯。

4.1.8　农产品标准化生产情况

加快生产方式转变、实行标准化生产是保障农产品质量安全的治本之策,也是农产品质量安全可追溯体系的重要内容。国家技术监督局早在 1991 年 2 月 26 日发布的《农业标准化管理办法》中就明确指出,为了实现农业现代化,促进农业技术进步,改进农产品质量,增加产量,提高经济效益,农业必须实行标准化生产。

针对当前我国农业生产组织化程度低、产业化水平不高、保障质量安全难度大等突出问题,各级农业部门积极采取措施,大力推进农业标准化,从农产品生产源头确保农产品质量安全。

在标准化建设方面,我国抓重点求突破,不断健全现代农业标准体系。近几年来,在标准制定方面,以农兽药残留标准为重点,农业部和国家标准化委员会已完成了 450 项急需农业标准的制定工作,我国目前现有农产品及食品安全的国家标准 1932 项,行业标准 3199 项,农业标准 4100 多项。在标准修订方面,仅 2014 年,会同国家卫计委发布了 2014 年版农药残留国家标准,规定了 387 种农药在 284 种食品中的 3650 项最大残留限量,基本覆盖我国常用农药品种和常见农产品和食品种类。组织制定《加快完善我国农药残留标准体系工作方案(2014—2020)》,启动农药残留补充试验计划。推动我国 6 项农药残留限量标准转化为国际食品法典标准,研究采用 CAC 标准 1000 项,积极开展官方评议工作。在标准示范方面,至 2014 年,创建农业标准化国家级示范区 880 个、省级示范区 3500 个,2014 年新建"三园两场"1600 个,创建标准化示范县 48 个,争取 6 亿元专项资金用于开展菜果茶标准化生产,开展农资统购统销、病虫害统防统治等"五统一"服务。山东、河北等地大力推广标准化生态防控技术,提高"三园两场"质量安全水平。另外,为进一步提高标准化推广效率,各省级农业部门紧密结合本地实际,制定出了一批通俗易懂、好学好用的生产操作规程和技术手册,农民什么时候该施肥、用药,只需"照单"

操作就行，一方面起到了节本增效的作用，另一方面也保障了农产品质量安全。

在转变生产方式方面，各地积极探索实施农业标准化的有效形式，充分发挥龙头企业、专业合作社对农户的示范、带动作用，不断提高组织化程度。如广东省惠东马铃薯标准化示范区，以九华马铃薯贸易公司为龙头，通过"企业(农民合作社)＋标准＋基地＋农户"的形式，把周边4000多农户组织起来，从种苗选育到生产技术、产品分级等实施严格的标准化管理，扩大了标准实施范围。2015年国家标准委将新型农业经营体系标准化建设纳入农业标准化工作重点，将通过调研，分析农户家庭农场的标准化需求，分类研制农户家庭农场发展急需的生产标准、服务标准、管理标准和贸易标准，提出支持规模适度的农户家庭农场有效经营的标准体系。[①]

在政策扶持方面，各地高度重视，把农业标准化作为提升农产品质量安全水平和推进农业现代化的重要抓手，通过设立专项资金等扶持措施，进行大力推进。如山东省寿光市对该市所有的国家级、省级、市级农业标准化示范区和基地，以及获无公害农产品、绿色食品、有机农产品和"地理标志农产品"等认证的企业，分别给予资金奖励，充分调动了农产品生产企业以及农民实施农业标准化生产的积极性。2012年国家质检总局、国家标准委把农业标准化项目纳入实施绩效管理的范畴，全程指导、重点追踪。在农业标准化示范区建设过程中，平均每个示范区中央财政投入约12万元。[②]

除宏观层面的标准化工作的推进外，各地也进行了形式多样的农产品标准化工作。广东、江苏、山东、重庆、四川、湖南、内蒙古等地按照"有标贯标，无标建标，缺标补标"的原则，不断完善农业标准体系，制定地方标准，大力兴办农业标准化示范区。寿光蔬菜、德清中华鳖这些标准化生产的农产品深受消费者青睐，可谓标准化生产的硕果。广东省制定省级农业标准356个，市县级地方标准458个。广东省通过实施标准化，把一、二、三产业间相关联的技术和管理要求进行有效融合，有效提升农业产业层次水平和农业综合效益。湖南省加大对农业技术规程和地方标准制定和修订，建立指导全省农业标准化建设和现代农业发展的农业标准体系，2014年制定和修订省农业技术规程和地方标准60项。[③] 2011年2月，浙江省政府办公厅发布《关于进一步加强农业标准化工作的若干意见》，各地不断加强组织领导和政策引导，推动了农业标准化工作的开展。到2012年年底，浙江省农业标

---

① 资料来源：2015年国家标准委探索开展由农户家庭农场承担的农业标准化试点、示范工作[EB/OL]，中标网，http://www.9001.net.cn/zixun/5836.shtml，2015-02-05

② 资料来源：国家质检总局 国家标准委以绩效管理推动农业标准化示范区建设成效显著[EB/OL]，标准网，http://www.standardcn.com/article/show.asp？id=56488，2015-03-20

③ 资料来源：2014年湖南省农业标准化建设工作方案[EB/OL]，中华人民共和国农业部，http://www.moa.gov.cn/fwllm/qgxxlb/hunan/201404/t20140404_3839955.htm，2014-04-04

准化生产程度达 55.47%。截至 2013 年 11 月底,浙江省已建立各级示范区(基地)项目超过 2000 个,推广 1798 个标准或模式图,建立标准化示范及辐射面积 2800 万余亩,6906 个产品获得无公害、绿色、有机认证。[①]

4.1.9　农产品质量安全可追溯体系建设的初步实践

在消费者对农产品质量安全问题日益关注的今天,各地纷纷针对不同种类的农产品,开展了形式多样的农产品质量安全可追溯体系的建设实践,为农产品质量安全可追溯体系在我国的建设与发展积累了宝贵的经验,归纳起来主要有以下几个方面:

在蔬菜水果方面,建立了"山东蔬菜可追溯信息系统"、"山东深加工食品安全监管追溯系统"、"新疆吐鲁番哈密瓜追溯信息系统"、"江西脐橙产品溯源信息系统"、"海南省热带水果质量追溯系统"等,对农产品的种植、管理、采收、包装、运输、销售等供应链各环节建立有效标识,大大提高了产品的质量控制和流通效率,使消费者通过追溯终端系统实时准确地查询到农产品的品牌、种植地、等级、田间管理、生产周期、检测、营养成分等信息。

在肉制品方面,北京建立了"牛肉产品追溯应用试点",陕西建立了"牛肉质量与跟踪系统",福建建立了"远山河田鸡供应链跟踪与追溯体系",山东建立了"山东省肉牛产业信息服务系统",江苏扬州建立了"扬州猪肉追溯系统",江苏苏州建立了"中国生猪质量安全追溯平台"。通过建立产品生产管理系统和跟踪与追溯公共数据库,对养殖场、屠宰分割场以及肉类的各消费环节信息的录入、编码标识,为企业、政府和公众构建了全方位、多层次的食品安全质量数据库和服务平台,实现了从农场到餐桌的食品供应链跟踪与追溯体系。

在茶叶制品方面,实施了"四川茶叶制品跟踪与追溯系统"、"云南普洱茶信息跟踪与追溯管理系统"。其采用全球统一的编码技术标识茶叶制品跟踪与追溯过程中的关键控制点,建立起面向社会的信息查询交换平台,为市场监管部门和消费者提供了一种高效监管手段,实现茶叶制品供应链各环节的跟踪与追溯。

在粮食制品方面,在广西实施了"广西米粉质量安全跟踪、追溯与监管体系"。这是短期食品供应链跟踪、追溯与监管的新模式,方便了企业、政府监管部门在最短时间内最大范围地消除食品安全隐患,确保消费者的食品安全。

在消费终端查询方面,建立了"上海市食用农副产品质量安全信息系统"。上海安装终端查询系统的超市大卖场达 50 余家,超市内数百种食用农副产品,包括肉类、蛋品、大米、蔬菜、食用菌类等都贴制了安全信息条码。该成果还在浙江等地

---

① 　资料来源:全国农业标准化示范区总结大会在我省召开[EB/OL],浙江省资料监督局,http://www.zjbts.gov.cn/HTML/20131129/zjdt/18005d1d34634929b949cce04ccc0bdd.html,2013-11-29

区成功推广。

目前，更多的农产品质量安全可追溯体系建设是综合性的。如"福建省农产品质量安全追溯系统"由政府监管系统、企业追溯系统、查询系统组成，在查询系统中，可以按区域查询，也可以按行业查询。按行业查询中，除可以不分行业查询外，还把行业分为蔬菜、食用菌、水果、生猪、家禽、茶叶六大行业。该系统查询方式有网页、短信、语音、移动设备查询等。图 4-1 就是目前福建省农产品质量追溯系统所包括的分区域和行业的参与追溯企业数，其中蔬菜企业 145 家、食用菌企业 58 家、水果 122 家、生猪 54 家、家禽 33 家、茶叶 185 家、羊业 3 家、奶牛 2 家、鸭业 4 家，共 606 家。

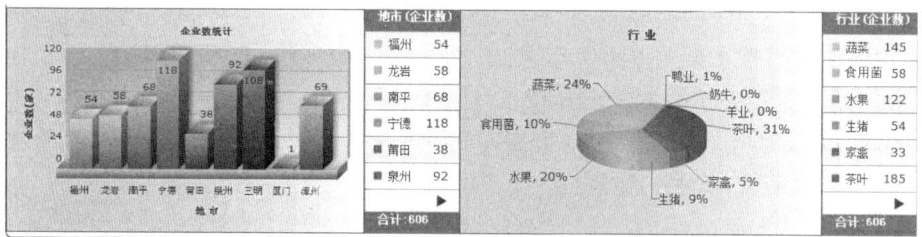

图 4-2 福建省农产品质量安全追溯统计

资料来源：福建省农产品质量安全追溯系统，http://www.fjsafety.net/fjzs3_jg/TraceQuery/Index.aspx,2015-04-03

4.2 消费者对食品质量安全追溯体系建设的认知状况

消费者是食品可追溯信息的需求方，是可追溯食品的消费主体和最终买单者，消费者对食品可追溯体系的认知、需求和态度，是推动可追溯体系实施效果的主要力量。为了解当前我国消费者对可追溯体系建设的认知，课题组展开了消费者对当前我国食品质量安全风险、食品质量安全可追溯体系的认知及对可追溯食品的购买行为调查。

4.2.1 数据来源

本次调查数据为台州科技职业学院市场营销专业 2012 级 4 位学生参加 2013 年浙江省"民生民意杯"大学生统计调查方案设计大赛而展开实地调查所获得①，

---

① 本调查方案设计参与者为：台州科技职业学院市场营销专业 2012 级王敏青、朱虹婷、欧阳晓慧、沈绍美

调查时间集中在 2013 年 7 月初至 8 月底。本次调查主要通过发放问卷方式,了解浙江省丽水、温州、金华和台州等地的消费者对食品可追溯体系的认知及购买行为情况。调研共发放问卷 340 份,通过检查与核对最后得到有效问卷为 320 份,有效率为 94.1%。

从表 4-8 的被调查消费者基本特征整理可知,在被调查对象中,女性偏多,占样本总数的 58.1%;年龄主要集中在 50 岁以下,占样本总数的 83.6%,被调查者的受教育程度较高,高中(中专)以上的占到了 71.1%。

表 4-7 被调查消费者样本结构

人口变量	选项	比例(%)	人口变量	选项	比例(%)
性别	男	41.9	婚姻	未婚	58.8
	女	58.1		已婚	41.2
年龄	30 岁以下	21.5	教育程度	小学及以下	5.0
	31~40 岁	30.3		初中	23.9
	41~50 岁	31.8		高中/中专	32.9
	51~60 岁	14.5		大学(含专科)	36.0
	60 岁以上	1.9		硕士及以上	2.2
健康状况	非常健康	32.8	月总收入	2000 元以下	8.8
	健康	56.3		2000~5000 元	29.4
	一般	10.3		5000~8000 元	32.9
	不太好	0.6		8000~10000 元	17.8
是否有 18 岁以下小孩	是	50.3		10000~20000 元	6.8
	否	49.7		200000 元以上	4.3

资料来源:根据实地调研资料整理

4.2.2 消费者对于食品可追溯体系的认知和购买行为

为了分析消费者对可追溯体系的认知及个体特征等因素对可追溯食品购买行为的影响,本研究以消费者是否购买可追溯食品为因变量,以消费者对所在地区食品安全的担忧、对食品可追溯的记录信息认知、对食品可追溯体系建立的必要性认知、性别、教育程度、婚姻、年龄、健康状况、家中是否有 18 岁以下小孩和家庭收入水平等消费者特征统计变量为解释变量,运用 SPSS 17.0 统计软件对所调查的 320 个样本的截面数据进行二元 Logistic 定量分析,投入 10 个变量的整体模型显著性检验的 $X_2 = 31.642 (p = 0.000 < 0.05)$,达到 0.05 的显著性水平;而 Hosmer-

Lemeshow 检验值＝2.734（$p＝0.950＞0.05$）未达到显著水平，表示这 10 个变量所建立的回归模型适配度非常理想。消费者对食品可追溯的记录信息认知、对食品可追溯体系建立的必要性认知、教育程度、婚姻这 4 个变量在 5％水平上有显著影响，且这 4 个变量的符号与预期效果相同，其他 6 个变量均不显著。根据上述回归分析的结果，可作如下的进一步分析。

1. 对所在地区食品安全的担忧

分析数据显示，被调查消费者对所在地区的食品安全担忧程度与可追溯食品购买意愿具有正相关关系，但并不显著。这一结论与国内外的研究不一致，这可能与本研究并没有专门针对可追溯食品购买者进行调查，而是采用假想式调查消费者对于可追溯食品、有机食品、绿色食品、普通食品等的购买意愿有关。从调查数据可见，消费者最愿意购买的食品是绿色食品（282 人）和有机食品（175 人），而这些商品是公认的安全食品，这可能一方面由于可追溯食品宣传不够，消费者对可追溯食品的认知度不够；另一方面由于市场上可追溯的食品并不多，很多可追溯食品同时是绿色食品或有机食品，这也影响了消费者选择可追溯食品的意愿。同时，在实际生活中，价格等其他因素也影响消费者对可追溯食品的购买意愿，很多因素造成了被调查消费者对所在地区的食品安全担忧程度与可追溯食品购买意愿并不显著相关。

2. 对食品可追溯的记录信息认知

综合现有的研究成果，食品安全产生的原因之一是信息的不对称。对于消费者来说，所购买的食品包含的食品安全信息越多、越准确，他们则越愿意购买该食品。可追溯食品向消费者传递从生产到销售的全过程信息，消费者对追溯食品的记录信息认知越强，越愿意购买带有向消费者传递食品生产全过程的质量安全信息的可追溯食品。实证数据与分析结论均表明，被调查消费者对食品可追溯的记录信息认知会显著影响其对可追溯食品的购买意愿。

3. 对食品可追溯体系建立的必要性认知

消费者越了解食品可追溯体系，越关注食品可追溯体系的功能，对食品可追溯体系建立的必要性认知越深，越可能尝试购买可追溯食品。消费者对可追溯体系建立的必要性认可度也体现在对可追溯食品的购买态度上，调查数据证实，对可追溯体系建立的必要性持积极态度的消费者越倾向于购买可追溯食品，并呈现正的显著相关。

4. 在消费者的人口特征统计变量中，只有教育程度和婚姻对可追溯食品的购买意愿有显著影响

学历高的消费者更倾向于购买可追溯食品，可能原因是可追溯食品对国人来说是相对新鲜的事物。而相对高学历的消费者，更能接受新鲜的事物，并且这些消

费者接受的食品安全信息途径也相对比低学历的消费者来得广,接触和了解可追溯食品的机会就多,更愿意尝试可追溯食品,并呈现正的显著相关。同时,已婚的消费者对家庭食品安全保障的责任意识更强,平时较注意食品安全信息的搜集,也更愿意购买安全的可追溯食品。性别、年龄、健康状况与可追溯食品购买意愿的相关性不显著,可能原因是消费者对可追溯食品的购买不仅仅取决于性别、年龄、健康状况等因素,还受家庭经济状况、消费习惯、饮食习惯、家庭消费支出预算等因素的影响。这些因素综合决定了消费者对可追溯食品的购买意愿。"家中是否有18岁以下小孩"这一因素与消费者购买可追溯食品的意愿相关性不够显著,可能与"沃尔玛假绿色食品"、有机食品造假等安全食品负面因素的影响有关,还可能与我们一些地方菜市场虽然实行"肉菜流通追溯体系"但形同虚设有关。这些因素都影响了消费者对可追溯食品的信任度,消费者可能对可追溯食品在保障食品质量安全方面的信任度不高,购买意愿也不够明朗。"家庭收入水平"估计结果与购买可追溯食品的意愿相关性不显著,可能的原因是影响消费者购买可追溯食品的主要因素并非只有家庭收入一项,还要受家庭经济负担、家庭近远期消费规划、个人和身边其他成员的购买经历、对可追溯食品的认知水平和评价等因素的影响。

4.2.3　主要结论和建议

通过对浙江省城市消费者对食品可追溯体系的认知和购买行为的实证调查,对消费者购买可追溯食品的意愿及其影响因素进行二元 Logistic 回归分析,我们得出以下的结论和建议。

1.消费者对食品安全比较担忧,食品安全风险意识较强

总体来说,消费者对所在地区的食品质量安全比较担心,认为亲友中可能存在的健康问题与食品质量安全问题存在一定的关系。被调查消费者对严重影响食品安全问题的影响因素关注程度从高到低排列分别为:农药残留→食品添加剂、人工色素→化学物残留→重金属残留→细菌污染→防腐剂→动物疾病→抗生素残留→转基因食品,其中农药残留关注度最高,可见目前中国的食品安全问题形势严峻。不断出现的食品质量问题,加重了消费者对食品质量安全的担忧,令大多数的消费者担心自己的饮食健康。为此,有关部门应加强食品安全的管理,保证消费者"舌尖上的安全"。

2.食品质量安全信息不对称是实施食品可追溯体系的主要原因

被调查消费者对选择食品关注因素的关注程度从高到低分别为:安全程度→标签→价格→外观→品牌(见表4-9)。消费者最希望获得的食品质量安全信息依次是:食品生产、加工中所用的添加剂和农、兽药以及最终产品的检测结果→品种与产品来源→生产各环节的卫生状况→无公害、绿色或有机食品等认证→饲料、添

加剂和农、兽药在农产品生产中的使用情况→生产、加工等环节的负责人。但市场上的大多数商品,消费者在购买时对以上食品安全信息并不知晓,存在信息上的不对称,这在一定程度上使消费者对食品安全信心不足。总之,从调查可知,消费者最关注食品安全,对食品质量安全信息的关注方向主要就是使用药物后的安全检测结果和食品品种与产品的来源,而这正是食品可追溯体系提供的主要信息。食品质量安全信息不对称是实施食品可追溯体系的主要原因,实施和推广食品可追溯体系能在一定程度上解决消费者对食品安全信息的需要,强化食品质量安全信息的传递,缓解或解决市场上质量信息的不对称现象,进而防止市场失灵。

表 4-9 消费者选择食品的关注因素的重要性情况

因素	非常 不重要=1	不重要=2	一般=3	重要=4	非常 重要=5	均值	标准差
安全程度	1	10	39	122	148	4.27	0.817
标签	1	18	74	132	95	3.94	0.883
价格	7	37	142	100	34	3.37	0.9
外观	11	51	114	99	45	3.36	1.02
品牌	5	63	144	89	19	3.17	0.865

3.消费者对食品可追溯体系认知度和追溯性查询较低

总体而言,消费者对食品可追溯体系的认知度较低,只有 36.3% 的消费者听说过食品可追溯体系;33.5% 的了解食品可追溯体系可以预防和监控食品安全问题;30.4% 的消费者听说过食品可追溯体系记录可提供从食品生产到销售全过程的信息。虽然有一半的受访消费者购买过可追溯食品,但只有占全部购买人数 21.1% 的消费者查询过可追溯信息,78.9% 的消费者没查询过可追溯信息。这说明在我国这一体系还没有完全普遍推开,消费者对于这一体系的了解不够,可追溯查询也没有引起消费者太大的重视。为此,企业和政府有关部门应加强这方面的宣传,使更多的消费者了解这一措施。

4.消费者对实施食品可追溯体系的必要性认可度较高

消费者对实施食品可追溯体系的必要性认可度较高,最认同实施食品可追溯体系可强化食品生产加工各单位或农户责任,打击食品造假行为;其次是实施食品可追溯体系能够让我们更好地了解食品属性、生产加工情况、产品检测情况;接着依次是发生食品安全事件后,食品可追溯体系能够帮助消费者追究责任主体;有必要实施食品可追溯体系,因为市场上的食品不够安全;实施食品可追溯体系能够提高消费者对食品安全的信心;认同度最低的是实施食品可追溯体系能提高食品的质量。大多数消费者购买可追溯食品的原因是确保食品安全和能够更好地了解食品,这也说明了可追溯食品实行的可行性与必要性。

5.食品可追溯体系监管存在一定问题,需要政府加大监管、行业加强自律、生产者加强自控

对于产生食品安全问题的主要原因(见表 4-10),大多数消费者认为是企业片面追求利润、企业社会责任意识淡薄、政府监管不到位造成的。调查结果显示,消费者主要相信权威机构和政府部门提供的食品安全信息,而对于行业组织、经销商以及生产厂家则普遍不信任。对于可追溯食品,消费者最担心的是标着是可追溯的食品是否"真正"是可追溯食品和可追溯食品能否确保食品安全。总之,消费者对企业、行业和可追溯食品的信任度并不高,食品可追溯体系要提高消费者食品安全的信心,还有很长的路要走。为此,消费者认为政府在规范企业行为、监督企业行为、严惩不法企业等方面应该发挥作用,加大监管,同时行业要加强自律、生产者要加强自控,使食品可追溯体系真正保证食品安全。

表 4-10 产生食品安全问题的主要原因

产生食品问题的主要原因	响应		个案百分比%
	N	百分比%	
追求利润	242	26.10	75.60
责任意识淡薄	224	24.20	70.00
监管不到位	207	22.40	64.70
标准不完善	161	17.40	50.30
生产水平不高	89	9.60	27.80
其他	3	0.30	0.90
总计	926	100.00	289.40

资料来源:根据实地调研资料整理

6.食品可追溯体系要有选择、有重点地逐步推进

食品追溯体系对于保证食品质量安全虽然非常重要,但受食品特别是农产品本身的特点、我国经济发展水平特别是农业发展水平的制约,还不可能也没必要对所有农产食品都实行严格的可追溯体系。大多数消费者认为,猪牛羊肉、鸡鸭等家畜、禽产品及其制品建立可追溯体系的必要性更大,其次是瓜果蔬菜建立可追溯体系的必要性。大多数消费者认为日常生活中食用越多的食品越有建立这一体系的必要性,而对于方便食品这一类偶尔消费的食品,消费者认为建立可追溯体系的必要性就不大。为此,食品可追溯体系要坚持在发达地区的发达产业的重点品种中推行,要逐步与国际接轨,以满足国内外高端市场的需要。

7.加强对消费者的食品安全和可追溯体系的教育

从调查中发现,消费者对食品可追溯的记录信息认知、对食品可追溯体系建立

的必要性认知、教育程度、婚姻这 4 个变量是影响消费者购买可追溯食品的显著因素。消费者性别、年龄、健康状况、家中是否有 18 岁以下小孩和家庭收入水平等变量对购买可追溯食品虽然有影响，但影响不显著，其原因一方面是目前市场上对食品可追溯的宣传不够，消费者对食品可追溯认知不够，另一方面也折射出消费者对追溯食品的信任度不够。企业实施食品可追溯体系，势必增加生产和加工者的生产成本，进而增加食品售价。但只有 1/3 左右的消费者愿意比普通食品额外增加 10％～25％的费用购买可追溯食品，愿意额外支付 50％以上费用的消费者只有 5％。因此，目前要推广可追溯产品，一方面需要企业让利于消费者，另一方面需要教育消费者，从而使产品优质优价。主动去了解食品可追溯体系的消费者，他们大多是通过广播或电视获得的信息，然后依次是报纸杂志、网络、政府公告、食品的说明、企业广告、他人介绍。因此，政府有关部门有责任和义务多通过广播或电视、报纸杂志等向消费者宣传食品安全和可追溯体系方面的知识，使消费者变得理性和成熟，通过消费者的理性消费和维权来促进食品市场的健康发展。

5 蔬菜质量安全追溯体系建设的现状与实证分析

5.1 蔬菜质量安全追溯体系建设的现状

我国是蔬菜生产和消费的大国,我国蔬菜产业发展为改善人民生活、增加农民收入、扩大劳动就业、发展区域经济发挥了重要作用。多年来,我国蔬菜生产持续稳定发展,种植面积由 1990 年的 0.95 亿亩增加到 2013 年的 3.13 亿亩,产量由 1990 年的 1.95 亿吨增加到 2013 年的 7.35 亿吨,出口量 778 万吨,出口额 90.05 亿美元(国家统计局,2014)。设施蔬菜和夏秋高原蔬菜、高山蔬菜持续稳定发展,已成为金融危机情况下农民增收的一大亮点。

蔬菜作为重要的农产品,其质量安全成为社会各界关注的重点。全国各地在提高蔬菜质量安全水平的进程中大力推进了质量安全可追溯体系的建设,取得了明显成效。2014 年,在农业部例行的农产品质量安全抽查中,蔬菜产品的抽检合格率达到了 96.3%,比 2008 年有了较大水平的提高。[①]

从 2010 年 4 月 1 日起,上海市对全市蔬菜产品实行了产地准出和市场准入制度,推进蔬菜质量安全追溯体系建设,全市蔬菜种植户都建立了种植档案信息,把所有本地产上市蔬菜全部纳入网格化管理(农业部、商务部,2010)。

2010 年 1 月,杭州市出台了《杭州市蔬菜农药残留监管条例》(修订案)。该《条例》首次以地方立法形式规定了蔬菜质量安全追溯制度,要求蔬菜生产者、经营者对其生产、经营的蔬菜质量安全承担责任,对其提供的蔬菜如实出具追溯凭证,附具相应的产地信息、产品合格信息、经营者信息。该《条例》对生产、经营、消费的每一个环节都提出具体要求。这包括,蔬菜生产企业、有关农民专业合作经济组织和规模化蔬菜种植大户都要建立蔬菜生产记录档案,档案要保存两年,鼓励其他蔬菜经营者建立蔬菜生产记录档案。档案要如实记载使用农药投入品的名称、来源、

---

① 陈晓华副部长在全国农产品质量安全监管工作会议上的讲话,2015 年 1 月 22 日。

用法、用量和使用、停用日期，蔬菜病虫害的发生和防治情况及收获的日期等。蔬菜批发市场、农贸市场的举办单位和超市等蔬菜经营单位应建立蔬菜经销档案，并对进场销售的蔬菜农药残留状况进行抽查检测，检测当天及时公布结果。餐饮业经营者、集体供应伙食单位必须确定专人负责蔬菜采购、农药残留监测、清洗加工等。采购蔬菜时应一并索取追溯凭证，建立采购管理台账。发现采购的蔬菜农药残留超标的，应立即停用，按质量安全追溯制度依法处理，并报告当地区、县（市）食品药品监督管理部门（商务部、农业部，2010）。

在供港蔬菜的质量安全控制中，国家质检总局建立了从源头抓起、全过程监管的供港蔬菜质量保证体系。一是出台了《供港澳蔬菜检验检疫监督管理办法》等规章制度，规范供港蔬菜的管理。二是对供港蔬菜实行"全过程"监管，包括：种植基地备案、加工厂注册登记、产地供货证明、产品加施标识、进行铅封和监装、定点接驳、口岸核查等一系列新措施，确保供港蔬菜安全。三是要求企业建立自检自控体系，供港蔬菜加工厂必须配备农残快速检测仪，有条件的还配备了气相色谱仪等高精度仪器。四是积极试用 GPS 电子锁对运输全过程进行监控，防止夹带、换货等违规行为。上述措施实施以来，供港蔬菜质量安全水平不断提高，保证了供港蔬菜14年来没有发生中毒事件，得到了香港特别行政区和广大市民的认可。2009 年 1月 2日，香港食环署发布信息表明，2007 年至今，从进口、批发和零售三个渠道共抽检供港蔬菜样本 3.7 万个，合格率为 99.9％（国家质检总局，2009）。

在保障蔬菜质量安全的进程中，2009—2010 年，农业部在全国蔬菜重点发展区域基地县组织创建设施蔬菜标准园 200 个，集中连片面积达 200 亩以上；露地蔬菜标准园 200 个，集中连片面积达 1000 亩以上。标准园全面推行标准化生产，做到病虫害统防统治 100％、测土配方施肥 100％、节本增效 10％以上；产品 100％进行商品化处理，质量达到食品安全国家标准，并实行品牌化销售。蔬菜标准园的建设将利用质量安全可追溯体系，实现从农田到餐桌的蔬菜质量安全，推动蔬菜发展方式转变和经营方式创新，逐步实现规模化种植、标准化生产、商品化处理、品牌化销售和产业化经营（农业部，2010）。

在肯定我国蔬菜质量安全保障工作取得巨大进步的同时，我们仍需清醒地认识到无论是政府主导并与相关企业或组织合作开发的农产品质量安全可追溯体系，还是受到外部市场和政府监管压力，企业或组织自发构建的农产品质量安全体系，在当前内外部制度环境的约束和实际运作过程中，都表现出了一系列的问题。

5.1.1 蔬菜质量安全可追溯体系的效力低下

蔬菜质量安全可追溯体系的利益相关主体包括政府、生产者、经营者和消费者，而现有的质量安全可追溯体系，特别是由政府主导的可追溯体系，在设计过程中,往往都以引入方的利益为中心,没有做到各方兼顾,无法为其他的利益主体带来效益,其他利益主体要么是不清楚如何使用追溯体系,有么干脆没有动机参与,质量安全追溯体系的执行效率低下,其结果往往导致了三种困境:其一是蔬菜质量安全追溯体系所采集的信息过载。政府主导的追溯体系,为了满足其对农产品质量安全的监管需要,储存了大量企业交易与生产信息,服务器很快"超载",然而这些信息如何有效利用却很少有人知道。同时,政府对一些信息的获取牵涉到企业的商业秘密(如供货商、客户信息),也打击了生产者和经营者参与可追溯体系的积极性。其二则是质量安全可追溯体系所提供的信息无法成为公共信息,并不能为消费者所用。一方面,可追溯体系所采集的大量信息由于各利益相关者的参与动机不同而得不到及时的更新和验证,真伪难辨;另一方面,即使信息真实有效,但由于质量安全信息的专业性和复杂性,常常出于各种原因而缺乏有效的转换,远远超出了一般消费者的认知能力范围,其作为公共信息无法发挥其应有的作用。其三,各类利益集团所构建的农产品质量安全可追溯体系分布于不同产品种类和不同区域间,由于所使用的标识系统、编码系统、信息平台等技术手段大不相同,对农产品质量安全信息的交换与共享造成了障碍,无法实现农产品质量安全可追溯体系间的互通和整合。

5.1.2 蔬菜质量安全追踪体系的运行成本普遍较高

当前我国在农产品包括蔬菜中实施的质量安全可追溯体系的运行成本普遍较高,主要体现在两个方面。

第一,目前较多使用的是由政府主导的农产品质量安全可追溯体系,政府出于其声誉的考虑,在构建质量安全可追溯体系的过程中,单纯追求标识技术的"先进"与"完美",导致生产企业要输入大量的信息,但是企业并不知道如何用这些信息。供应链外部没有创造可追踪系统实施的环境,使用可追踪系统的企业不如不使用该系统的企业,企业没有积极性使用,或者即使使用,数据的真实性也无法保障,甚至企业有意无意地选择隐藏信息。有的追踪系统,信息输入、防伪、检查、查询设计上十分严密,但是,标识和信誉管理的对象是生产基地的农户,而农户的规模小,没有注重信誉的积极性,政府也不可能全面检查,消费者也不可能投诉农药超标,所以,非常好的系统最后未能长期运行。

第二,无论是由政府主导开发的蔬菜质量安全可追溯体系,还是由企业或组织源于外部市场和政府监管压力自发建设的蔬菜质量安全可追溯体系,都面临着我国广大农村地区地域辽阔、蔬菜生产分散、农户质量安全意识较弱等问题,在蔬菜质量安全可追溯体系的运作过程中,交易成本和管理成本较高。另外,我国农业产业化水平较低,产业一体化发展水平低下,蔬菜生产和经营主体规模普遍较小,无法发挥可追溯体系的规模经济性,也导致了运行成本居高不下。

5.1.3　蔬菜可追溯体系的物流管理功能弱

我国蔬菜销售一般分级包装很少，即使有包装，蔬菜生产经营者采用的标识技术也比较简单、原始。在目前阶段，普遍存在以下问题：农业生产空间大，农户生产规模小，劳动者素质差，经营场地条件差，产品价值低，农产品标准化程度低，农产品不耐储存，蔬菜种植户不需要了解产品"去向"，条码不能用于内部的财务、物流管理，企业之间基本上不用标准条码进行结算、物流管理和客户购货记录管理。标准条码的优势发挥不出来，而成本较高。

5.1.4　建设主体追溯召回的动力不足

"溯源"比较容易实现，只要要求供货商在产品包装上加标识即可。企业有积极性溯源，因为溯源可以找到责任人，可以得到赔偿，并能通过责任追溯的威慑作用，来保障质量安全。而召回则要求生产经营者对产品的每一次交割、分割时采集信息，记录其所有产品的流向，操作难度大，往往需要依靠条码技术采集信息，而且，召回意味着自身损失，企业往往不愿意做。同时，我国政府政策没有为企业的自愿召回提供激励作用。

5.1.5　可追溯体系在流通领域的实施较少

总体来说，我国当前农产品质量安全可追溯体系在生产领域实施得较多，而极大忽视了在流通领域的实施，特别是在生鲜蔬菜方面。近年来，基于"农户＋公司"模式建立的农产品质量安全可追溯体系日益受到青睐，这种可追溯体系在进行农产品质量安全的监管时解决了小农生产所带来的规模小、产出低、空间上分散、投机意识强、对单个农户进行标识在生产与物流上不经济等问题，采用以"合作组"为单位的集体标识方法。尽管标识精度的降低导致了责任不清，但公司仍能通过集体连带责任，动用社区内部的社会网络来控制个人的机会主义行为（这种情形在泰国和以色列也存在）。利用内部社会机制，有效降低了可追踪的实施成本。尽管这种追溯模式在实践中很有效力，但却仅仅关注了农产品的生产环节。对于农产品，特别是生鲜农产品来说，由于其生鲜易腐，货架期短，因而其流通环节必然具备再生产性，因此许多农产品质量安全的隐患不仅来源于生产环节，同时也源自于流通环节，在农产品流通环节的质量安全管理也不容忽视。尽管在现状描述中，近几年来，农产品流通领域中各经营主体实施了许多与可追溯体系有关的活动，但很少在流通领域实施独立且完善的可追溯系统。同时，农产品质量安全可追溯体系本身依托于农产品供应链而存在，农产品供应链既包括生产环节，同时也包括流通环节，忽视任何环节而建立的质量安全可追溯体系都将是不完善的，而现阶段却少有能贯穿农产品供应链始终的质量安全可追溯体系,无法从整体上实现农产品质量安全水平的保障。

5.2　蔬菜供应链不同环节、行为主体质量安全追溯的实证分析

5.2.1　批发商对蔬菜质量安全追溯需求的实证分析

对蔬菜供应链的初始环节生产者和末端环节消费者的追溯需求行为研究固然很重要,但是处于蔬菜供应链中间位置的流通环节,特别是广大农贸市场的经营者对于蔬菜质量安全也有着非常重要的影响。流通环节中保留交易凭证,是实现蔬菜可追溯的重要方法,因此,课题组将通过问卷调查,分析影响蔬菜批发商索票索证行为的各种因素,比较不同类型的蔬菜批发商索取票证的行为,研究他们对蔬菜质量安全可追溯系统的态度,并提出解决方法。

1. 蔬菜批发市场实施索票索证制度的现状

食品索证索票制度的主要内容包括:第一条,索证索票制度是指为保证食品安全,在购进食品时,购买者必须向供货方索取有关票证,以确保食品来源渠道合法,质量安全。第二条,与初次交易的供货单位交易时,应索取证明供货者和生产加工者主体资格合法的证明文件:营业执照、生产许可证、卫生许可证等法律法规规定的其他证明文件,每年核对一次。第三条,在购进食品时,应当按批次向供货者或生产加工者索取以下 6 种证明食品符合质量标准或上市规定,以及证明食品来源的票证。它们是:①食品质量合格证明;②检验(检疫)证明;③销售票据;④有关质量认证标志、商标和专利等证明;⑤强制性认证证书(国家强制认证的食品);⑥进口食品代理商的营业执照、代理资料、进口食品标签审核证书、报关单、注册证。第四条,三类食品进货时必须按批次索取证明票证:①活禽类包括检疫合格证明,合法来源证明;②牲畜肉类包括动物产品检疫合格证明或畜产品检验合格证明,进货票据;③粮食及其制品、奶制品、豆制品、饮料、酒类检验合格证明,进货票据。[①]

由于索证索票制度的溯源性特点,因而它是建立健全食品安全全过程监管链条与追溯体系的一项重要基础性工作,也是严格食品市场准入的重要举措。近年来由于政府相关部门高度重视蔬菜质量安全,批发市场明显加强了自身的管理工

---

① 资料来源:索证索要[EB/OL],好搜百科,http://baike.haosou.com/doc/4344519-4549591.html.

作,确立了有关索证索票的规章制度,保证蔬菜质量安全可追溯的实现。但是,蔬菜批发市场出于自身经济利益的考虑,并未能严格持续地执行追溯管理措施。张仕都(2009)对浙江省部分批发市场进行的实地调查和访谈显示,刚进入批发市场的蔬菜,有46.6%的比例可以实现追溯,而出场后的蔬菜能够实现追溯的比例就下降到33.6%。大部分蔬菜批发商没有实施索证索票的行为,导致批发市场并未起到追溯体系在生产环节和流通环节中的衔接作用。

2.蔬菜供货商实施质量安全可追溯的行为分析

课题组于2009年7—8月对浙江省、山东省批发市场建设较为完善的杭州、嘉兴、宁波、温州四个地区以及山东的潍坊、济宁等地区进行了实地调研。每一个地区随机选择一个地市级以上的批发市场和三个县级批发市场作为调研对象,并对每个批发市场的蔬菜供货商进行了为期两到三天的问卷调研,其中对每个地市级以上的批发市场问卷调研50份左右,对每个县级批发市场问卷调研20份,本次调查共涉及28个批发市场,收回有效问卷410份。

样本特征描述如下:①批发商年龄。在被调查的410个批发市场蔬菜供货商中,30岁以下的蔬菜供应商所占比例为19.7%;30～39岁蔬菜供货商所占比例为38.0%;40～49岁蔬菜供货商占32.4%;50岁以上蔬菜供货商占9.6%。由以上统计数字可以看出,本次调研批发市场蔬菜供货商的年龄大部分分布在30～49岁之间。批发市场蔬菜批发商呈此年龄结构是我国批发市场的实际情况决定的。②批发商文化程度。在调查样本中,被调查者以初中学历为主,占到总人数的51.2%;大专及以上的蔬菜供货商较少,所占的比例只有2.8%;小学及以下的蔬菜供货商的比例为26.7%;高中(中专和技校)学历的蔬菜供货商所占的比例为18.3%。由于从事蔬菜批发业务的门槛较低,不需要具备很高的学历,各地方也还没有规定批发市场蔬菜供货商的从业资格,因此初中学历的人群成了供货商的主体。具备高中及以上学历的人,相比初中学历的人,在职场上有更多的选择,大多选择了从事脑力劳动的工作。

3.影响蔬菜供货商实施可追溯体系行为的因素

(1)变量描述

在对模型进行分析之前,先明确变量的定义、取值范围以及赋值含义。根据函数模型,在实证过程中需要用到的变量主要包括(见表5-1):

因变量:以蔬菜批发商索取交易凭证的行为为变量,分为"是"、"否"两种状态。自变量主要有:①年龄;②经营规模;③蔬菜来源;④票据用途;⑤政府抽检,即政府对蔬菜批发商购买的蔬菜是否进行过抽检;⑥政府影响,即政府行为对蔬菜批发商的影响;⑦批发商类型;⑧下游购买者是否索票;⑨制度认知,即蔬菜批发商对蔬菜可追溯制度的认知程度;⑩预期影响,即批发商认为可追溯的蔬菜对预期收入会产生的影响;⑪同行影响,即蔬菜批发商是否会受到其他批发商行为的影响。

表 5-1　变量说明

变量名称	性质	变量取值	变量定义
批发商是否索票	选择变量	0、1	0＝不索票;1＝索票
年龄	刻度变量	1～4	1＝30 岁以下;2＝30～39 岁;3＝40～49 岁; 4＝50 岁以上
经营规模	刻度变量	1～3	1＝较低;2＝中等;3＝较高
蔬菜来源	刻度变量	1～3	1＝批发市场;2＝农贸市场;3＝其他
票据用途	刻度变量	1～4	1＝没有用途;2＝有关部门的硬性要求; 3＝财务记录;4＝减少风险
政府抽检	选择变量	0、1	0＝不抽检;1＝抽检
政府影响	刻度变量	1～4	1＝没有影响;2＝影响很小;3＝有一定影响; 4＝影响很大
批发商类型	刻度变量	1～5	1＝个人消费者;2＝食堂;3＝超市;4＝农贸市 场经营户;5＝饭店餐饮业
买者是否索票	选择变量	0、1	0＝否;1＝是
制度认知	刻度变量	1～4	1＝没听说过;2＝听说过;3＝一般了解;4＝很 了解
预期影响	刻度变量	1～3	1＝降低收入;2＝无影响;3＝提高收入
同行影响	选择变量	0、1	0＝不影响;1＝影响

(2)计量方法选择

近年来,逻辑(Logistic)回归越来越多地被运用于数量经济学方面,Logistic 回归分为二元逻辑(Binary Logistic)回归和多元逻辑(Multinominal Logistic)回归。前者因变量只能取值 0 和 1,而后者可以取多个值。根据本研究的需要,批发商只有索取和不索取交易凭证的两种行为,所以本研究采用的计量方法是二元逻辑回归。公式为:

$$\ln\left(\frac{p}{1-p}\right) = \alpha + \sum_{k=1}^{n} \beta_k X_k$$

式中,p 表示批发商索取票证的概率,$\ln(p/1-p)$ 表示批发商索取票证的发生比的对数,α 为回归截距,n 表示自变量的个数,X_k 表示第 k 个变量,β_k 为第 k 个自变量的回归系数。

(3)蔬菜批发商索证索票影响因素的模型估计

本研究利用 SPSS 16.0 统计软件,对调查的数据进行了二元逻辑回归处理。在回归时,采用的回归方法是向后剔除法(Backward)。在处理过程中,首先将所有影响因变量的自变量都代入模型进行检验，根据检验结果，找出对因变量影响最不显著的一个自变量。如果该自变量的系数显著为零的概率大于 10%，则将此自变量在模型中进行剔除。然后将剩余自变量代入模型继续检验，重复前述的判断，直到所有自变量对因变量的影响都显著为止。

将数据代入进行检验，检验结果如表 5-2(a) 与表 5-2(b) 所示。

表 5-2(a)　蔬菜批发商索证索票的影响因素 Logistic 分析 Step 1

	回归系数（B）	标准误差（SE）	沃尔德统计量（Wald）	系数显著性为零的概率（Sig.）	B 指数 Exp(B)
年龄	0.842	0.525	2.578	0.108	2.321
经营规模	0.693	0.745	0.865	0.352	1.999
蔬菜来源	−1.737	0.865	4.032	0.045	0.176
票据用途	0.867	0.512	2.865	0.091	2.379
政府抽检	0.252	1.029	0.060	0.807	1.287
政府影响	1.131	1.101	1.057	0.304	3.100
批发商类型	−0.067	0.793	0.007	0.933	0.935
购买者索票	0.877	0.896	0.960	0.327	2.405
制度认知	1.007	0.818	1.516	0.218	2.736
预期影响	0.011	1.375	0.000	0.994	1.011
同行影响	−0.815	0.829	0.968	0.325	0.443
Constant	−6.220	5.996	1.076	0.300	0.002
年　龄	0.842	0.525	2.578	0.108	2.321

表 5-2(b)　蔬菜批发商索证索票的影响因素 Logistic 分析 Step 9

	回归系数（B）	标准误差（SE）	沃尔德统计量（Wald）	系数显著性为零的概率(Sig.)	B 指数 Exp(B)
蔬菜来源	−2.043	0.754	7.337	0.007***	0.130
票据用途	1.358	0.366	13.749	0.000***	3.888
购买者索票	1.377	0.779	3.126	0.077	3.963
Constant	−0.591	1.109	0.284	0.594	0.554

注：*** 表示统计检验达到 1% 的显著性水平

检验过程共经历 9 个步骤，本研究记录第一步和第九步的参数估计结果，如表 5-2(a)、5-2(b) 所示。可以看出，在第一步，预期影响这一变量已被剔除，剩余变量表明没有对可追溯有显著影响。随后步骤中，继续对不显著的变量进行剔除，到第九步时，有两个变量对蔬菜批发商索证索票有显著影响，其中票据用途和蔬菜来源对蔬菜批发商索取交易凭证的影响达到 1‰ 的极显著水平,而下游购买者索票对可追溯的影响从不显著上升到 10‰ 极显著。如此,通过后项剔除不显著的变量,可以逐步消除变量之间的影响,从而使潜在的影响变量浮出水面。

表 5-2(c)　模型总体估计结果

	预测准确率 (Percentage Correct)	−2 对数似然值 (−2 Log Likelihood)	Nagelkerke R Square
Step 1	80.3%	49.754	0.640
Step 5	81.7%	50.832	0.630
Step 9	77.5%	56.765	0.566

从表 5-2(c)中可知,预测准确率达 77.5%,这表明这个回归方程具备实际应用性。从模型剂量结果看,蔬菜批发商索证索票的影响因素归纳如下:

①从蔬菜来源来看,对蔬菜批发商索证索票的影响在 1‰ 水平上显著。其次蔬菜来源的回归系数为负,这说明越在大型规范的批发市场进行交易,蔬菜批发商越倾向于主动索取交易凭证,有助于蔬菜可追溯行为的达成。

②从票据用途来看,交易凭证作何用途对蔬菜批发商索证索票的影响显著,且其回归系数为正,这表明交易凭证的应用程度越高,蔬菜批发商越倾向于主动索证索票,可保证蔬菜流通环节的可追溯。

③从下游购买者索票情况来看,下游顾客索票行为对蔬菜批发商索证索票的影响较大。其回归系数为正,表明下游购买者越多地发生索票索证行为,蔬菜批发商越主动向上级供货商索要交易凭证。

④年龄、批发商类型、经营规模、政府行为、制度认知程度、预期影响、同行影响等对蔬菜批发商索证索票的行为并没有显著影响。

5.2.2　蔬菜种植户生产档案记录意愿和行为研究

农产品生产记录制度是实现源头追溯的重要依据和根本保障,也是建立食品质量安全信用体系的基础。在生产记录制度实施过程中,政府和产业化组织均发挥着重要作用,但是农户作为实施记录的执行者,其参与意愿和参与行为关系着源头追溯的成败。

1. 数据来源

本研究所用数据来自于笔者所在研究团队对于浙江省杭州市、台州市蔬菜质量安全追溯制度建设试点地区的跟踪调查。在样本的选取上,本研究采取了系统抽样与随机抽样相结合的方法。为了能够全面地探索城镇化推进对于不同距离范围蔬菜生产基地的影响程度差异,样本选择以蔬菜生产基地与市区的距离为标准,分别选择了浙江蔬菜质量安全试点地区杭州市西湖区三墩镇、留下镇、蒋村乡、转塘街道、双浦镇、临安市锦城街道、青山街道、上甘街道、台州市椒江区三甲镇、章安镇、台州市黄岩区宁溪镇为调查地区。每个镇选择一个蔬菜生产较为集中的村，然后在田间随机走访蔬菜种植户。于2008年7月首次进行了第一轮调查，共收回有效问卷187份。为了解生产档案制度实施的变动情况，课题组于2012年重新访问原蔬菜种植户，但由于调查地区蔬菜种植者大部分来自外省及部分城郊蔬菜基地撤销转为工业用地，第二次问卷调查回收了147份。

为了保证数据的真实性以及问卷的问题能被调查对象充分理解，笔者分别在杭州市三墩镇和台州市黄岩区宁溪镇进行了预调研，针对预调研反映出的问题对调研进行了针对性的调整。同时，为了避免不同地区的语言、文化差别对于调查问题理解的影响，本团队在调研时都保证了至少有一位成员来自调研地区，同时采用面对面访谈的形式以便能够及时获取信息的反馈。在问卷设计方面，为了能够较为全面地涵盖影响农户行为的各种主客观因素，在综合前人研究的基础上，笔者设计了包括农户个体特征、家庭特征、生产销售状况、质量安全控制情况、质量安全追溯制度评价、产业化组织与政府政策六大部分的问卷，其中问卷的主观评价部分采取了李克特五点量表形式，以便于刻画农户认知的细微差别及其对农户质量安全控制行为的影响。

2.近郊蔬菜种植户实施生产记录的描述性统计分析

2012年调查的147位农户中，实施了质量安全控制行为即建立生产档案的农户仅为64人，占全部受访农户的43.5%。这一数字与2008年调查时的49.7%（2008年调查农户187人，其中建立生产档案的为93人）相比，出现小幅度下降，这表明近郊蔬菜种植业的质量安全控制水平出现了一定程度的下降。造成菜农档案记录率下降的主要原因为：

第一，近郊蔬菜种植业劳动力的流动频率大，尤其是外来劳动力。因土地流转中的"农转非"现象严重，近郊蔬菜种植面积下降迅速，即使土地未被征用，近年来近郊蔬菜种植户土地承包年限不断缩短，导致劳动力的流动频率大。2008年调查名单上的187位农户中2012年仍在原地区从事蔬菜种植业只有83人，仅占44.4%。

第二，蔬菜种植户年龄偏大。2012年调查的147位农户平均年龄为50.68岁，而2008年调查时187位农户平均年龄为46.64岁，这一方面说明蔬菜种植户群体是相对稳定的，但另一面说明随着时间的推移蔬菜种植业劳动力老龄化的威胁日益凸显，当前蔬菜种植户以中老年人为主，特别是本地农户，大多数农户的年龄超过60岁。

第三，蔬菜种植户的文化程度普遍偏低。我们将文化变量设置为：未受过教育＝1，小学程度＝2，初中程度＝3，高中＝4；高中以上＝5。2012年147位受访农户的平均文化程度为 2.78,2008 年 187 位受访农户的平均文化程度为 2.25,这表明受访农户的平均文化程度尚未达到初中水平。

第四,城镇化的推进导致政府的政策重心转向二、三产业,农产品质量安全保障政策力度下降。政府是否对生产档案进行检查以及是否对未按规定记录的农户进行惩罚能在一定程度上反映出当地蔬菜质量安全保障政策的力度。但 2012 年的调查数据显示,有 74 位(50.3%)农户表示政府不会对生产档案进行检查,有 85 位(55.8%)农户表示政府不会对未按规定记录的农户进行惩罚。由于农产品质量安全保障政策力度下降,使得农户对追溯制度认知下降。当调查农民对于追溯制度的了解程度时,2012 年表示有点了解、比较了解以及十分了解的农户总共有 54 人(仅占 36.7%),而 2008 年这一比重高达 70.6%。

3.影响近郊蔬菜种植户实施档案记录的因素分析

本研究的因变量农户是否实施了档案记录是一个二分变量,故采用二元逻辑回归模型进行分析,其设定如下:

$$y_1 = \ln\left(\frac{p}{1-p}\right) = B_0 + \sum_{j=1}^{n} B_{ij} X_{ij} + \varepsilon_i \tag{5-1}$$

(5-1)式中,p 为因变量为 1 的概率,B_0 为常数项,B_{ij} 为回归系数,X_{ij} 为农户实施生产档案记录的影响因素,ε_i 为随机误差且服从正态分布。

第一,因变量。即生产档案记录行为。只要农户建立生产档案并记录最基本的产品信息、农药化肥使用情况就视为其实施了质量安全控制行为;如果没有建立生产档案或者生产档案中没有关于农药化肥使用信息,则归为未实施质量安全控制行为。

第二,自变量。综合当前国内外学者针对农户、企业质量安全控制行为的相关研究,笔者选取农户的文化程度、种菜年限、蔬菜种植面积、蔬菜收入占家庭总收入的比重、土地承包年限、蔬菜是否通过三品认证、主要销售渠道、是否加入产业化组织、产业化组织档案检查、政府档案检查、政府惩罚、质量安全价值评价、蔬菜质量安全问题发生环节"三品"标志熟悉程度、追溯制度了解程度作为自变量。

各变量的定义与赋值详见表 5-3。

表 5-3　变量定义与赋值

变量	变量定义与赋值
农户实施档案记录行为	农户是否实施了生产档案记录(是=1;否=0)
文化程度	农户的受教育程度(未受过教育=1;小学程度=2;初中程度=3;高中程度=4;高中以上=5)
种菜年限	农户从事蔬菜种植的年限(年)
蔬菜种植面积	农户蔬菜种植总面积(亩)

续表

变　量	变量定义与赋值
蔬菜收入占家庭总收入的比重	农户蔬菜种植的总收入占家庭总收入的比重
土地承包年限	年(没有明确的合同期限＝0;合同期限1年以内(含1年)＝1;合同期限超过1年但不长于3年(含3年)＝2;合同期限超过3年＝3)
蔬菜是否通过三品认证	未通过任何认证＝0;无公害认证＝1;绿色认证＝2
主要销售渠道	商贩上门收购＝1;当地农贸市场自销＝2;合作社或者企业采购＝3;其他4
是否加入产业化组织	参加合作社＝1;未参加＝0
产业化组织档案检查	合作社是否对农户的生产档案进行检查(是＝1;否＝0)
政府档案检查	政府是否对农户的生产档案进行检查(是＝1;否＝0)
政府惩罚	政府是否对未做生产档案的农户进行惩罚(是＝1;否＝0)
质量安全价值评价	农户对于蔬菜质量安全价值的评价(毫无价值＝1;不太有价值＝2;一般＝3;比较有价值＝4;非常有价值＝5)
蔬菜质量安全问题发生环节认知	蔬菜质量安全问题最有可能出在哪一环节(说不清楚＝0;生产＝1;初加工＝2;销售＝3)
"三品"标识熟悉程度	是否能够识别出"三品"标识(至少能够识别出1种标识＝1;都无法识别＝0)
追溯制度了解程度	农户对于当地追溯制度的了解程度(没有听说过＝1;听说过但不了解＝2;有点了解＝3;比较了解＝4;十分了解＝5)

第三,计量结果检验与说明。本研究采用向后剔除的方法对变量进行筛选,逐步剔除解释能力较差的变量,经过11步迭代后得到最终统计结果。从模型系数的综合检验结果来看,卡方值为139.208,自由度为7,显著性概率为0.000,模型整体检验结果较为显著,所拟合的方程具有显著的统计学意义。从模型拟合优度检验结果来看,－2LL值为62.114,Cox&Snell R^2 为0.612,Nagelkerke R^2 为0.821。从Hosmer-Lemeshow检验结果看,卡方值为7.657,自由度为8, $p＝0.468＞0.05$,说明该模型的拟合优度较高。从分类表来看,总体预测正确率为93.2％,说明模型具有较强的解释能力。

最终回归结果如表5-4所示。从表5-4看,土地承包年限对农户的生产档案记录行为具有显著的正向影响,即土地的承包年限越长,农户越有可能采取生产档案记录行为。这一点与我们之前的理论分析是一致的,因为近郊蔬菜生产在前期需要诸如大棚钢管、农业机械等大量固定成本投入,只有保证土地使用期限足够长时,农户的风险预期才会大大降低,从而放心投入生产。而质量安全控制行为虽然不属于这类固定成本,但其实施仍需要一定的成本,而且其收益也需要较长的时间

（类似于品牌效应的建立）才能体现,因而也需要足够长的土地使用时间作为保证。另一个对农户的质量安全控制行为具有显著正向影响的因素是产业化组织的档案检查。不同的产业化组织具有不同的治理结构、内部关系,所以合作社等产业化组织能否对农户的行为产生引导作用不是取决于农户是否加入了产业化组织,而是取决于产业化组织与农户之间联系的"紧密程度"。换句话讲,只有当合作社等产业化组织能够为农户提供直接的质量安全技术培训,定期检查生产档案记录行为的落实情况以及其他的直接引导措施时,农户才更可能实施生产档案记录行为。销售渠道对于农户生产档案记录行为的影响不够显著或许是因为不同销售渠道下蔬菜的价格差异并不明显。

表 5-4　逻辑回归结果

	B	S. E，	Wald	df	Sig.	Exp (B)
土地承包年限	2.027**	0.618	10.770	1	0.001	7.595
蔬菜是否通过三品认证	1.822*	0.866	4.431	1	0.035	6.186
主要销售渠道	1.013	0.703	2.073	1	0.150	2.753
蔬菜质量安全问题发生环节认知	3.654**	1.356	7.260	1	0.007	38.613
产业化组织档案检查	3.144**	1.125	7.811	1	0.005	23.197
政府档案检查	4.710**	1.789	6.931	1	0.008	111.054
政府惩罚	−3.800**	1.742	4.759	1	0.029	0.022
常量	−14.193	3.545	16.024	1	0.000	0.000

注:* 表示在 5% 水平上显著;** 表示在 1% 水平上显著。

不同的政府行为对农户生产档案记录行为的影响具有不同的影响:"三品"认证、政府档案检查对于农户实施生产档案记录行为具有较为显著的正向作用,而政府惩罚措施则具有较显著的负向作用。这是因为即使在当前蔬菜销售模式下"三品"认证无法带来价格的提升,但认证仍然有利于蔬菜获得市场许可尤其是大型农贸市场与企事业单位的认可,所以"三品"认证的价值还是得到了绝大多数农户的认可。而生产档案的建立又是获得认证的重要条件,因而为了得到认证农户就有意愿建立生产档案。同样的道理,生产档案检查是政府颁发认证的基础,如果政府能够定期检查农户生产档案记录情况,那么农户通过投机行为(例如检查前的补记)获取认证的机会就越小,农户只有认真记录才会顺利通过认证。政府惩罚之所以会对农户的质量安全控制行为产生负向影响,一方面是因为当前的惩罚普遍太轻(主要是要求农户补记),且政府档案检查力度偏小使得农户违规成本过低;另一方面则是一旦获得认证,撤销认证的惩罚就变成了不可置信的威胁(当前的《无公害农产品管理办法》中撤销认证的几项条件中并不包含生产档案记录相关行为），因而对于农户的约束能力大大降低，而此时奖励措施却能发挥积极作用。在我们的调查中不少农户也表示如果档案记得好会有奖励的话他们会更愿意去记录。

在蔬菜质量安全认知的众多因素中，蔬菜质量安全问题发生环节的认知对于农户的生产档案记录行为具有显著的正向作用。正如我们前面所描述的，多数农户认为蔬菜质量安全问题最有可能发生在生产环节，为了避免蔬菜质量安全问题的发生所可能带来的经济损失，通过建立生产档案证明生产资料投入、生产过程的规范性就成为农户的必要手段。其他的认知因素并不显著与当前的政策力度不足导致农户对于质量安全追溯制度及其相关政策的了解程度不够有关。城镇化不仅带来土地利用方式的改变，同时也带了经济中心的转变以及政策重心的转变，即非农产业逐渐成为近郊地区的核心产业和政策重心，而传统的农业生产则逐渐边缘化。这也是城镇化对于近郊蔬菜质量安全的另一个潜在不利影响。

与之前的研究比较，农户的个体特征如文化程度以及部分生产特征如种植面积、蔬菜收入占家庭总收入的比重对农户生产档案记录行为的影响并不显著。一般认为，文化程度越高农户越有可能实施生产档案记录行为。但在我们的调查中，绝大多数的农户都是小学或者初中的文化程度，高中以上文化程度的只有 5 人，可以说受访农户的总体文化程度偏低而且差别并不明显，因而文化程度对于农户生产档案记录行为的影响并不显著。另一个原因可能在于这些地区都是质量安全追溯制度的试点地区，来自政府以及产业化组织的政策宣传与培训以及农户普遍较长的蔬菜种植年限在一定程度上弥补了不同文化程度农户质量安全追溯制度认知和接受能力上的差距。而种植面积与收入比重并不显著的原因可能与当前的蔬菜销售模式有关。尽管存在着销售渠道上的差别，但主流的几种销售渠道如商贩上门、农贸市场自销以及合作社采购之间的价格差异并不明显，即实施质量安全控制行为的直接经济效益并不明显，而档案记录的成本却是显而易见的，因而存在种植面积越大档案记录的成本越高的现象，如果没有政策补偿，理性的农户自然没有动力去记录。而蔬菜收入占家庭总收入的比重这一因素对于农户的生产档案记录行为的影响并不显著可以解释为：平均收入比重更高的外地农户由于在土地承包、政策优惠享受等方面存在劣势，即土地的承包年限更短、租金更高、生产用水用电价格更高、补贴政策落实难，导致外地农户的经营成本显著高于本地农户，在蔬菜销售价格差别并不显著的条件下为了实现利益的最大化，外地农户只能最大化地削减成本，尤其是像档案记录这种直接经济效益并不明显的措施。

4.结论和政策启示

研究结果表明：①在土地流转频繁的城市近郊地区，土地承包年限对于蔬菜种植户的实施档案记录行为有着显著的正向影响，即土地承包年限越长，农户越有可能实施生产档案记录。②产业化组织以及政府政策都对蔬菜种植户的实施生产档案记录行为有着显著的影响。其中,产业化组织与农户的联系越紧密,对农户行为的引导作用越强,农户越有可能实施质量安全控制行为。同时,政府的质量安全管理落实越严格,检查越规范,农户实施生产档案记录行为的可能性就越高。而在"三品"认证的有效期内,奖励措施而非惩罚措施可能更有助于激励农户实施生产档案记录行为。③农户对于蔬菜质量安全问题发生环节的认知对于农户的质量安全控制行为有显著的正向影响。④文化程度、种植面积、蔬菜收入占家庭总收入的比重、主要销售渠道等因素对于农户实施生产档案记录行为的影响并不显著。

结合实证分析结果不难看出,城镇化的推进对于近郊蔬菜生产的质量安全水平的影响主要体现在三个方面:首先,随着城镇化的推进,近郊地区劳动力流动越来越频繁,而且在比较利益的引导下素质较高的青壮年劳动力流向非农产业,而素质相对较低、年龄较大的那部分中老年人则流向农村,造成近郊蔬菜种植户整体年龄结构与文化结构不合理进而影响到了蔬菜实施生产档案记录政策的落实。同时外来劳动力的流入往往伴随高投入高产出的投机性土地经营方式,而这种经营方式显然不利于质量安全的保障。其次,城镇化对于近郊蔬菜生产质量安全水平的一个不利影响体现在土地承包期限的变化。城镇化过程中土地被征用的可能性使得土地转出者为了保障自身利益的最大化,往往选择尽可能缩短土地承包年限,合同的订立也倾向于一年签订一次。而蔬菜生产却需要大量的固定投入,如蔬菜大棚钢架、薄膜、水利设施以及质量安全保障投入。土地承包合同的缩短使得土地转入者面临极大的风险,制约了承包者的生产投入进而影响了蔬菜生产集约化程度的提升以及质量安全的保障。最后,在蔬菜质量安全追溯制度建设的试点地区,长期以来的政策扶持与引导使得政府政策对于农户的生产档案记录行为的作用不断强化,而农户个体特征如文化程度等对于农户生产档案记录行为的影响则不断弱化。换句话讲,在传统的蔬菜销售模式没有改变,优质优价市场尚未建立的背景下,农户生产档案记录行为的实施越来越依赖于外部的政策。这就意味着在其他因素不变的条件下,一旦政策力度减弱,农户对于质量安全追溯制度的认知水平就会下降,进而导致生产环节实施生产档案记录的水平下降。事实上,这些试点地区多位于城市近郊,近年来随着城镇化的不断推进,政府政策重心的转移已经成为不可逆的趋势。我们必须警惕城镇化过程中的农业政策弱化,尤其是质量安全追溯政策的弱化对于近郊蔬菜生产质量安全水平的不利影响。

因此,为了最大限度地降低城镇化对于近郊蔬菜生产尤其是质量安全水平的不利影响,政府需要做好以下三个方面的工作:首先,制定明确详尽的土地使用规划,确定近郊蔬菜生产基地的土地利用方式在未来的多少年内不会发生变化,通过降低土地供求双方的信息不对称来稳定土地承包者的生产信心。同时,完善农业保险制度,降低土地承包者投入的风险水平。其次,进一步规范土地流转,建立完善的土地流转市场。最后,充分发挥产业化组织在引导农户行为方面的积极作用,既要为产业化组织的运营创造良好的政策环境,同时也要加强对产业化组织的监管与考核。尤其是要将产业化组织的带动能力作为考核的重点,杜绝各种只为政策优惠而存在的伪产业化组织的存在,以保障产业化组织引导农户行为作用的发挥。

5.2.3　消费者对生鲜蔬菜实施追溯需求的实证分析

本研究样本由于受到经费和时间等因素的影响,在消费者调查部分,仅以浙江省城镇居民生鲜蔬菜购买者为抽样调查对象,采取在不同业态农产品购买场所(农贸市场和超市)随机抽样的方法选取。在样本大小方面,大部分社会科学研究者认为置信度介于99%至95%之间是可以接受的。因此,本研究的样本数由以下抽样公式来估算:

$$n = \frac{Z_{\frac{a}{2}}^2 \times P(1-P)}{e^2}$$

其中:n 为样本大小;

Z 为标准化正态变量,本研究采用95%的置信水平,即 $Z_{\frac{a}{2}} = 1.96$;

P 为母体比率,设为 $\frac{1}{2}$;

e 为误差值,本研究采用5%。

经公式估算,本研究所需的有效样本最少为385份,同时考虑到问卷回收有效性的比例,因此在农贸市场和超市共发出460份问卷。

在确定样本容量和抽样方法后,课题组于在2011年9月27日至10月25日完成了对浙江省六个县市的生鲜蔬菜购买者的正式调查,总共回收问卷443份。将回收问卷中,对数据不完全或对所有问题选择相同的问卷视为无效问卷。通过SPSS中的描述性分析对问卷进行筛选,剔除无效问卷后,最终获得有效样本400份。

1. 消费者对生鲜蔬菜信息追溯的认知概况

总的看来,消费者对生鲜蔬菜的信息可追溯相关知识了解甚少。在所有被调查者中,只有30%的消费者表示听说过食品信息追踪系统。表5-5显示了被调查者对信息追溯渠道的选择概况。在各种追溯渠道中,排序的结果是蔬菜包装或标签(28.0%)、售货员或摊主的介绍（25.6%）、摊位上的宣传牌(21.8%)排在了前列,而一些新兴的追溯渠道(包括追溯网站、短信查询等)却不被大多数人所选择。这种现象的出现主要是因为,与网络等新兴追溯渠道相比,消费者使用传统的追溯渠道(如包装和标签等)的成本较低,信息更加容易获得。当被问及"没有蔬菜的相关追溯信息,是否会觉得不安全时",认为"会"和"不会"的各占一半。但在选择"会认为不安全"的消费者中,61.7%的人还是会购买,说明不提供农产品相关信息虽然会使近一半的消费者不放心,但这之中的大多数人还是决定购买。从调查结果看,大多数消费者对可追溯不知道或不了解,同时消费者比较重视生鲜蔬菜信息,但是还不足以影响他们的购买决策。

表 5-5　生鲜蔬菜购买者对信息追溯渠道的选择

追溯渠道	频　次	比例(%)
售货员或摊主的介绍	115	25.6
摊位上的宣传牌	98	21.8
蔬菜包装或标签	126	28.0
追溯网站	70	15.6
短信查询	30	6.8
其　他	10	2.2
总　计	449	100.0

2.消费者对生鲜蔬菜信息追溯的意愿分析

从调查结果看,消费者对生鲜蔬菜信息追溯的意愿是十分强烈的。有81.5%的被调查者希望获得相关的追溯信息,只有18.5%的被调查者没有表现出强烈的意愿。

表 5-6 描述了不同年龄的生鲜蔬菜购买者对生鲜蔬菜信息追溯意愿的总体情况。结果显示,不同年龄的生鲜蔬菜购买者之间的信息追溯意愿不存在显著的差异。但可以看出,66 岁以上年龄段的消费者对信息追溯的意愿明显低于其他年龄段的消费者,这与我国消费实际是相吻合的。在我国,年龄越大的消费者在进行消费选择时,更加依赖于自己原有的经验或是周围人的经验,而很少根据外部信息进行选择。

表 5-6　不同年龄生鲜蔬菜购买者对信息追溯的意愿

		有意愿	无意愿
25 岁及以下	样本数	60	10
	比例(%)	84.6	15.4
26~45 岁	样本数	173	42
	比例(%)	80.8	19.2
46~65 岁	样本数	87	10
	比例(%)	89.3	10.7
66 岁以上	样本数	8	10
	比例(%)	37.5	62.5
χ^2 检验值		11.851(ns)	

注:ns 表示在 0.01 水平下不显著

表 5-7 描述了不同收入水平的生鲜蔬菜购买者对生鲜蔬菜信息追溯意愿的总体情况。总体看来，不同收入水平的生鲜蔬菜购买者之间的信息追溯意愿不存在显著的差异。但十分明显的是，随着收入水平的提高，消费者对信息追溯的意愿也增加了。

表 5-7　不同收入水平生鲜蔬菜购买者对信息追溯的意愿

		有意愿	无意愿
1000 元以下	样本数	28	10
	比例(%)	74.5	24.6
1001~4000 元	样本数	206	34
	比例(%)	85.7	14.3
4001~7000 元	样本数	75	22
	比例(%)	77.1	22.9
7001 及以上	样本数	23	2
	比例(%)	90.2	8.8
χ^2 检验值		5.17(ns)	

注：ns 表示在 0.01 水平下不显著

表 5-8 比较了不同受教育程度的生鲜蔬菜购买者对信息追溯的意愿。不同受教育程度的生鲜蔬菜购买者之间的风险认知程度存在显著的差异。从总的趋势来看，被调查者对信息追溯的意愿随着受教育程度水平的提高而增强。一般而言，受教育程度越高的消费者，他们具有更多的科学知识，同时更易于获得与食品安全追溯相关的信息。在这种情况下，与教育程度较低的消费者相比，他们对食品安全信息追溯的意愿更加强烈。

表 5-8　不同教育程度生鲜蔬菜购买者对信息追溯的意愿

		有意愿	无意愿
小学及以下	样本数	7	5
	比例(%)	61.4	38.6
初中毕业	样本数	46	17
	比例(%)	72.7	27.3
高中/技校/中专	样本数	101	20
	比例(%)	83.3	16.7
大学及以上	样本数	178	26
	比例(%)	87.2	12.8
χ^2 检验值		1.892*	

注：* 表示在 0.05 水平下显著

3.消费者对生鲜蔬菜信息追溯的内容分析

随着我国食品安全管理制度的进一步完善,近年来,相关职能部门和食品生产、加工企业加快了蔬菜信息追溯制度和系统的建设。在生鲜蔬菜市场上,已经有了一些与生鲜蔬菜相关的信息追溯内容。在 20 种可供选择的消费者已知的信息追溯内容里,只有 10 种信息内容的选择比例超过 10%。表 5-9 描述了消费者已知的由政府和食品生产、加工企业提供的蔬菜信息追溯内容。按照消费者选择比例进行排序,结果是"蔬菜重量"、"绿色、无公害标志"和"蔬菜品种"排在了前三位,而种植过程、加工方式以及生产者注册信息等的选择比例都未到达 10%。说明这些信息已经引起供应方的重视,从追溯的深度来说尚可,但是广度和精度不够。

表 5-9　政府和企业提供的生鲜蔬菜信息追溯内容

追溯内容	选择比例(%)
蔬菜重量	66.3
绿色、无公害标志	60.5
蔬菜品种	40.7
蔬菜品牌名称	31.4
原产地	25.6
营养成分	20.9
加工时间	19.8
食用方法	16.3
包装厂家名称	12.8
批发商名称	10.3

表 5-10 描述了消费者对生鲜蔬菜信息追溯内容的需求概况。调查结果显示,消费者对信息追溯内容的需求基本与政府和企业提供的信息追溯内容相符,但重点有所不同。例如,消费者对"营养成分"和"食用方法"的选择比例分别达到了70.4%和51.8%。而企业相对较少地提供这类信息。

表 5-10　消费者对生鲜蔬菜信息追溯内容的需求

追溯内容	选择比例(%)
绿色、无公害标志	76.9
营养成分	70.4
食用方法	51.8
蔬菜重量	49.7
蔬菜品种	35.7
加工时间	36.2
储藏方式	32.7
原产地	31.2
加工过程	24.9
蔬菜品牌名称	20.6

4.影响消费者对生鲜蔬菜信息追溯意愿的因子分析

本研究对调查问卷中影响消费者对生鲜蔬菜信息追溯意愿的7个项目进行因子分析，这7个项目分别是食品安全认知度、信息追溯认知度、是否选择网站进行追溯、是否选择短信进行追溯、信息获取方式、对信息的信任程度、饮食和健身状态。分析时采用主成分分析法，因子的旋转方式运用的是正交旋转法中的方差最大旋转方式。根据其结果，首先剔除了公因子方差较低（Communality≤0.4）的3个项目，即方便程度、产品的品牌和产品的产地。剩余的所有项目全部纳入因子分析模型进行分析。各度量维度的代码以及描述性统计分析的基本信息如表5-11所示。

表5-11　度量维度的描述性统计分析

度量维度	维度代码	样本均值	样本标准差
是否选择产品网站进行追溯	A1	1.51	0.502
信息追溯认知度	A2	1.73	0.448
是否通过短信进行追溯	A3	1.53	0.501
对信息的信任程度	A4	1.73	0.444
饮食和健身状态	A5	2.63	0.742
信息获取方式	A6	1.84	0.974
食品安全认知度	A7	1.24	0.430

（1）因子分析的可行性（KMO检验和Bartlett检验）

KMO检验和Bartlett检验是两个常用的测度因子分析模型有效性的统计指标。KMO（Kaiser-Meyer-Olkin）测度样本的充足度。KMO的统计值一般介于0和1之间，若该统计指标在0.5至1之间则表明可以进行因子分析，若该统计指标在0至0.5之间则表明不适宜进行因子分析。表5-12给出了KMO检验和Bartlett检验的结果。本研究的KMO值为0.590（大于0.5）。Bartlett统计指标检验相关矩阵是不是单位矩阵（原假设为相关矩阵为单位阵）。卡方检验结果表明，Bartlett球形检验的卡方统计值为57.201（$p \leqslant 0.000$），拒绝原假设，相关矩阵不是单位阵，可以考虑进行因子分析。通过以上两项统计指标的检验表明，本研究适合进行因子分析。

表5-12　KMO检验和Bartlett检验结果

Kaiser-Meyer-Olkin检验		0.590
Bartlett球形检验	χ^2统计值	57.201
	Df	21
	显著性水平	0.000

（2）因子分析结果

在因子分析时,本研究采用主成分分析法提取因子。分析结果如表 5-13 所示,以 Eigen 值(特征值)大于 1 为标准,因子分析提取了 3 个公因子。旋转之前 3 个公因子解释总方差的比例分别为 24.437%、17.467% 和 14.505%。经过旋转后,这 3 个公因子解释总方差的比例分别为:23.987%、16.647% 和 15.776%。但是累积解释总方差的比例没有改变,均为 56.410%。

表 5-13　因子分析结果

提取因子前			提取因子后			旋转后		
Eigen 值	方差比例（%）	累积方差比例（%）	Eigen 值	方差比例（%）	累积方差比例（%）	Eigen 值	方差比例（%）	累积方差比例（%）
1.711	24.437	24.437	1.711	24.437	24.437	1.679	23.987	23.987
1.223	17.467	41.905	1.223	17.467	41.905	1.165	16.647	40.634
1.015	14.505	56.410	1.015	14.505	56.410	1.104	15.776	56.410
0.906	12.949	69.359						
0.848	12.120	81.479						
0.706	10.080	91.559						
0.591	8.441	100.000						

提取方法:主成分分析法。

为了便于对潜在因子进行解释,在分析过程中采用了最大方差正交旋转法,旋转后公因子负载重新进行分配,使公因子负载系数向更大(向 1)或更小(向 0)方向变化。

旋转方法:最大方差法,经过 4 次迭代收敛。

表 5-14 给出了经过旋转后因子负载矩阵(Rotated Component Matrix)。可以看出负载系数明显地向两极分化了。第一个主成分对 A_1、A_2 和 A_3 有绝对值较大的负载系数,第二个主成分对 A_5 和 A_7 的贡献较大,第三个主成分对 A_4 和 A_6 有绝对值较大的负载系数。

表 5-14　旋转后的因子负载矩阵

	f_1	f_2	f_3
A_1	0.724	$-2.904E-02$	$9.450E-02$
A_2	0.712	$6.128E-02$	$4.569E-02$
A_3	0.678	$-1.062E-02$	$3.829E-02$
A_4	$-2.160E-02$	$1.116E-02$	0.741

	f_1	f_2	f_3
A_5	1.317E−03	0.751	0.067
A_6	−0.184E−02	0.116	0.704
A_7	2.561E−02	0.713	−9.055E−02

根据不同维度的原始含义可以对这 3 个因子进行命名。第一个因子主要概括了是否选择网站进行追溯、信息追溯认知度和是否选择短信进行追溯等影响因素，因而可以把它命名为信息追溯认知度影响因子。第二个因子涉及饮食和健身状态影响和食品安全认知度，故可以命名为风险认知因子。第三个因子包括信息获取方式和对信息的信任程度，因而命名为信息渠道因子。

5. 小结

食品信息可追溯之所以只会在一些大城市或经济发达地区建立试点，是因为它在不同的地区具有不同的可行性。如前所述，它在一个地区的可行性和当地的消费者有很大关系。以下是通过对于数据的分析得出的结论。

消费者对生鲜蔬菜的信息可追溯相关知识了解甚少。在所有被调查者中，只有 30% 的消费者表示听说过食品信息追踪系统。从调查者对信息追溯渠道的选择看，蔬菜包装或标签（28.0%）、售货员或摊主的介绍（25.6%）、摊位上的宣传牌（21.8%）三种渠道排在了前三位。就此看来，浙江省的食品安全可追溯体系和制度建设还处于起步阶段，无论是消费者对追溯信息的认知度还是政府提供的信息追溯渠道和内容都有待于进一步提高。从浙江省的统计数据看来，66 岁以上年龄段的消费者对信息追溯的意愿明显低于其他年龄段的消费者。从总的趋势来看，被调查者对信息追溯的意愿随着收入水平和受教育程度水平的提高而增加。这预示着食品安全可追溯在经济发达地区，或者高素质人口相对集中的地区会具有更大的市场。因此，在北京、上海等地开展食品信息可追溯是较为合理的。同时，调查结果表明，消费者对信息追溯内容的需求基本与政府和企业提供的信息追溯内容相符，但重点有所不同。因此在一些经济发达地区已开始建立的可追溯体系需要进一步满足消费者对信息追溯内容和渠道的要求。最后，本研究通过因子分析，把影响消费者对生鲜蔬菜信息追溯意愿的因子归结为 3 个主要因子，包括信息追溯认知度影响因子、风险认知因子和信息渠道因子。

5.2.4 主要结论

1. 政府是现阶段推动农产品质量可追溯制度建设的重要力量

当前农产品生产记录制度的推广和实施尚处于起步阶段，农户参与比例和参与意愿有待进一步提高。农产品生产记录制度目前没有给农户带来明显的经济效益,反而一定程度上降低了农户参与该制度的积极性。产业化组织对农户参与农产品生产追溯制度的行为有显著影响。

2.我国蔬菜质量安全可追溯体系的实施比例不高,蔬菜供应链上各相关主体仍未充分参与

从浙江省四个地区和山东两个地区近30个蔬菜批发市场反映的情况来看,只有杭州农副产品物流中心、嘉兴蔬菜批发市场、宁波蔬菜批发市场开始实施可追溯体系。在调查过程中,笔者发现杭州农副产品物流中心实施可追溯体系存在不连贯性,有时对可追溯体系的监管较严,有时管理很松散;而嘉兴蔬菜批发市场和宁波蔬菜批发市场都只是实现了部分市场交易区域的蔬菜可追溯。根据收集的410份供货商样本反映的情况来看,实现生产环节蔬菜质量安全可追溯的比例只有46.6%,实现流通环节蔬菜质量安全可追溯的比例只有45.7%,实现消费环节蔬菜质量安全可追溯的比例只有33.5%,说明在蔬菜供应链各个环节的相关经营主体仍未充分参与实施可追溯体系,如批发市场上游的农户缺乏蔬菜质量安全信息登记意识和供证供票意识,批发市场下游的农贸市场管理松懈,以及消费者的索票意识依然有待加强等。

3.供货商实施可追溯体系的行为受其自身规模、外部环境的多种影响

供货商实施可追溯体系的行为受获取方式、入场登记、政府检查频率、售菜年限、收入比例、相对规模、制度认知显著影响。二元逻辑回归结果显示,供货商由于获取蔬菜的渠道不同,识别产品信息的成本不断提升,实施可追溯体系的行为不断减少。在批发市场管理方面,市场加强对入场蔬菜登记制度的执行,对供货商实施可追溯体系的行为有显著正向影响。在政府部门监管方面,政府相关部门对批发市场蔬菜安全检测的力度越大,供货商越有可能实施可追溯体系。实证结果还表明,在供货商自身特征中,售菜年限、收入比例、相对规模、制度认知显著影响供货商实施可追溯体系的行为。售菜年限越久、蔬菜经营收入占家庭收入比例越高、蔬菜经营相对规模越大、对可追溯体系的认知程度越高,供货商越倾向于实施可追溯体系。

4.各蔬菜批发市场均未有效执行可追溯体系的现有配套制度

各个蔬菜批发市场之间存在客源和货源竞争。目前当前各个批发市场之间还未达成共同执行可追溯体系配套制度的协议,如果某个批发市场率先执行相应制度,会导致其供货商和购买者增加相应的成本,很可能导致供货商和购买者流向其他批发市场。出于这方面的顾虑,目前大多数批发市场虽然已建立了完善的可追溯体系配套制度,但都没有开始执行。由此,很可能导致进入这些批发市场的蔬菜在离开市场时不能实现全程可追溯。

5.政府相关部门对蔬菜供应链各环节的管理工作艰巨

如果蔬菜供应链各个环节没有实现可追溯，那么就很难实现蔬菜全程的可追溯。在生产环节，本地田间的蔬菜生产者包括本地人口和外地人口，并且外地种植人口的比例不断变大。由于外地人口有较强的流动性，政府相关部门对其进行可追溯体系的宣传和培训工作较难展开。在流通环节，本地蔬菜批发市场的供货商来自全国各地，流动性大，且市场内供货商经营分散，摊位数量庞大，给政府部门的监管工作带来不小的难度。在批发市场层面，政府能够直接管制的只有国有或集体所有制的批发市场，对私营批发市场的管制缺乏强有力的制衡机制，因此还无法协调各个市场统一行动。同时，政府应督促批发市场的下游主体参与实施可追溯体系，如贸易部门在农贸市场严格实施索票索证制度，可以促使上游实施相应制度。

6.各级批发市场在可追溯体系的实施方面差异较大

笔者通过实地调研观察和数据分析处理发现，地市级和县级批发市场在蔬菜购买者和市场管理方面存在较大差异。在购买者方面，市级地区的政府部门对食品安全的宣传力度比县级高，媒体发展水平比县级高，因此更容易提高购买者关注蔬菜来源的意识，也就更容易影响供货商实施可追溯体系的行为。而在市场管理方面，地市级批发市场执行蔬菜入场登记制度的频率为63.4%，远远大于县级批发市场15.0%的频率，县级批发市场在执行可追溯体系的相关配套制度方面比较松懈。从本质上说，目前政府的管理重点偏向地市级以上的批发市场，放松了对县级批发市场的管理，导致两者在可追溯体系的实施方面存在较大差异。

7.消费者对生鲜蔬菜的信息可追溯相关知识了解甚少

在所有被调查者中，只有30%的消费者表示听说过食品信息追踪系统。从调查者对信息追溯渠道的选择看，蔬菜包装或标签（28.0%）、售货员或摊主的介绍（25.6%）、摊位上的宣传牌（21.8%）三种渠道排在了前三位。就此看来，浙江省的食品安全可追溯体系和制度建设还处于起步阶段，无论是消费者对追溯信息的认知度还是政府提供的信息追溯渠道和内容都有待于进一步发展。

6　猪肉供应链不同环节、行为主体
实施质量安全追溯的实证分析

中国是世界猪肉生产和消费的第一大国①，猪肉质量安全问题不仅关系到国民的健康，还与农业增效、农民增收密切相关。自 2002 年来，中国开始在发达地区进行农产品质量安全可追溯制度建设实践的探索，在制度建设方面，颁布《食品安全法》(2009)、《畜禽标识和养殖档案管理办法》、《生猪屠宰管理条例》。在实践方面，中国沿海发达地区和黑龙江垦区等在全国率先开展了农产品生产档案、信息发布、质量追溯等制度建设的理论和实践探索。然而国家规定性文件和各项政策并未消除猪肉产品质量存在的安全隐患，目前中国猪肉在国内面临着诸如重金属超标、激素、抗生素、微生物污染及"瘦肉精"等各种质量安全问题。据不完全统计，1998 年以来，国内相继发生 18 起瘦肉精中毒事件，中毒人数达 1700 多人，添加瘦肉精是养猪多年来的潜规则。2011 年中国著名肉制品企业双汇被曝光使用喂养瘦肉精的"健美猪"生产肉制品，消费者对我国食品质量安全的信心再次受到考验，粗略估算，仅一周内全国养猪业因该事件引起猪价和销量下跌造成的损失就达 3 亿元以上，并已波及上游饲料原料需求等整个猪肉供应链。② 此次事件暴露出地方管理部门缺位的同时，也进一步验证 Moe(1998)、Golan(2004) 等学者的观点，有效可追溯体系的建立与可追溯信息的处理本质是因追溯行为而产生的经济问题，即追溯一方面与消费者收集、辨别信息的能力及支付意愿有关，另一方面与生产经营者实施追溯的成本、能力及政府监管政策有关。复杂的供应链流程决定了猪肉产品质量安全问题不单纯是某个环节的问题，而是整个供应链各环节综合作用的结果。产品质量安全问题具有传导性，上游环节产品质量安全水平会严重影响下游环节，如果上游环节产品出现质量安全问题而又未被发现，该环节出现的质

---

① 国家统计局网站发布的《中华人民共和国 2009 年国民经济和社会发展统计公报》数据显示，2009 年全国肉类总产量 7642 万吨，其中，猪肉产量 4889 万吨，占肉类总产量的 63.98%。猪肉也是我国肉类进出口的主要品种。根据中国肉类协会的统计，2009 年猪肉出口 20.7 万吨，占肉类出口总量 34.2%，猪肉进口 52.9 万吨，占肉类进口总量 38.4%，对肉类贸易有着举足轻重的影响。

② 《长春晚报》(B 版)，2011-03-17。

量安全问题会随着产品的流动，传导至供应链下游环节。

6.1 猪肉屠宰加工企业实施质量安全追溯的现状、行为与绩效

中国猪肉产业链长、养殖规模小、家庭圈养比重高、分销路径多、成员之间没有形成稳定的战略合作关系的产业链特点是中国猪肉实施质量安全追溯的难点。基于中国已全面实施《生猪定点屠宰管理条例》，截至 2009 年全国县级以上定点屠宰量已占 66.29%，即全国县级以上定点屠宰厂（场）供应了全国近 2/3 的生猪产品，规模化屠宰方式更利于畜产品质量安全管理体系实施和完善（中国肉类协会 2008—2015 年规划）。因此，利用猪肉屠宰加工企业因市场竞争激烈、消费需求日益复杂、政府规制等环境的压力或对品牌信誉等的追求而提高对上游与下游经营者的信息协作和追溯水平，将成为当前我国提高猪肉供应链全程质量控制水平的高效管理路径（韩纪琴，2008；孙世民，2006）。

6.1.1 数据来源

课题组于 2011 年 3 月至 2011 年 7 月对浙江、江西两省猪肉加工企业质量安全可追溯行为进行实地调查。调查采用实地访谈和问卷调查相结合的方式，调查对象为企业决策者。浙江和江西两省分别是我国猪类产品输入和输出大省[①]，又分别是经济发达地区和欠发达地区，两省猪肉供应链中的加工企业在内外部环境、发育程度等方面涵盖了当前我国猪肉加工企业的主要特征，因而具有很强的代表性。抽样方法为随机抽样。为使问卷设计更加合理，课题组在咨询产业专家的基础上，从浙江、江西两省商务部门和农业部门提供的企业名录中随机抽取 30 家企业，其中浙江 15 家、江西 15 家，分别进行了两次预调查，以检验问卷的合理性和可行性，并根据专家意见，对问卷中的不足进行了修正。正式调查中，与预调查形式相同，随机抽取 200 家企业，其中浙江 100 家、江西 100 家，进行问卷调查，共发放问卷 200 份，回收问卷 176 份，有效问卷 143 份，其中浙江省 68 份，江西省 75 份。

---

① 截至 2011 年年底，浙江省出栏生猪 1922.2 万头，猪肉产量为 131.9 万吨，分别位居全国第 16 位和第 17 位；江西省出栏生猪 2847.2 万头，猪肉产量 221.1 万吨，分别位居全国第 10 位和第 12 位；与此同时，根据全国第六次人口普查数据，浙江省现有常住人口 5442.69 万，江西省现有常住人口 4288.44 万，因此，从全国 32 个省、自治区、直辖市来看，无论生猪养殖规模还是猪肉产量，浙江都属于典型的消费大省，而江西则属于典型的生产大省。

6.1.2 生猪屠宰加工企业质量安全可追溯行为实施情况

1. 强制性质量安全可追溯行为实施情况

在被问生猪或猪肉进场前会向供应方索取查验哪些票证时,在有生猪屠宰业务的 126 家企业(总企业数为 143 家)中,有 91.38% 家表示会要求供货方出具《动物产地检疫合格证明》,90% 的企业表示会要求供货方出具《出县境动物检疫合格证明》;111 家表示会要求供货方出具《动物及动物产品运载工具消毒证明》,占比 88.10%;122 家表示会要求供货方出具《口蹄疫非疫区证明》,占比 96.83%;113 家表示会查验生猪耳标,占比 89.68%。在有猪肉制品加工业务的 28 家企业中,所有企业均表示会要求供货方提供《原料肉检疫合格证明》,占比 100.00%;22 家表示会要求供货方出具《肉品品质合格证明》,占比 78.57%;22 家表示会要求供货方出具《运输工具消毒证明》,占比 78.57%。

当被问及购进原料时会记录哪些内容时,143 家企业中有 143 家企业表示会记录原料进场日期,占比 100.00%;143 家企业表示会记录进场数量,占比 100.00%;130 家企业表示会记录进场批次,占比 90.91%;127 家企业表示会记录供货方名称,占比 88.81%;126 家企业表示会记录供货方地址,占比 88.11%;126 家企业表示会记录供货方联系方式,占比 88.11%。

在被问及屠宰及加工过程中检疫检验项目实施情况时,有生猪屠宰业务的 58 家企业均表示实施了对每头猪的宰前、宰中及宰后感官检验,130 家企业均按规定的 3%~5% 抽检比例或以高于该规定的标准实施了对盐酸克伦特罗(瘦肉精)项目的检验。22 家有猪肉制品加工业务的企业,22 家企业都表示对每单件产品进行感官检验,并都按规定的抽检比例对相应的抽检项目进行了检验。

当被问及产品出场时一般会记录哪些内容时,143 家企业表示会记录出厂日期,占比 100.00%;143 家企业表示会记录出厂数量,占比 100.00%;130 家企业表示会记录出场批次,占比 90.91%;58 家企业表示会记录购买方名称,占比 40.56%;127 家企业表示会记录购买方地址,占比 88.81%;127 家企业表示会记录下游购买方联系方式,占比 88.81%。

有 17 家企业未完全实施强制性质量安全可追溯行为,具体体现在质量安全可追溯行为的广度上。这 17 家企业在索证索票、进场记录或出场记录中某些子项目信息没有记录,不可查询。

2. 自愿性质量安全可追溯行为实施情况

143 家生猪屠宰加工企业中,30 家企业以高于政府规定的 3%~5% 抽检标准对盐酸克伦特罗(瘦肉精)项目进行了检验,30 家企业中对盐酸克伦特罗(瘦肉精)最低抽检比例为 8%,最高达到 40%。15 家企业对兽药残留项目进行了检验,11 家企业对重金属含量进行了检验，其中5家企业对重金属或兽药残留项目进行了检验。

143家企业中，共有41家企业实施了自愿性质量安全可追溯行为，具体体现在质量安全可追溯行为的广度及精确度上，这41家企业实施了强制性规定以外的检验项目或以高于强制性规定抽检比例标准实施抽检。

3. 生猪屠宰加工企业的资金能力与质量安全管理控制技术能力

（1）生猪屠宰加工企业的资金能力

因调研中只获得41家企业2009年利润额数据，本研究拟用2009年销售额表征企业的资金能力。借鉴2003年国资委发布的《关于在财务统计工作中执行新的企业规模划分标准的通知》中对工业企业年销售额的划分，对年销售额划分为三个等级，3000万元以下、大于等于3000万元小于3亿元、大于等于3亿元。

143家企业中，4家企业2009年销售额大于等于3亿元，占比2.80%；35家企业2009年销售额在3000万元与3亿元之间，占比24.47%；104家企业2009年销售额在3000万元以下，占比72.73%。在实施了自愿性可追溯行为的41家企业中，4家企业2009年销售额大于等于3亿元，占比9.76%；24家企业2009年销售额在3000万元与3亿元之间，占比58.54%；13家企业2009年销售额在3000万元以下，占比31.70%。在未实施自愿性可追溯行为的102家企业中，11家企业2009年销售额在3000万元与3亿元之间，占比10.78%；91家企业2009年销售额在3000万元以下，占比89.22%。

总体来说，生猪屠宰加工企业年销售额不高，资金能力不强。2009年销售额在3000万元以下的企业占比72.73%。实施了自愿性质量安全可追溯行为的企业的资金能力明显高于未实施自愿性质量安全可追溯行为企业，实施了自愿性质量安全可追溯行为41家企业2009年销售额在3000万元以上的有28家，占比68.30%，未实施自愿性质量安全可追溯行为102家企业2009年销售额在3000万元以上的有11家，占比10.78%，具体如表6-1所示。

表6-1　生猪屠宰加工企业2009年销售额

2009年销售额	实施自愿行为企业		未实施自愿行为企业		所有企业	
	数量	比例	数量	比例	数量	比例
小于3000万元	13	31.70%	91	89.22%	104	72.73%
3000万元与3亿元之间	24	58.54%	11	10.78%	35	24.47%
大于3亿元	4	9.76%	0	0.00%	4	2.80%
总　计	41	100.00%	102	100.00%	143	100.00%

资料来源：根据调研数据计算

（2）生猪屠宰加工企业的质量安全管理控制技术能力

借鉴杨秋红（2009）对农产品生产加工企业质量安全管理控制技术能力的指标

设置及质量认证的等级划分,本研究将生猪屠宰加工企业质量认证水平作为衡量其质量安全管理控制技术能力的指标,并将质量认证划分为 5 个等级:无质量认证、QS 认证、无公害产品认证或 ISO9000 系列认证、绿色食品认证、有机食品认证或 HACCP 认证。143 家生猪屠宰加工企业中,有 68 家无任何质量认证,占比 47.55%;在有质量认证企业中,获得最高等级质量认证为 QS 认证的有 17 家,占比 11.89%;获得最高等级质量认证为无公害产品认证或 ISO9000 系列认证的企业的有 35 家,占比 24.47%;获得最高等级质量认证为绿色食品认证的企业的有 6 家,占比 4.20%;获得最高等级质量认证为有机食品认证或 HACCP 认证的企业的有 17 家,占比 11.89%。

在实施了自愿性质量安全可追溯行为的 41 家企业中,有 9 家无任何质量认证,占比 21.95%;在有质量认证企业中,获得最高等级质量认证为 QS 认证的企业有 2 家,占比 4.88%;获得最高等级质量认证为无公害产品认证或 ISO9000 系列认证的企业的有 13 家,占比 31.78%;获得最高等级质量认证为绿色食品认证的企业的有 4 家,占比 9.75%;获得最高等级质量认证为有机食品认证或 HACCP 认证的企业的有 13 家,占比 31.71%。

在未实施自愿性质量安全可追溯行为的 102 家企业中,有 59 家无任何质量认证,占比 57.84%;在有质量认证企业中,获得最高等级质量认证为 QS 认证的有 15 家,占比 14.71%;获得最高等级质量认证为无公害产品认证或 ISO9000 系列认证的企业有 22 家,占比 21.57%;获得最高等级质量认证为绿色食品认证的企业有 2 家,占比 1.96%;获得最高等级质量认证为有机食品认证或 HACCP 认证的企业有 4 家,占比 3.92%,具体如表 6-2 所示。

表 6-2 生猪屠宰加工企业获得的最高等级质量认证情况

质量认证等级	实施自愿行为企业		未实施自愿行为企业		所有企业	
	数量	比例(%)	数量	比例(%)	数量	占比(%)
无质量认证	9	21.91	59	57.84	68	47.55
QS 认证	2	4.88	15	14.71	17	11.89
无公害产品或 ISO9000 认证	13	31.71	22	21.57	35	24.47
绿色食品认证	4	9.75	2	1.96	6	4.20
有机食品或 HACCP 认证	13	31.71	4	3.92	17	11.89
总　计	41	100.00	102	100.00	143	100.00

资料来源:根据调研数据计算

总体来说,生猪屠宰加工企业认证水平较低,质量安全管理控制技术能力较低。143 家企业中有 68 家无任何认证,在取得认证的 75 家企业中,仅有 23 家企业获得较高等级的绿色食品认证、有机食品认证或 HACCP 认证。实施自愿性质量安全可追溯行为的企业与未实施自愿性质量安全可追溯行为的企业在质量安全管理控制技术能力上差别较大。在实施了自愿性质量安全可追溯行为的41家企业中，9家企业无质量认证，占比21.95%，有17家企业获得较高等级的绿色食品认证、有机食品认证或HACCP认证，占比41.46%。在未实施自愿性质量安全可追溯行为的102家企业中，59家企业无质量认证，占比57.84%，有6家企业获得较高等级的绿色食品认证、有机食品认证或HACCP认证，占比5.88%。

4. 生猪屠宰加工企业的业务类型

总体来说，生猪屠宰加工企业中仅经营生猪代宰业务的企业比例达到33.33%，实施了自愿性质量安全可追溯行为的企业与未实施自愿性质量安全可追溯行为的企业在经营业务类型上差异较大。在实施了自愿性质量安全可追溯行为41家企业中，有7家仅经营代宰业务，占比16.67%；在未实施自愿性质量安全可追溯行为的102家企业中，有41家仅经营代宰业务，占比达28.28%，如表6-3所示。

表6-3　生猪屠宰加工企业业务类型

业务类型划分	实施自愿行为企业		未实施自愿行为企业		所有企业	
	数量	占比（%）	数量	占比（%）	数量	占比（%）
仅代宰	7	16.67	41	28.25	48	25.67
其他业务	35	83.33	104	71.72	139	74.33

资料来源：根据调研数据计算

5. 外部环境对生猪屠宰加工企业实施质量安全可追溯行为的影响

第一，客户要求。总体来看，客户对企业实施质量安全可追溯行为提出明确要求的比例很低，占比仅有19.70%。未实施自愿性质量安全可追溯行为企业的客户对企业实施质量安全可追溯行为提出过明确要求的比例为21.27%，略高于实施了自愿性质量安全可追溯行为企业15.79%的比例。第二，同行企业质量安全管理水平。在被要求对同行质量安全管理水平作出评价时，143家生猪屠宰加工企业中有65家企业认为同行质量安全管理水平较高，占比45.45%；有72家企业认为同行质量安全管理水平一般，占比50.35%；有6家企业认为同行质量安全管理水平较差，占比4.20%。在实施了自愿性质量安全可追溯行为的41家企业中，有22家企业认为同行质量安全管理水平较高，占比53.66%；有15家企业认为同行质量安全管理水平一般，占比36.59%；有4家企业认为同行质量安全管理水平较差，占比9.76%。在未实施自愿性质量安全可追溯行为的102家企业中，有43家企业认为同行质量安全管理水平较高，占比42.16%；有56家企业认为同行质量安全管理水平一般，占比54.90%；有2家企业认为同行质量安全管理水平较差，占比1.96%。第三，政府或其他主管部门对屠宰加工企业实施质量安全可追溯行为的支持作用。在被问及政府或其他主管部门在帮助企业实施质量安全可追溯行为方面的作用时,143家企业中67家表示作用很大,占比46.85%;37家企业表示作用较大,占比25.87%;29家企业表示作用一般,占比20.28%;11家企业表示无作用,占比7.69%。在实施了自愿性质量安全可追溯行为的41家企业中,21家表示作用很大,占比51.22%;11家企业表示作用较大,占比26.83%;6家企业表示作用一般,占比14.63%;2家企业表示无作用,占比4.88%。在未实施自愿性质量安全可追溯行为的102家企业中,46家表示作用很大,占比45.10%;27家企业表示作用较大,占比26.47%;21家企业表示作用一般,占比20.59%;9家企业表示无作用,占比6.29%。在被问及在实施质量安全可追溯行为方面希望得到政府哪些支持时,86.36%生猪屠宰加工企业希望得到政府资金支持;62.12%的企业表示希望政府加大市场整治力度,规范市场;42.42%的企业表示希望政府能提供技术培训和指导。其中在实施了自愿性质量安全可追溯行为的41家企业中,32家表示希望政府加大市场整治力度,规范市场,占比78.95%;30家表示希望得到政府资金支持,占比73.68%;28家表示希望政府能提供技术培训和指导,占比68.42%;24家表示希望政府加强市场宣传和消费者教育,占比57.89%。在未实施自愿性质量安全可追溯行为的102家企业中,93家表示希望得到政府资金支持,占比91.49%;56家表示希望政府加大市场整治力度,规范市场,占比55.32%;33家表示希望政府能提供技术培训和指导,占比31.91%;31家表示希望政府加强市场宣传和消费者教育,占比29.78%。

6.生猪屠宰加工企业实施质量安全可追溯行为的成本收益分析

第一,生猪屠宰加工企业实施质量安全可追溯的成本分析。在被问及实施质量安全可追溯行为主要成本时,根据选择频次,被调查企业实施可追溯的成本支出结构依次为:检测试剂成本、信息管理成本、员工培训成本、购买检测仪器成本、新增员工成本、产品营销投入成本(产品包装、质量安全宣传)和外部咨询成本。比较超过国家强制规定追溯要求的企业(本书称自愿性可追溯企业,下同)与仅仅按照国家规定实施追溯的企业(本书称强制性可追溯企业),发现在实施自愿性追溯企业中,主要成本中包括信息管理成本、购买检测仪器成本、营销成本的企业数超过了50.0%,而未实施自愿性可追溯行为企业的比例为20.0%。第二,生猪屠宰加工企业实施质量安全可追溯的收益分析。生猪屠宰加工企业实施质量安全可追溯行为后收益均发生了明显的变化。对产品价格的影响方面,87.9%的企业表示实施质量安全可追溯行为对产品价格没有影响,但26.3%的实施自愿性质量安全追溯行为的企业认为能促使产品价格提高;对产品销量增加方面,21.2%的企业表示实施质量安全可追溯行为促进了产品销量的增加,其中实施自愿性质量安全可追溯行为企业中有42.1%的企业表示销量增加;对内部生产管理效率提升方面,

45.5%的企业认为实施质量安全可追溯行为促进了内部生产管理效率的提高，特别是实施自愿性质量安全可追溯的企业，其比例为84.2%，51.5%的企业表示实施质量安全可追溯行为对内部生产管理效率没有影响，而2家则认为反而导致内部生产管理效率下降；对企业品牌形象提升方面，76.7%的企业认为实施质量安全可追溯行为有利于其企业或品牌形象的提升，同样实施自愿性可追溯行为企业的比例更高，达84.2%；对提升客户服务能力方面，90.9%的企业认为实施质量安全可追溯行为后企业客户服务能力提高了。第三，生猪屠宰加工企业实施质量安全可追溯行为的总体绩效。在被要求对实施质量安全可追溯行为长期的总体收益与成本作出评估时，68.2%的企业（98家）认为收益大于成本，10.6%（15家）的企业认为收益成本大体持平，6.1%的企业认为收益小于成本。实施了自愿性质量安全可追溯行为的41家企业中，84.2%认为收益大于成本，企业认为收益小于成本。但问及对实施质量安全可追溯行为短期的收益与成本作出评估时，仅13.6%的企业认为收益大于成本，其中实施自愿性追溯企业的比例也仅为26.3%。

6.1.3 影响生猪屠宰加工企业实施自愿性可追溯行为因素的回归分析

1. 研究框架和模型构建

基于有效可追溯体系的建立与可追溯信息的处理本质是因追溯行为而产生的经济问题，而理性行动理论认为"个人执行（或不执行）某个行为的意图是行动的直接决定因素"（Ajzen，Fishbein，1977）。因此研究猪肉屠宰加工企业实施质量安全追溯系统的动机，对企业实施追溯系统的行为有重要的意义。本研究的框架主要是基于 Heyder 等（2000）提出的食品企业投资模型提出的，该模型是基于计划行为理论（Ajzen，1991）和技术接受模型（Venkatesh 和 Davis，2000）发展而来的，其基本假设是投资行为受到决策制定者的动机影响，动机因素受"流程的改进"、"利益相关者的要求"、"法律要求"三个公因子的影响，本研究的框架如图 6-1 所示。

本研究参照食品企业投资模型，以上述三个公因子作为自变量类别，结合上述文献有关企业实施质量安全追溯动机的研究成果，提出假设。

第一个因素"流程的改进"，强调企业内部和外部商业程序最优化以及通过提高可追溯性来获取食品差异化的竞争优势，如加强与上游供应商和下游客户合作、改善内部工序、降低产品公开召回等。据此，本研究的假设为：H1—提升运营效率、H2—降低产品公开召回的风险、H3—更有效应对食品安全事件、H4—提高产品质量和 H5—与上游供应商和下游客户加强合作。

第二个因素"利益相关者的要求"，反映了来自利益相关者的外部压力，主要指企业重要利益相关者如客户、企业股东或者竞争者对于企业实施追溯系统态度的影响，本研究提出的假设为：H6—客户或消费者的需求、H7—企业股东或债权人的要求、H8—同行竞争行为。

第三个因素"法律要求",是指法律法规对企业实施追溯系统的强制性要求,本研究的假设为:H9—法律法规的压力。

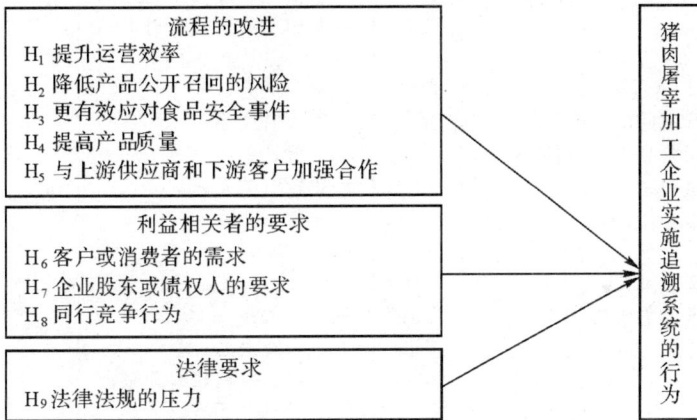

图 6-1　猪肉屠宰加工企业实施质量安全追溯行为的分析框架

2.计量方法选择与变量定义

企业实施可追溯行为存在两种选择,即实施质量安全可追溯与未实施质量安全可追溯。

在实证分析中,本研究将企业可追溯行为视为二元变量记为 Y_i,则实际企业的行为描述如下:

$$Y_i = \begin{cases} 1,\text{第 } i \text{ 家企业实施质量安全可追溯行为;} \\ 0,\text{第 } i \text{ 家企业未施质量安全可追溯行为。} \end{cases} \tag{6-1}$$

本研究试图通过研究企业实施质量安全追溯系统的动机来解释产生这一结果的原因。本研究采用二元 Logistic 回归模型进行分析,根据图 6-1 的研究框架和研究假设,二元 Logistic 回归模型的表达式为:

$$P(y_i = 1 \mid X_i) = \exp(\beta_0 + \sum \beta_i X_i)/[1 + \exp(\beta_0 + \sum \beta_i X_i)] \tag{6-2}$$

$$P(y_i = 0 \mid X_i) = 1/[1 + \exp(\beta_0 + \sum \beta_i X_i)] \text{Then}, P_i = P(y_i = 1 \mid X_i) \tag{6-3}$$

上述式子中 P_i 表示概率,β_i 为回归系数,X_i 表示影响屠宰加工企业实施可追溯行为的动机。由此转换为 Logistic 模型:

$$\ln[P_i/(1 - P_i)] = \beta_0 + \sum \beta_i X_i \tag{6-4}$$

本研究变量的说明及描述详见表 6-4。

表 6-4　模型变量及取值说明

变　　量	性质	含　义	均值
因变量			
是否实施了质量安全可追溯系统	选择变量	0＝未实施质量安全可追溯	0.88
		1＝实施了质量安全可追溯	
流程的改进			
提升运营效率（X_1）	定序变量	1＝毫无关系；	3.88
降低产品公开召回的风险（X_2）		2＝不太有关系；	4.06
更有效地应对食品安全事件（X_3）		3＝一般；	4.26
提高产品质量（X_4）		4＝比较有关系；	3.77
与上下游加强合作（X_5）		5＝非常有关系	3.64
利益相关者的要求			4.05
客户或消费者的需求（X_6）	定序变量	1＝毫无关系；	3.18
企业股东或债权人的要求（X_7）		2＝不太有关系；	3.18
同行竞争行为 （X_8）		3＝一般；4＝比较有关系；	
		5＝非常有关系	
法律要求			3.73
法律法规的压力（X_9）	定序变量	1＝毫无关系；	
		2＝不太有关系；	
		3＝一般；4＝比较有关系；	
		5＝非常有关系	

3.模型估计的结果与讨论

本研究利用 SPSS 17.0 统计软件，对各个自变量与因变量之间进行了相关分析，9 个自变量与因变量的相关分析中，其中变量 X_2（降低产品公开召回的风险），X_3（更有效应对食品安全事件），X_4（提高产品质量），X_5（与上下游加强合作），X_8（同行竞争的行为）和 X_9（法律法规的压力）通过了检验。X_1（提升运营效率）未通过检验，可能与我国屠宰加工企业普遍建立追溯系统时间短，大多数企业都没有建立电子化信息集成系统，且生猪屠宰加工企业中没有发生过较严重的产品质量安全事件等原因有关；X_6（下游客户或消费者的需求）未通过检验，可能与当前中国消费者购买猪肉时很少关注猪肉产地来源等信息的购买习惯有关；X_7（企业股东或债权人的要求）未通过检验，可能与企业的股东或债权人比较关注企业的利润，而短期实施质量安全追溯系统增加的成本不能回报有关。根据变量检验结果及为消除变量之间的共线性，本研究采用向后逐步回归的方法（Backward:conditional），检验过程共经过了 4 步，剔除了 X_3（更有效地应对食品安全事件）、X_4（提高产品质量）、X_8（同行竞争行为）3 个变量，最终结果如表 6-5 中 Step 4。最终方程的 Chi-square 检验卡方值为 20.939（$p<0.05$），因此，接受观测数据和预测数据之间没有显著差异的零

假设,这说明模型较好地拟合总体样本数据,自变量能够很好地解释因变量。这表明在可接受的水平上,模型的估计拟合了数据。此外,-2对数似然值为27.813,模型对数据的拟合度较好,Cox和Snell R^2和Nagelkerke R^2统计量,其值分别为0.272与0.521,效果较好。最终对模型总体的预测准确率为87.9%。

表 6-5 企业实施质量安全追溯行为的 Logistic 模型回归结果

	变量	回归系数(B)	标准误差(S. E.)	沃尔德统计量(Wald)	显著性检验(Sig)	B指数Exp(B)
Step 1	X_2(降低产品公开召回的风险)	0.654	0.684	0.913	0.339	1.923
	X_3(更有效应对食品安全事件)	-0.217	0.626	0.120	0.729	0.805
	X_4(提高产品质量)	0.569	0.783	0.529	0.467	1.767
	X_5(与上下游加强合作)	0.709	0.467	2.304	0.129	2.032
	X_8(同行竞争行为)	0.702	0.605	1.349	0.245	2.018
	X_9(法律法规的压力)	1.494	0.667	5.015	0.025	4.454
Step 4	X_2(降低产品公开召回的风险)	0.968*	0.504	3.692	0.055	2.633
	X_5(与上下游加强合作)	0.817*	0.443	3.398	0.065	2.263
	X_9(法律法规的压力)	1.435**	0.608	5.571	0.018	4.198
	χ^2	20.939				
	-2对数似然值	27.813				
	预测准确率	87.9%				

注:* 表示在10%的水平上显著,** 表示在5%的水平上显著

从上表的回归结果可以看出,前文提出假设2、假设5和假设9得到验证,即生猪屠宰加工企业实施质量安全可追溯系统除了受到"法律要求"的强制性驱动外,还受到"流程的改进"因素中"降低产品公开召回风险"和"与上下游客加强合作"动机的显著影响,但是"利益相关者的要求"对企业实施质量安全追溯系统没有显著的作用。"法律法规"是国家对屠宰加工企业的强制性要求,"降低产品公开召回的风险"之所以有显著影响,与当前国家增加食品安全事故的曝光次数、日益加强曝光企业惩罚力度及严格"召回规定"等措施带来潜在损失的增加有关。"与上下游加强合作"有利于供应链上各业务对接,节约控制质量安全管理费用及明确责任。"更有效应对食品安全事件"没有进入最终回归方程的原因是样本中的143家生猪屠宰加工企业中有141家在发展历程中没有发生过较严重的产品质量安全事件;"提高产品质量"没有进入最终回归方程,主要与当前我国猪肉制品市场同质化严重,优质安全猪肉的信任品属性带来的难识别性等引起的"优质难优价"有关,导致企业为保证利润,放弃进一步提高产品质量的动力。"同行竞争行为"目前没有进入最终回归方程的可能原因也是与实施追溯系统很难在最终产品上体现出明显的收入差异有关。

6.2　猪肉加工企业质量安全追溯系统 后向控制绩效研究

构建猪肉加工企业和生猪养殖户之间质量安全交易的委托代理模型，引入猪瘟疫苗技术数据，分析不同条件包括信息状况和追溯系统存在情况下猪肉加工企业质量安全追溯系统的后向控制绩效。

6.2.1　模型设定

国外研究较多通过构建食品生产组织间的委托代理模型展开，取得了有价值结论，表明研究方法是有效的。本研究将继承国外学者研究范式，结合我国猪肉产业发展现状[①]，对前人委托代理模型进行合理吸收和改进，使之更符合我国实际。猪肉加工企业和生猪养殖户间质量安全交易的委托代理模型如下。

假设猪肉加工企业（委托人，以下简称企业）从众多同质化生猪养殖户（代理人，以下简称养殖户）那里购买生猪。交易发生前，养殖户通过注射不同疫苗控制猪瘟，不同疫苗有不同免疫效果，企业生产时，发现猪瘟病猪将进行无害化处理，会对企业造成损失，其概率随养殖户使用疫苗不同而变化。为简化起见，我们将养殖户猪瘟疫苗控制行为 α 分为两类，即 $A=$（猪瘟细胞苗或组织苗（α_1），猪瘟脾淋苗 α_2），利用猪瘟细胞苗或组织苗 α_1 进行猪瘟防控，疫苗活性低，猪瘟发病率较高，而利用猪瘟脾淋苗（α_2）进行猪瘟防控，疫苗活性高，猪瘟发病率较低（毛文杰、陈宁和曲健等，2010），根据相关法律[②]，养殖过程必须进行猪瘟疫苗防控。企业与养殖户交易时，由于信息不对称，企业不知道养殖户采用何种疫苗。

质量安全追溯系统（以下简称追溯系统）利用身份登记在生产对象和养殖户间建立对应关系，发生问题时，可及时、有效查找源头。但追溯系统将受到硬件、软件等因素影响，不可能实现完全追溯，存在一定成功率，根据国内外学者对追溯系统的研究，结合我国实际，模型中成功率设为：$t \in T=(38.9\%, 43.7\%, 48.5\%)$。[③]

[①]　我国猪肉产业发展现状来源于笔者 2010 年 7 月至 2011 年 3 月间查阅相关资料和对部分产业专家的访谈。

[②]　《中华人民共和国动物防疫法》第十三条规定：国家对严重危害养殖业生产和人体健康的动物疫病实施强制免疫。

[③]　由于国内缺乏相关研究，此处追溯成功率由德尔菲法获得，笔者选取中国农业大学、南京农业大学和浙江工商大学食品学院 10 位从事猪肉食品安全和追溯系统建设研究专家，将 Basarab, Milligan 和 Thorlakson(1997) 在研究中采用的三个追溯成功率(38.9％,43.7％,95％)独立发给专家征询意见和调整方案，专家之间彼此不沟通，通过三轮总结和反馈，最终确定(38.9％,43.7％,48.5％)为当前我国猪肉质量安全追溯系统成功率的大致范围。

养殖户防控行为会引起企业损失,企业为此建立追溯系统,信息完全对称下,两者博弈按图 6-2 所示展开:

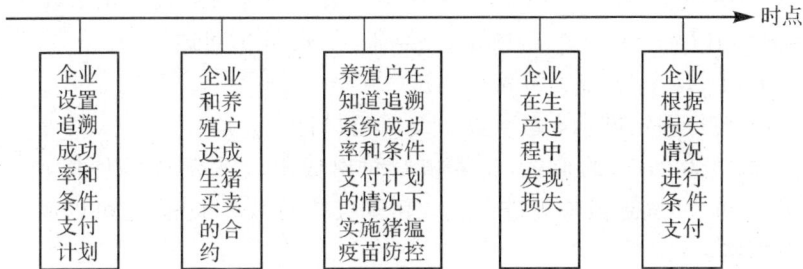

图 6-2 企业—养殖户的博弈时点

第一,企业成本最小化函数。我们首先定义猪瘟疫苗防控行为给企业造成损失的概率,记为 P_{l-j},其中 l 代表企业追溯系统情况,$l = 0$ 表示追溯系统不起作用,$l = 1$ 表示追溯系统起作用,企业只有在追溯系统起作用时才能识别养殖户责任;j 表示是否猪瘟出现,$j = 0$ 表示猪瘟未出现,$j = 1$ 表示猪瘟出现。例如 $P_{1,0}$ 表示追溯系统起作用,猪瘟未出现的概率。P_{0*} 表示追溯系统不起作用时,无论猪瘟出现与否的总概率,故 $P_{0*} = (1 - t)$。

企业将根据投入品质量安全状况进行有差别支付,用 $I_{l,j}$ 表示。当 $l = 0$ 时,I_{0*} 表示追溯系统不起作用,无论猪瘟是否发生,企业对养殖户支付;当 $l = 0$ 时,追溯系统起作用,企业按猪瘟发生情况,支付一个调整过的 $I_{l,j}$。

函数 $E(\cdot)$ 表示企业每头生猪期望成本,包含企业向养殖户的条件支付、追溯系统成本、企业所承受损失:

$$E(t, I_{0*}, \cdots, I_{1,1}) = P_{0*} I_{0*} + P_{0,1} c_1 + P_{1,0} (I_{1,0} + c_0) + P_{1,1} (I_{1,1} + c_1)$$
$$+ g(t) \tag{6-4}$$

这里,$g(\cdot)$ 表示企业追溯系统在单位产品上的成本,也表现为企业追溯系统的供给水平,是成功率 t 的函数,随着 t 增加,$g(\cdot)$ 也增大,即追溯系统成功率越高,企业对于追溯系统投资(供给水平)越大,反之亦然。c_i 表示猪瘟发生对企业造成损失,$c_0 = 0, c_1 \geqslant 0$。

第二,养殖户期望效用函数。根据 Grossman 和 Hart(1983),养殖户的期望效用函数可表示如下:

$$U(I_{l,j}, \alpha_i) = k(\alpha_i) u(I_{l,j}) - d(\alpha_i) \tag{6-5}$$

采用 Mas-Collel, Whinston 和 Green(1996)对效用函数的定义,U(·)为冯·诺依曼-摩根斯坦(Von Neumann-Morgenstern)效用函数,u(·)为伯努利(Bernoulli)效用函数,每头生猪期望效用表示为:

$$U(\alpha_i \mid t, I_{0*} \cdots\cdots I_{1,1}) = k(\alpha_i)[P_{0*} u(I_{0*}) + P_{1,0} u(I_{1,1})] - d(\alpha_i) \,\forall\, \alpha_i \in A$$

$$(6\text{-}6)$$

根据 Grossman 和 Hart(1983)，利用可分离效用函数形式简化函数(6-5)，设 $k(\alpha_i) = e^{h\alpha_i}$，$u(I_{l,j}) = -e^{-hI_{l,j}}$，且 $d(\alpha_i) = 0$，等式(6-5)可改写为：

$$U(I_{l,j}, \alpha_i) = -e^{-h(I_{l,j} - c_a)} \qquad h > 0 \tag{6-7}$$

这里，h 为养殖户固定风险规避系数，c_a 为养殖户行为成本。

(6-5)调整为(6-7)的形式，将养殖户付出成本 c_a 表示成一种负收入，根据 Haubrich (1994)，固定风险规避系数效用函数方便最终求解，并可以通过缩放 h 来研究其影响。

按照 Grossman 和 Hart(1983)框架，企业和养殖户之间博弈将通过一个两阶段数学最优化来解决：第一阶段，针对每一类 $\alpha_i \in A$ 和 $t \in T$ 的组合，求解规划模型(6-8)；第二阶段是在第一阶段结果中选择最低期望成本和相应参数 $(t, I_{0*} \cdots\cdots I_{1,1})$：

$$\min_{I_{0*} \cdots I_{1,1}} E(I_{0*} \cdots\cdots I_{1,1} \mid \alpha_{i,t}) \tag{6-8a}$$

Subject to

$$U(\alpha_i \mid t, I_{0*} \cdots\cdots I_{1,1}) \geqslant \bar{U} \tag{6-8b}$$

$$U(\alpha_i \mid t, I_{0*} \cdots\cdots I_{1,1}) \geqslant k(\alpha_{-i})[P'_{0*} u(I_{0*}) + P'_{1,0} u(I_{1,0}) + P'_{1,1} u(I_{1,1})] - d(\alpha_{-i})$$

$$\forall\, \alpha_{-i} \in A \text{ 且 } \alpha_{-i} \neq \alpha_i \tag{6-8c}$$

这里，$U(\alpha_i \mid t, I_{0*} \cdots\cdots I_{1,1})$ 设置为等式(6-6)的形式，并利用(6-7)简化计算，$\bar{U}$ 表示代理人保留效用，其值为现货市场价格。$P_{l,i}$ 为给定猪瘟疫苗防控行为 α_i 下猪瘟发生概率，而 $P'_{l,j}$ 则为异于行为 α_i 的 α_{-i} 下猪瘟发生概率。

根据委托代理理论，规划的模型(6-8)中，(6-8b)表示理性或参与约束(Rationality or Participation Constraint)，而(6-8c)表示激励相容约束(Incentive Compatibility Constraint)。所有约束条件都被设置为规定形式，便于规划方程的求解。

6.2.2 参数设置

第一，猪瘟疫苗防控成本。猪瘟疫苗防控成本来源于产业调研和对地方畜牧兽医部门相关政策收集和整理，当前猪瘟防控中通常使用两类疫苗，即细胞苗/组织苗和脾淋苗。细胞苗或组织苗一般由地方畜牧兽医部门统一采购并免费发放，而脾淋苗情况较复杂，部分地区由畜牧兽医部门免费提供，部分地区则由养殖户购买[1]，综合各地不同做法及养殖户疫病防控实践，以猪瘟细胞苗或组织苗为基准，

---

[1] 免费发放区域主要为四川、江西和江苏等省份，而浙江、广东等省份则需要养殖户自行购买。

$c_{a_1}=0$,结合兽医专家建议,设定 $c_{a_2}=0.15$。[①]

第二,不同疫苗防控下猪瘟发生概率。使用不同猪瘟疫苗进行接种,生猪体内产生猪瘟抗体强度也不同,而抗体强度决定猪瘟发病率。畜牧兽医专业的许多研究者对猪瘟组织苗或细胞苗和脾淋苗防疫效果进行研究。本研究引用毛文杰、陈宁和曲健等(2010)对以上三种疫苗实验研究的结果,并结合吕宗吉、李红卫和涂长春(2000)针对我国猪瘟流行病学的调查数据,得出不同疫苗防控下猪瘟发生概率,如表 6-6 所示。

表 6-6　不同猪瘟疫苗防控成本及猪瘟发生概率

代理人行为	行为成本	猪瘟发生概率	猪瘟未发生概率
细胞苗或组织苗(a_1)	0	0.1149	0.7389
脾淋苗(a_2)	0.15	0.0992	0.7746

第三,养殖户保留效用及风险规避系数。养殖户保留效用是指其与未建立追溯系统企业进行生猪交易所获取的市场价格。根据当前生猪市场状况,我国生猪出栏时平均重量为 110 千克/头[②],现货市场交易平均价格为 11.73 元/千克[③],在零风险时,养殖户每头出栏生猪可以获取 1290 元[④]。一般情况下,农户使用新技术或新方法时,表现为风险规避,经济学对于风险规避系数的研究非常复杂,农户在不同技术和市场环境下可表现为递减风险规避、固定风险规避和递增风险规避。为简化计算,本研究借鉴 Resende-filho 和 Buhr(2008)处理类似问题使用的固定风险规避系数,即 $h=0.75$。

第四,猪瘟给企业造成损失。根据《生猪屠宰条例》和《生猪屠宰过程规范》规定"猪肉加工企业对患猪瘟病猪必须进行无害化处理,地方财政给予一定补偿"。各地经济发展不一致,对于无害化处理的补偿标准也不同,本研究选取浙江省商务厅公布的补偿标准,即先按每头生猪 90 千克进行折算,然后按照每头 500 元进行补偿[⑤],据此,一头 110 千克生猪,无害化处理后企业获得补偿为 611 元/头,企业损失为 $c_1=1290-611=679$ 元/头。

第五,企业追溯成本。由于国内学者未对猪肉加工企业追溯系统成本进行量

---

① 根据兽医专家建议,脾淋苗较组织苗或细胞苗在获取、注射接种等方面需要付出更多成本,0.15 元/头是综合以上情况,由兽医专家评估出的一个平均数值。

② 根据农业部畜牧兽医局发布的统计数据。

③ 根据商务部公布的 2010 年各月生猪价格数据平均而得。

④ 11.73 元/千克×110 千克/头=1290 元/头。

⑤ 《转发财政部关于印发屠宰环节病害猪无害化处理财政补贴资金管理暂行办法的通知》(浙财企〔2007〕278 号)。

化研究，故本研究借鉴 Pape 等（2003）研究成果，即日加工 800 头生猪企业，追溯成功率在 38.9% 时，每头生猪分摊到的成本为 0.11 美元。另外，本研究还使用 Prendergast（1999）提出的成本函数，在成功率 t 和单位追溯成本之间建立联系，成本函数表示为：

$$g(t) = \frac{rt^2}{2} \tag{6-9}$$

式中，$r > 0$ 并为常数。

将以上 Pape 等（2003）的数据代入等式（6-9）中，得出 $g(t) = 0.727t^2$，其他成功率可代入上式求出各自追溯成本值。[①]

使用以上参数设置值，对规划（6-8）进行求解，规划（6-8）是非线性规划，为提高精度，求解过程借助 Matlab 7.0 软件，编程解决以上问题。

6.2.3 分析与结果

1. 猪肉加工企业质量安全追溯系统后向控制绩效

对猪肉加工企业质量安全追溯系统的后向控制绩效进行定量分析，首先需要求解不同条件下规划（6-8）最优解，然后据此计算后向控制绩效值。不同条件包括信息状况和追溯系统的存在情况，具体分析如下。

（1）信息不对称且追溯系统不存在时的最优解。该情况下，企业无法有效对养殖户质量安全行为进行后向控制，只能以现货市场价格支付给养殖户，即 1290 元/头，所有养殖户必然会采用细胞苗或组织苗进行猪瘟防控，因为行为成本为零，使用其他疫苗，成本得不到补偿，养殖户没有采取更有效行为的动机，此时，激励相容约束不起作用，参与约束取等号。将有关数据代入规划（6-8）中，企业期望成本是 1368.02 元/头。

（2）信息不对称且追溯系统存在时的最优解。该情况下，将通过规划（6-8）来求最优解。为方便计算，有必要再追加两个新约束条件，如式（6-10）所示。

$$I_{0*} \geqslant I_{1,1} ; I_{1,0} \geqslant I_{0*} \tag{6-10}$$

式（6-10）表明，企业追溯系统不起作用时对养殖户的条件支付大于追溯系统起作用且发现猪瘟时的条件支付；企业追溯系统起作用，但没有发现猪瘟时对养殖户的条件支付大于追溯系统不起作用时的条件支付。

加入约束（6-10）后，规划（6-8）求解分两步进行，首先对行为和追溯成功率的不同组合进行求解，然后找出最优解。结果如表 6-7、表 6-8 和表 6-9 所示。

[①]　此处数据也是通过前述德尔菲法一并取得，从专家反馈意见来看，国外这一数据可用于对我国的研究。同时这里还假定 1 美元和 1 元人民币购买力相同。

表6-7 委托代理博弈第一步结果

代理人行为	追溯系统成功率(%)	期望成本(E)(元/头)
组织苗或细胞苗	38.90	1368.13
脾淋苗	38.90	1359.26
组织苗或细胞苗	43.70	1368.16
脾淋苗	43.70	1359.29
组织苗或细胞苗	48.50	1368.19
脾淋苗	48.50	1359.66

表6-8 委托代理博弈第一步计算中的各条件支付值

代理者行为	追溯成功率(%)	条件支付(元/头)		
		I_{0*}	$I_{1,1}$	$I_{1,0}$
组织苗或细胞苗	38.90	1290.00	1290.00	1290.00
脾淋苗	38.90	1292.00	1286.20	1292.10
组织苗或细胞苗	43.70	1290.00	1290.00	1290.00
脾淋苗	43.70	1292.00	1286.30	1292.10
组织苗或细胞苗	48.50	1290.00	1290.00	1290.00
脾淋苗	48.50	1292.40	1286.90	1292.40

表6-9 委托代理博弈第一步计算中的各猪瘟发生概率值

代理者行为	追溯成功率(%)	概率(%)		
		P_{0*}	$P_{1,1}$	$P_{1,0}$
组织苗或细胞苗	38.90	61.10	4.47	34.43
脾淋苗	38.90	61.10	3.86	35.04
组织苗或细胞苗	43.70	56.30	5.02	38.68
脾淋苗	43.70	56.30	4.34	39.36
组织苗或细胞苗	48.50	51.50	5.57	42.93
脾淋苗	48.50	51.50	4.81	43.69

表6-7第三列显示了不同追溯成功率和行为组合下的最小期望成本,结果表明,最小期望成本中最低值为1359.26元/头,所对应的组合是养殖户选择脾淋苗进行猪瘟防控,且企业追溯系统成功率为39.80%。将这一组合对应表6-8的条件支付,当企业追溯系统不起作用时,无论猪瘟是否被发现,对养殖户的支付为1292.00元/头;如果企业追溯系统起作用且未发现猪瘟,对养殖户的支付为1292.10元/头;如果企业追溯系统起作用,且发现猪瘟,对养殖户的支付降为1286.20元/头。以上条件支付表明:当追溯系统起作用且发现猪瘟时,条件支付显示出对养殖户的惩罚,因为条件支付小于1290元/头;而当追溯系统不起作用,

或者追溯系统起作用且未发现猪瘟时，条件支付大于 1290 元/头，存在价格溢出。

根据表 6-8 所示，在最优情况下，$I_{0,*}$ 为 1292.00 元/头，概率为 61.1%，$I_{1,0}$ 为 1292.10 元/头，概率为 35.04%，期望值为 1292.036 元/头，这一期望值代表未发现猪瘟时，企业支付给养殖户的平均条件支付，相比较 1290 元/头的现货市场价格，存在 1292.036－1290＝2.036 元/头的价格溢出，价格溢出促使养殖户采取更有效的猪瘟防控行为，达到后向控制目的，保证食品安全。在价格溢出中，0.15 元/头补偿了养殖户使用脾淋苗进行猪瘟防控的成本，剩余 1.886 元/头，代表企业对养殖户更有效猪瘟防控行为的风险溢价。尽管各条件支付间的变化很小，但为使追溯系统能有效实现后向控制，企业必须向养殖户支付风险溢价，而这一溢价超出脾淋苗接种成本约 11.57 倍，占据了价格溢出的绝大多数。

（3）猪肉加工企业质量安全追溯系统后向控制绩效分析。前述分析表明，追溯系统存在与否，将导致企业最优期望效用发生变化，这一变化来源于追溯系统对养殖户质量安全行为的后向控制，体现了追溯系统后向控制绩效。用 E1 表示信息不对称且追溯系统不存在时的最小期望效用，E2 表示信息不对称且追溯系统存在时的最小期望效用，E2－E3 则为追溯系统的绩效值；最优解下，企业追溯系统后向控制绩效值为 1368.68－1359.26＝9.42 元/头，根据委托代理理论，绩效分为两部分，一为信息不对称减轻所带来收益，二为代理成本减少。以日加工量为 1000 头的中等规模企业来计，追溯系统后向控制给企业带来日收益为 9.42×1000＝9420 元，年收益可达近 20 亿元；扩展到猪肉产业中生猪屠宰环节，2010 年我国规模以上屠宰企业全年屠宰量 22752 万头[①]，追溯系统给整个猪肉产业带来绩效收益可达到 20 亿元。

根据以上不同情况下最优解和绩效分析，可以看到：

第一，企业追溯系统后向控制养殖户质量安全行为，必须结合合理的条件支付计划才能实现。

第二，信息不对称且追溯系统存在时，最优解下条件支付表现为：未发现猪瘟时支付远高于现货市场价格，而发现猪瘟时则支付略低于现货市场价格。未发现猪瘟时平均支付中包含了价格溢出，用以补偿养殖户猪瘟防控成本，同时也提供给养殖户实施更有效质量安全行为的风险溢价，风险溢价占据了价格溢出的绝大多数，是企业追溯系统取得后向控制绩效的关键。

第三，不对称条件下，企业在取得最优期望成本时，并非选择投资成功率最高的追溯系统，而是平衡各类成本后，选择一个合理水平。

第四，追溯系统后向控制绩效表现为信息不对称条件下，追溯系统存在与不存在时，企业最优期望成本的差值。绩效来源于两方面，即信息不对称程度减弱和代

[①]　根据商务部网站发布的 2010 年每月规模以上生猪定点屠宰企业屠宰量加总而得。

理成本减少。

第五，最优情况下，企业追溯系统后向控制绩效无论对单个企业，还是对整个产业都相当可观，可有效节约由于产品质量安全所付出的成本。

2. 猪肉加工企业质量安全追溯系统后向控制绩效的影响因素分析

委托代理模型分析和求解过程表明，影响企业追溯系统后向控制绩效的因素主要有：养殖户风险规避系数、养殖户质量安全行为给企业带来损失、企业追溯系统成本和养殖户质量安全行为成本。利用灵敏度分析探究这些因素对追溯系统后向控制绩效的影响。根据灵敏度分析原则[①]，选择 8 个风险规避系数 $h \in (0.1,$ $0.125, 0.25, 0.375, 0.5, 0.625, 0.75, 0.875)$；选择 10 个养殖环节带来损失百分比 PLOF[②] $\in (0.33, 0.4, 0.43, 0.5, 0.6, 0.7, 0.8, 0.9, 0.95, 1)$；选择 9 个成本倍数；最后选择 9 个养殖户质量安全行为成本倍数 $y \in (0.5, 0.6, 0.7, 0.8, 0.9, 1, 1.1,$ $1.2, 1.3)$ 进行模型运算。为简化计算，在某一参数随取值变化时，其他参数全部取基准值，不同参数取值形成 33 个组合，对于每一个组合，利用 E2－E3 计算后向控制绩效。以后向控制绩效为因变量，以 h、PLOF、x 和 y 为自变量[③]，利用 SPSS 13.0 软件，进行普通最小二乘(OLS)回归分析，结果如表 6-10 所示。

表 6-10 普通最小二乘(OLS)回归分析结果

	系数(B)	标准差(S.E.)
常数项	4.2140***	1.1030
ln$h$	－1.3180**	0.2710
PLOF	9.8650***	0.6800
x	－0.7300***	0.1220
y	－5.3850**	0.9130
R^2	0.9280	—

注：*** 表示在 0.01 水平上显著，** 表示在 0.05 水平上显著

结果表明：

第一，随着养殖户绝对风险规避系数的增加，企业追溯系统绩效将下降，绝对风险规避系数的常用对数值每增加一个单位，追溯系统绩效下降 1.318。值增加

① 灵敏度分析是研究系统(模型)状态或输入变化对系统参数或周围条件变化敏感程度的方法。在最优化方法中经常利用灵敏度分析来研究原始数据不准确或发生变化时最优解的稳定性。通过灵敏度分析还可以决定哪些参数对系统或模型有较大的影响。输入变化通常根据模型随机确定，常规研究中输入变化设置为等距离，具体可参见 Resende-Filho 和 Buhr(2008)的研究。

② 为 Percentage of Lesions that Originate in Feedlot 的缩写。

③ 为便于计量，模型中使用 ln$h$ 代替 h 进入模型。

表明养殖户风险厌恶程度增强，企业必须向养殖户支付更高水平的风险溢价才能促使其采用更有效的质量安全行为，而风险溢价增加则会挤占追溯系统绩效。

第二，养殖户不当行为引起企业损失的增加，追溯系统绩效随之增大，10%的增长会导致绩效增加 0.9865 元/头，表明养殖户质量安全行为引起企业损失越大，企业追溯系统所挽回的损失就越大，因而其绩效也越大。

第三，企业追溯系统成本增加，绩效会相应减少，追溯成本增加 10%，绩效将减小 0.073 元/头；其他因素不变时，如果追溯成本非常高，有可能导致追溯系统绩效变为 0，追溯系统对于企业变得无意义。追溯成本增加会挤占绩效。

第四，养殖户质量安全控制成本增加也会导致企业追溯系统绩效减少，行为成本每增加 10%，绩效值将减少 0.5385 元/头，这表明企业必须提高给养殖户的条件支付，用以补偿其行为成本，否则将会无法实现后向控制，而提高对养殖户行为补偿将会挤占追溯系统的绩效。

3. 结论与政策建议

(1) 结论

第一，猪肉加工企业可利用质量安全追溯系统后向控制生猪养殖户质量安全行为，以此保障投入品质量，保证自身产品安全。在实践中，企业应结合合理的条件支付计划，对由追溯系统发现的具有不同质量安全特征的投入品进行价格奖惩，促进追溯系统实现后向控制。

第二，利用技术数据的实证表明，信息不对称条件下，企业追溯系统后向控制绩效表现为，追溯系统存在与否时企业成本变化。企业追溯系统后向控制绩效取得，一方面来源于信息不对称程度减少，另一方面来源于食品安全代理成本减轻，印证了前人研究结论。

第三，企业追溯系统后向控制绩效受养殖户风险规避系数、养殖户质量安全行为对企业造成损失、追溯系统成本、养殖户质量安全行为成本的影响，除养殖户质量安全行为造成企业损失对追溯系统绩效的影响是正向外，其余均为负向；从强度上看，养殖户质量安全行为对企业造成损失最大，追溯系统成本则最弱。

第四，企业获取最优追溯系统后向控制绩效时，会选择一个合理追溯系统投资水平。由于追溯系统成本会对绩效有直接影响，故企业追溯系统最终投资水平是绩效与成本此消彼长的结果。因此，对企业来说，太高或太低水平追溯系统会影响其后向控制绩效，合理追溯水平导致最优追溯系统后向控制绩效。

(2) 政策建议

第一，政府在提高我国猪肉产业质量安全水平过程中，通过政府补贴和技术指导等手段，带动和强化企业追溯系统建设，提高其后向控制绩效，有效杜绝"瘦肉精"等食品安全事件发生。

第二,一方面,政府应大力开展对养殖环节质量安全控制技术的研发,加强对源头生产者质量安全教育与技术培训,提高养殖户食品安全意识并降低技术使用门槛,减少养殖户风险规避和质量安全行为成本,促进源头上更有效质量安全手段应用;另一方面,加强对企业产品监管,提高对问题产品处罚力度,提升养殖户给企业带来损失的期望值,促使企业建设追溯系统实施后向控制,传导监管压力,取得后向控制绩效,从整体上带动猪肉供应链质量安全管理水平提高。同时,政府还应从研发、财政补贴和技术咨询等角度降低企业追溯系统建设成本。

第三,政府和企业应加快推进养殖环节规模化、一体化经营,减少猪肉供应链的信息成本和代理成本,提高追溯系统后向控制绩效。政府应通过合理的产业政策,以合作社和养殖共同体等形式将众多小而分散的养殖户整合起来,同时也可鼓励规模较大的养殖户利用合并、收购、兼并等方法进行横向整合,降低追溯系统获取养殖环节质量安全信息的难度,有效实现对养殖户监管;企业可通过后向一体化,建立养殖基地,降低养殖户的风险规避程度,提高追溯系统后向控制绩效,强化和完善追溯系统质量安全控制功能,提升企业形象,赢得消费者信任,获取长久利润。

6.3 生猪养殖户生产记录行为及其影响因素分析

鼓励养殖户参与源头追溯,做好养殖过程中关键信息的记录工作,是该追溯系统得以向生产环节延伸,并实现高效运行的基础保障。提高养殖户参与生产记录行为的积极性,要从调查养猪户入手,了解他们对生产记录制度的认知,寻求影响养殖户实行生产记录行为的主要因素。

6.3.1 调研地选择与数据来源

1. 调研地选择

本研究之所以选择杭州市的生猪养殖户作为研究样本,除了受时间、精力、资源等因素的限制外,主要考虑到了以下两方面因素:第一,杭州市政府于2008年下发了《关于开展农产品质量安全追溯管理的实施意见》,并确定蔬菜和猪肉为首批追溯管理的鲜活农产品。2010年,商务部、财政部下发《关于肉类蔬菜流通追溯体系建设试点指导意见的通知》,将杭州确定为10个开展肉菜流通追溯体系建设的示范城市之一。为建立从田头到餐桌的全程信息管理系统,杭州市要求农产品生产企业、农民专业合作社、认证产品生产基地建立农产品生产档案。而针对畜禽养殖户,浙江省于2010年专门制定了《浙江省畜禽养殖场养殖小区备案与养殖档案管理办法》,要求符合规模标准的畜禽养殖场(生猪存栏 100 头以上)、养殖小区(生猪存栏 500 头以上)做好备案和养殖档案建设,并由各级农业行政主管部门实行动态管理,进行不定期抽查。第二,杭州市生猪养殖的规模化、规范化趋势日渐显著,为全市建设生猪追溯体系提供了便利条件。首先,杭州市向年出栏 1000 头以上的大中规模养殖场免费提供信息追溯的基本设备,要求其自行开展追溯工作。其次,杭州市建立政府购买服务机制,承担了乡村动物防疫员为散养户做好追溯工作的劳务报酬。

因此,杭州市在规模化养殖背景下的生猪可追溯体系建设,既顺应了我国生猪行业发展的趋势,又对全国范围的该项工程建设起到了较好的示范效应。当前,杭州市针对养殖户的可追溯体系建设主要围绕生猪的疫病内容展开,即 2008 年始实施的生猪标识及疫病可追溯体系。至于养殖生产过程中的饲料、饲料添加剂、兽药的使用以及日常消毒、死亡动物无害化处理等情况,则主要通过检查养殖户的生产档案以及做相应的抽验检测来实现。

近年来,杭州市生猪存、出栏量持续增长,而养猪户数则不断减少。据杭州市农业局的统计数据显示,2011 年第二季度末,生猪存栏共约 188.55 万头,其中能繁母猪 17.33 万头,仔猪 32.94 万头,育肥猪 137.95 万头,同比分别增加 5.69％、5.22％、5.24％和 5.86％,上半年累计出栏肉猪 177.85 万头,同比增加 5.96％。

此外,杭州市生猪养殖的规模化发展趋势逐渐显著。2010 年出栏肉猪 50 头以上的大户(场)达 5037 户,出栏肉猪占总出栏肉猪数的 83.53％;其中年出栏 1000 头以上的大户(场)达 249 户,出栏肉猪占总出栏数的 51.64％;而年出栏万头以上的养猪场已达 37 个,出栏肉猪占总出栏数的 34.64％,比 2008 年分别提高了 4.27、5.28 和 2.68 个百分点。

为了说明生猪养殖规模化、集约化的发展态势,本研究再以杭州市萧山区 2007—2011 年的数据作进一步说明。由萧山区畜牧兽医局提供的统计资料显示,其辖区范围内的养猪户数从 2007 年的 4352 户一路缩减至 2011 年的 2677 户,而存栏量(在统计意义上,出栏量约为存栏量的 6 倍)却由 2007 年的 19.06 万头增加到 2011 年的 28.04 万头。其中,存栏 100～500 头的养猪户数据较为稳定,2007 年为 314 户,此后上下波动幅度不大,2011 年略显上升,达 394 户。更为显著的是,存栏量 500 头以上的养猪户数由 2006 年的 68 户发展至 2011 年的 105 户,并以每年 7％左右的速度保持增长。相反,存栏 10～99 头的养猪户数则从 2007 年的 629 户,迅速削减到 2011 年的 412 户,下降了近 35 个百分点。

综上所述,杭州市生猪养殖的总体规模有较显著的上升趋势。其中,规模养殖户的贡献率不断上升,尤以中等规模(年出栏约 1000 头)养殖户最为明显。而年出栏 50 头以下的散户对市场的贡献率已十分低下。

2.数据来源

本研究所有数据均通过笔者的实地调研获得,调研时间集中在 2012 年 3 月中旬至 4 月中旬,涉及对象是杭州市内的生猪养殖户,调研形式以问卷为主、访谈为辅。为了确保调查对象对生产记录有基本的认知,笔者在调研时尽可能地选取有一定养殖规模,且养殖场内有地方畜牧兽医局监制的生产管理档案的养殖农户。

为了保证调查数据的代表性和科学性,本次调研分别在杭州市萧山区、余杭区、临安市的不同乡镇的多个行政村内展开,具体包括了萧山区的城厢镇、蜀山街道、临浦镇、浦阳镇、宁围镇、坎山镇、钱江农场,余杭区的瓶窑镇、锦城街道。

调研共发放问卷 84 份,回收问卷 84 份,其中有效问卷 82 份,有效率高达97.62%。由于问卷是笔者以一问一答的方式展开的,因而能较好地确保样本数据的有效性,避免了受访者在答题时存在着的理解偏误。

6.3.2 农户生产记录行为影响因素的描述性分析

1.农户生产特征因素描述

(1)养殖年限

生猪养殖是农村传统的农业生产项目,尽管当前挨家挨户的散养情况已不常见,但现有的中小规模农户多是在原有猪场基础上发展起来的。表 6-11 的统计数据可以发现,农户的养殖年限普遍较高,基本上集中在 10 年以上。调研中,有 3 户养殖年限已达到 30 年。

表 6-11　被调查者养殖年限分布　　　　　　　(单位:人,%)

生猪养殖	被调查人数	所占百分比
5 年以下	8	9.7
5～10 年	26	31.7
11～15 年	24	29.3
15 年以上	24	29.3
合　计	82	100

(2)养殖规模

由于笔者在调研之前先对养殖规模作了存栏高于 50 头的限定,因而样本数据的养殖规模主要集中在 100～2000 头的存栏数量上,属于中小规模养猪场。表 6-12 是笔者对养殖规模作了四阶段区分后,输出的统计结果。笔者只对调查对象的规模底线作了限定,除此以外,调查样本都是随机抽取的。样本统计结果可在一定程度上说明,100～500 头规模的养猪场在农村最具代表性。

表 6-12　被调查者养殖规模分布　　　　　　（单位：人，%）

生猪规模	被调查人数	所占百分比
100 头以下	5	6.1
100～500 头	50	61.0
501～1000 头	19	19.5
1000 头以上	11	18.4
合　计	85	100

（3）员工规模

从样本的统计结果中可以看出，当前养猪场聘请员工的现象并不普遍，仅有40.2%的中小规模养猪场聘有少量员工，而且员工的规模也多仅限于5人以下。可见，在农村养猪规模扩大的同时，自我雇佣依旧是生猪养殖的主流模式。这一方面与高昂的员工成本有关，另一方面也得益于大量农户丰富的养殖经验。

（4）有无母猪

当前，国家对能繁母猪给予每头100元的常规补贴，并不断优化能繁母猪的保险政策，为养殖户饲养母猪带来了诸多福音。此外，自繁自育仔猪相比外购仔猪更优的健康状况也推动了农户的养殖行为。但母猪的养殖会增添猪场的日常工作量，特别是母猪产仔环节更为烦琐。就调查样本来看，农户还是更倾向于饲养母猪，有母猪的养猪场占到了样本总数的67.1%，可见相比于日常工作的简易，农户更愿意获得较高的经济收益和质量保障。

2.农户成本收益感知描述

（1）时间成本

农户进行生产记录尽管花费的时间不多，但对农户来说还是一道特定的工序，因此该项工作的便利程度会影响农户的记录意愿，并最终左右其行为决策。从样本统计数据来看，仅有19.5%的农户认为记录档案是很便捷的，而62.2%的农户认为这项工作还是比较费时的，剩下约18.3%的农户认为十分烦琐。可见，无论农户有否做过生产记录，总体上对时间成本的认知还是不利于农户参与该行为的。

（2）风险预期

真实有效的生产记录包含了养殖过程中免疫、消毒等工作程序，饲料、添加剂、农药等投入品的使用，以及生猪诊疗与死亡的处理情况。由于中小规模农户的安全操作意识不强，在日常饲养过程中也不可避免地存在着不规范生产行为，一旦将这些行为如实地登记下来，势必会给养猪场的生产经营带来不利后果。因此，农户基于自身的生产状况，会对生产记录的风险产生不同的感知。从结果来看，农户对生产记录的风险感知并不高。从不好的方面来看，可能是农户不了解国家对生产记录提出要求的用意,也没有过质量追溯的经历。很多农户都知道,耳标是用于生猪质量追溯的,但基本上没人对生产档案有同样的认识。另一方面,农户也直白地告诉笔者,在现实中不会有人把自己的违规操作记录下来,也就不存在风险的概念。

(3)价格收益预期

当前,生产记录并没有在市场流通中为农户带来实在的收益,就价格方面而言,农户对其能提高生猪销售价格的预期较小。数据统计发现,样本农户对生产记录发挥提价作用的预期十分低下。笔者认为,农户有这样的认知离不开其对现实情况的把握。农户告诉笔者,生猪基本上是看猪议价的,生产记录有弄虚作假的可能,收购者根本不会去参考上面记录的内容,特别是有利于农户方面的记录,可见养殖者在市场上较收购方处于明显的劣势地位。

3. 外部环境因素描述

(1)政府检查

生猪的养殖档案记录是在政府的主导下推进实施的,这其中,基层畜牧养殖的监管单位更是发挥着积极作用。从样本统计数据来看,有48.8%的农户能明显感受到政府相关部门会对生产档案记录做检查,而41.2%的农户从未受到过有关部门对档案的检查。事实上,现场检查台账是监管生产记录实施的最主要手段,然而在实际操作中,基层监管队伍人力资源有限,较难实现日常检查的全覆盖。笔者在调研中也了解到,尽管乡镇畜牧监管、服务机构很重视农户的档案记录工作,但就检查而言,一般只针对农户的免疫记录情况,其他部分只会在顺带检查,督促农户填写完整,也不设置任何的惩罚措施。当然,杭州市也会不时地开展畜产品安全专项督查,但其抽查范围较小,且多局限在大规模农场。

(2)政府培训

样本数据显示,仅有17位农户接受过政府对生产记录的培训,而其他农户只在领取档案台账时,被告知要做好记录,至于如何登记才是合理规范的也未深究。据接受过政府培训的农户反映,组织方主要讲解了如何通过二维码耳标上传生猪免疫信息,并敦促养殖场做好日常的养殖档案建设。

(3)同行影响

大量学者在研究农户的生产行为时发现,同一地区的农户行为存在着较大的共性,因为农户间会相互模仿,分散小户也可能模仿和学习行业精英。因此,笔者从农户自我感知角度,考察了同行对自己进行生产记录带来的影响。样本数据的统计情况来看,58.5%的农户认为同行行为对自己产生的影响一般,但也不是完全没影响。11%的农户对同行行为较为关注,并认为其可能影响到自身的生产记录行为。不同农户的同行范围存在着差异,因此对于不同的调查对象来说,其同行的总体行为也可能大不相同，因而同样是受同行影响大的农户也可能作出相反的选择。

6.3.3　养殖户实行生产记录情况的描述性统计

本研究的调查对象是生猪养殖户的生产记录行为，但在现实中，鉴定养殖户有否实行生产记录却并非易事。若从政策规范的角度来看，《浙江省畜禽养殖场养殖小区备案与养殖档案管理办法》要求生猪存栏 100 头以上的养殖场或存栏 500 头以上的养殖小区建立养殖档案，并需载明以下内容：第一，畜禽的品种、数量、繁殖记录、标识情况、来源和进出场日期；第二，饲料、饲料添加剂和兽药等投入品的来源、名称、使用对象、使用方法与停药期等情况；第三，检疫、免疫、监测、消毒情况；第四，畜禽发病、诊疗、死亡和无害化处理情况；第五，畜禽养殖代码；第六，动物防疫合格证；第七，法律、法规、规章规定的其他内容。而笔者在实地调研中发现，只有极少数养殖户对上述内容做了完整性记录。这一方面受样本选择的限制，另一方面也与养殖户的个人行为决策有关，即其在政策规范的影响下，综合考虑生产记录的意义后作出的取舍。

遗憾的是，尽管笔者每到一个调研地点都先向当地负责人咨询如何鉴定记录情况好坏的问题，但始终没得到肯定的答复，只能确定免疫情况是一定要求记录的。基于复杂的现实情况，笔者将养殖户实行生产记录的情况定义为：除免疫记录外，养殖户还做了仔猪/种猪来源、投入品、消毒、诊疗及无害化处理中的任何一项记录，且更新程度较符合生产实际。不满足上述定义的养殖户则被定义为没有记录。这样的处理缺乏学术的严谨性，但在实际情况记录普遍不达标、优劣程度又难以区分的情况下，做简单的人为处理反而能更好地反映现实。之所以选择以上指标作为衡量标准，是因为其提供了生猪质量出现问题时，进行质量追溯的信息依据。

基于上述论断，笔者简单地将农户的记录情况区分为记录和不记录两种情况。82 个样本农户中，仅有 37.8％的农户自行建立了生猪养殖档案，不到样本总数的一半，可见农户生产记录的执行状况较差。

再对农户更新生产记录的频率作进一步分析，借此来考察农户记录的真实性。因为现实中，农户可能为了应付检查而临时弄虚作假，但更新及时的农户至少能确保所登记情况的可信度。在实际情况中，存在着农户每周更新数据的现象，因为农户的养殖规模较大，可能要连续几天才能完成对所有生猪的某一操作，如生猪免疫，为方便起见，农户会等一项工作完工后作统一登记。因此，笔者将更新频率分为及时和不及时两种情况，及时代表当天或当周，不及时表示一周以上更新一次。从表 6-13 的统计结果来看，约 90％的样本农户能做到数据及时更新，可见记录者行为的可信度较高。当然，由于笔者对记录的评判要求很低，更新频率只能在一定程度上说明记录的质量。

表 6-13　被调查者更新频率分布　　　　　　（单位:人,%）

更新及时	被调查人数	所占百分比
是	28	90.3
否	3	9.7
合　计	31	100

除了生猪养殖档案外,养殖户还被要求做好"动物防疫手册"记录,也有地方将两者结合起来,因为养殖档案中也包含了疫苗的购买和使用情况。

从样本统计结果来看,64.6%的农户自行建立了"动物免疫手册",执行比率远高于农户对养殖档案的记录。笔者基于对现实情况的了解,对此作出以下解释:首先,疫病是引发生猪死亡的关键要素,为减少生猪的致病率,农户也倾向于做好提前的预防工作,这给农户提供了可记录的信息。其次,国家对疫病控制也高度重视,现已在全国范围内向养殖户免费发放强制免疫的疫苗,并要求农户做好疫苗的接种记录。余杭区瓶窑镇动物防疫站的工作人员告诉笔者,农户在疫苗接种后若不做好免疫的记录工作,将被罚款 2000 元(余杭区为杭州追溯体系试点区),这给农户很大的行为压力。因此,在调查中笔者发现,余杭区的养殖户都做了完整的免疫记录。此外,经强制免疫后的猪必须佩戴免疫耳标,并将每一头猪的免疫信息通过耳标,利用识读器,上传到农业部的信息库。农户受文化程度的限制,其对免疫信息的上传往往需借助外力,基层防疫员就是这项工作的主要实施者,而农户需向其提供纸质版本的免疫记录,否则就难以对接。

除免疫手册以外,饲养母猪的养殖户还会做好母猪的配种记录,执行严格的农户还会给每一头母猪佩戴母猪卡,主要是为母猪的产仔做好提前准备。样本中饲养母猪的农户有 54 户,其中 48 户都会有意识地记录母猪的配种情况,以防母猪突然产仔而压死仔猪。可见,农户并不排斥简单且能对自身生产起辅助作用的记录。

6.3.4　养殖户对生产记录作用认知的情况描述

内在激励是推动个人行为实施最有效的动力之一,因此,分析养殖户对生产记录作用的认知,可以更好地理解其行为决策。

本课题让养殖户笼统地对生产记录的作用作出评价,从结果来看,尽管没有农户选择好处很大,但仍有 36.6%的农户给予了积极的评价。遗憾的是,大部分农户没能体会到生产记录的正面作用,这与其是否做记录存在着相互的影响。一方面,认为记录没作用,农户就不倾向于记录;而不做记录也使得农户无从挖掘其存在的意义。笔者将做记录的人和不做记录的人分成对比组,分别考虑其对行为作用的感知。如表 6-14 所示,记录组中,认为生产记录作用比较大的占 74.2％,而非记录组只有 13.7％认为其作用比较大,两者差距十分显著。此外, 记录组中无人认为记录的作用很小。尽管这是农户的主观评价,但也可以从侧面反映出,生产记录有其现实意义,其执行力不足的一大原因是农户没能正确认识到其存在的价值。

表 6-14　被调查者对生产记录的作用评价分布　　　　　　（单位:人,％）

生产记录的作用评价	记录者人数(百分比)	不记录者人数(百分比)
很小	0(0.0)	8(15.7)
比较小	4(12.9)	21(41.2)
一般	4(12.9)	15(29.4)
比较大	23(74.2)	7(13.7)
很大	0(0.0)	0(0.0)
合　计	31(100)	51(100)

6.3.5　养殖户对政府行为认知的情况描述

1. 养殖户对政府行为影响程度的感知

政府对农户行为的规制或鼓励将在一定程度上影响农户的行为决策。因此,了解政府不同行为对农户影响程度的大小,有助于改善政府对农户行为的引导方式。

从样本统计情况来看,政府的扶持政策对农户的影响程度最为明显,认为扶持政策对自己比较有影响的农户占样本总数的 41.5％,认为影响很大的占到了 53.7％,可见扶持政策是农户最渴望获得的。此外,政府的检查与惩罚、政策引导对农户行为也较有影响,但不是非常显著。

2. 养殖户对政府服务水平的评价

总体上看,样本农户对政府服务水平的评价较高,认为政府服务水平比较好的农户占到总数的 56.1％,可见政府为养殖户实行生产记录提供了较好的服务。就养殖户反映的情况而言,其对政府在以下方面的服务甚为满意:提供生产记录的台账、指导农户如何进行登记、帮助农户做免疫情况的登记等。

3. 养殖户期望政府给予的政策支持

为进一步了解养殖户在生产记录行为上对政府给予的期望,笔者列举了一些比较有影响力的政策因素。从农户的选择结果来看,资金支持无疑是农户最希望得到的,97.6％的农户对此作出选择,剩下的 2 位农户觉得政府不可能为此支付费用。此外,50％的农户认为,提供生产记录的台账也是很有必要的,这样有助于农户记录的规范性。28%的希望获得政府的监督指正,24%的农户希望政府提供辅导培训,可见外在的约束对农户行为的规范有着积极的作用。

6.3.6 生猪养殖户实行生产记录行为的计量经济分析

1.实证分析框架的构建

通过对已有文献的总结概述,我们不难发现,农户的行为决策会受到多层因素的共同影响。在研究生猪养殖户的生产记录行为时,本研究合理借鉴了前人的研究成果,并根据研究主体、行为等方面的特殊性,结合调研的实际情况,构建了影响养殖户实行生产记录行为的分析框架。在该假设框架下,影响因素主要包括以下四个方面:农户特征因素、农户生产特征因素、成本收益感知、外部环境因素。

农户特征因素包括农户年龄、性别、户籍(是否为本地人)、文化程度、生猪养殖占家庭收入的比重。农户生产特征因素包括养殖年限、养殖规模、员工规模、组织参与状况、产品认证情况、有无母猪。成本收益感知包括时间成本、市场预期收益、风险认知。外部环境因素包括法律规范,市场环节及政府的检查、培训等扶持政策,政府服务水平及同行的影响。

需要说明的是,笔者在实地调研中发现,极少有被调查者参加了产业化组织(笔者选择杭州市作为研究地区),且仅有的4户养猪场也均表示合作社从未对生猪养殖档案作过任何说明。与此相反,得益于杭州市政府对认证产品生产基地建立生产档案的强制性规定,调查样本中仅有5家养猪场有强烈的生产记录意识。有鉴于此,本研究未将组织参与状况、产品认证情况纳入模型。

法律法规作为正式的制度安排,会对人类经济活动产生强制性的规制作用(赵建欣,2008)。但样本农户对生产记录规范的认识大多来自记录台账的发放单位(基层兽医站、防疫站),因而个人对法律认知的差异性不明显,本研究就不把其作为考虑的因素。

此外,生产记录是政府为保障农产品质量安全而采取的可追溯手段,当前尚未形成相应的市场价格机制及相关的市场准入制度。问卷中,笔者设置了"下游采购商是否会检查您的生猪养殖档案"的问题,所有的样本数据均显示"不会";同时,笔者还对养殖户基于养殖档案的市场预期作了提问,包括销售价格、销售费用及销售渠道,但养殖户的市场预期值都十分低。可见在现实中,生猪养殖档案并未在市场流通中发挥应有的作用,本研究仅将农户感知中相对最具差异性的价格收益预期纳入模型。在以上分析的基础上,本研究构建了如下图 6-3 所示的实证分析框架。

生猪养殖户实行生产记录行为的影响因素

农户特征因素	生产特征因素	成本收益感知	外部环境因素
性别	养殖年限	时间成本	政府检查
年龄	养殖规模	风险认知	政府培训
户籍	员工规模	价格收益预期	同行影响
文化程度	有无母猪		
收入比重			

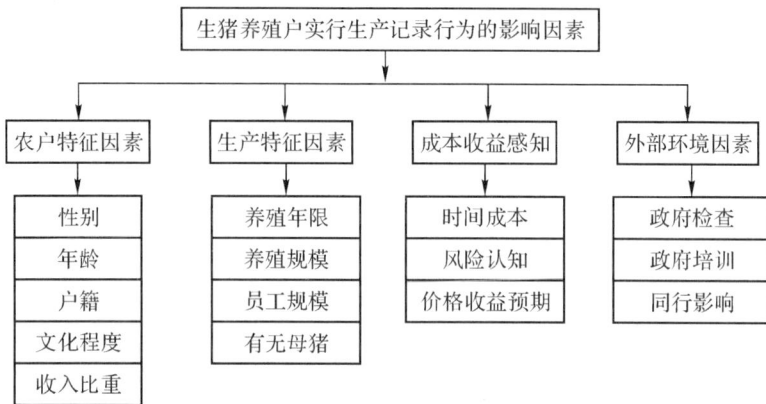

图 6-3　生猪养殖户实行生产记录行为影响因素的实证分析框架

2.实证模型的构建

本研究的调查对象是生猪养殖户的生产记录行为，基于之前的论断，其结果被简化为只有记录和不记录两种情况。而研究假设中，笔者将影响农户记录行为的因素归纳为农户特征因素、生产特征因素、成本收益感知、外部环境因素四个方面，其作用关系可简单地由下式表述：

养殖户生产记录行为＝F(农户特征因素，生产特征因素，成本收益感知，外部环境因素)＋随机扰动项

当被解释变量只有发生（是）或者不发生（否）两种状况时，要求建立的模型必须保证因变量的取值是 0 或 1。有鉴于此，本研究采用二元 Logistic 回归分析模型，将因变量的取值限制在 0－1 范围内。Logistic 回归模型的基本形式如下：

$$P_i = F\left(\alpha + \sum_{j=1}^{n} \beta_j X_{ij} + u\right) = 1 \Big/ \left\{ 1 + \exp\left[-\left(\alpha + \sum_{j=1}^{n} \beta_j X_{ij} + u\right) \right] \right\}$$

其中，P_i 是养殖户实行生产记录的概率，i 为被调查农户的编号；β_j 表示影响因素的回归系数，j 为影响因素编号；n 表示影响因素的个数；X_{ij} 是自变量，代表第 i 个农户样本的第 j 个影响因素；α 为截距；u 为误差项。

3.模型变量的设定

本研究将养殖户实行生产记录行为的影响因素分为四个方面：农户特征因素、生产特征因素、成本收益感知、外部环境因素。其中，农户特征因素包括年龄、性别、文化程度、户籍、生猪收入占家庭总收入比重；生产特征因素包括养殖年限、养殖规模、员工规模；成本收益感知包括时间成本、风险感知、价格预期；外部环境因素包括政策检查、政府培训、同行影响。表 6-15 对模型中各影响因素所选用变量的定义及统计数据作简要说明。

表 6-15 模型变量及统计数据说明

变量名称	变量定义	均值
解释变量		
1.农户特征变量		
年龄	年龄	51.32
性别	女=0,男=1	0.87
户籍	外地人=0,本地人=1	0.87
文化程度	小学及以下=1,初中=2,高中/中专/职高=3,大专/大学及以上=4	1.91
生猪养殖占家庭收入比重	20%以下=1,20%～50%=2,50%～80%=3,80%以上=4	3.60
2.生产特征变量		
养殖年限	养殖年限	12.80
养殖规模	生猪存量规模	793.65
员工规模	员工规模	2.68
有无母猪	无母猪=0,有母猪=1	0.67
3.成本收益感知		
时间成本	认为很便捷=1,比较费时=2,影响工作安排=3	1.99
风险预期	没任何风险=1,有风险但不大=2,有较大风险=3	1.32
价格收益预期	没有好处=1,好处很小=2,好处一般=3,好处较大=4,好处很大=5	1.51
4.外部环境因素		
政府检查	不会=0,会的=1	0.49
政府培训	没参加=0,参加=1	0.21
同行影响	完全没影响=1,基本没影响=2,一般=3,有影响=4,很大影响=5	2.80
被解释变量		
生产记录	不记录=0,记录=1	0.38

4.模型运行结果

本研究在分析养殖户的生产记录行为时,因为综合考虑了农户经济学理论、已有文献对农户追溯行为的研究、生产记录的现实情况,所以假设的解释变量达到了15个。过多变量间的相关性问题会给回归方程的参数估计带来许多麻烦,笔者本想通过因子分析解决变量间的共线性,但对15个变量做巴特利特球状检验及KMO检验时发现,KMO值仅为0.632。而根据Kaiser给出的KMO度量标准,若该值达0.6(0.6～0.7)则不太适合做因子分析,且通过主成分分析法提取的6个公因子只解释了原变量总方差的67.121%,丢失原变量较多的信息量。

综上所述,本研究不可进行因子分析,只能在检验变量共线性的基础上削减变量个数。笔者运用 Stata 11.0 软件分析变量间的相关性,结果发现,15 个变量中仅有养殖规模和员工规模存在显著的线性相关。不难理解,养殖规模大的农户很可能因工作的忙碌而对外聘请员工,因此员工数目在一定程度上能反映养殖规模的大小。所以,在具体模型的运行中,本研究保留了员工规模变量,舍弃养殖规模变量。

在此基础上,本研究运用 Stata 11.0 统计软件对杭州市 82 个农户的样本数据进行了二元 Logistic 回归处理。为了消除模型的异方差问题,笔者在回归分析时输入了"robust"命令,以下是该模型运行结果(见表 6-16)。

表 6-16　影响养殖户实行生产记录行为的 Logistic 模型回归结果

解释变量	模型系数	系数检验	
	Coef.	Z	$P > \mid Z \mid$
常数项	−24.39918	−1.08	0.279
1. 农户特征变量			
性别	8.39103	2.24	0.025
年龄	−0.2083662	−2.71	0.007
文化程度	4.915857	1.53	0.126
户籍	22.37837	2.57	0.010
生猪养殖收入比	1.8763	1.12	0.264
2. 生产特征变量			
养殖年限	−0.4746358	−2.60	0.009
员工规模	2.77081	2.32	0.020
有无母猪	−4.50444	−1.68	0.092
3. 成本收益感知			
时间成本	−2.558851	−2.12	0.034
风险预期	−5.95527	−2.43	0.015
收益预期	3.442623	1.68	0.092
4. 外部环境因素			
政府检查	3.711081	1.87	0.062
政府培训	14.44619	1.93	0.053
同行影响	−1.066199	−0.96	0.336
Wald	27.80		
对数似然值	−9.5542753		
Pseudo R^2	0.8243		

5. 计量结果讨论

从上述回归结果可以看出,很多因素都对农户的生产记录行为有着显著性影响。这里需说明的是,尽管法律法规及地方文件都对符合标准的生猪养殖户提出了生产记录要求,但就实地调研结果来看,即便监管方发现农户未按要求做好记录,也不会有实际性的惩罚措施,多以口头劝告为主。

(1)农户特征对生产记录行为的影响

从统计结果来看,农户特征中的性别、年龄、户籍均对行为有显著影响,且分别在5％、1％、1％的显著水平上通过检验。而文化程度、生猪收入比重未通过显著性检验。

在之前的研究假设中,笔者认为女性相比于男性更加倾向于做生产记录,因为女性对规章制度的顺应度会更高,显然这样的分析是比较片面的。男性对新事物、新技术的学习应用能力相对更高,在当前高龄人群中尤为明显,因为 20 世纪四五十年代出生的女性的受教育年限会低得多。事实上,该变量自身的科学性也会受到一定的质疑,因为即便回答者给出了肯定的答案,也不能说明具体的记录操作者是谁,因为笔者只是在每户家庭中选择了养猪场的主要负责人作为调查对象,因而该变量的解释意义质疑。只能说,当养猪场的主要负责人为男性时,该养猪场更可能做生产记录。

年龄的显著性很高,且估计系数值为负,这说明年龄越大的农户越不倾向于做生产记录。这点与学者们对老龄化阻碍农业技术进步的研究成果不谋而合。此外,笔者在调研中还发现,一些区域的城镇化发展对农村养殖业起到了转移作用。以杭州市萧山区为例,受土地利用的限制,规模养猪场逐渐向钱江农场、红山农场等农业专营区发展。在这一过程中,高龄农户多不愿意离开家乡去异地继续养猪,由于不对未来抱有很大的憧憬,其对政策的重视程度也会相应地降低。

户籍在 1％的显著水平上通过检验,且估计系数值为正。这与笔者的预期结果一致。在对乡镇防疫员的访谈中笔者发现,监管人员普遍认为外地人很难管理,因此任何手续都从简处理,一般只在防疫、检疫工作中与之接触,至于地方的一些政策,除非问题紧迫,否则也不愿与其交涉。另一方面,外来养殖户的团结性强、集群性高,农户间行为的相互影响可能导致其记录意识的进一步偏低。相反,本地养殖户与监管人员相对更为熟识,为了不让监管人员难堪,养殖户碍于情面也可能去做记录。在调研中,有一位养殖户明确向笔者表示,自己从 2009 年开始一直在做某些方面的记录,开始是镇里相关负责人找他做示范点,之后就顺着习惯延续下来了。

收入比重因素尽管不显著,但也是可以理解的。从所调研的样本情况来看,因样本农户的养殖规模多大于 100 头,故养殖收入占家庭总收入的比重多在 50％以上,样本的异质性较差,区分度不明显。虽然如此,该自变量的回归系数依旧表明,当生猪养殖收入占家庭总收入越高时,农户进行生产记录的概率也就越大,符合本研究的假设。

(2)农户生产特征对生产记录行为的影响

在农户的生产特征因素中,养殖年限、员工规模、有无母猪均通过了显著性检验,且显著水平分别为 1％、5％、10％。

养殖年限在 1% 的显著水平上通过检验，且与农户的生产记录行为呈负相关，说明农户的养殖年限越高，越不倾向于做生产记录。笔者综合对现实情况的了解，认为潜在的影响因素主要与养殖经验有关。一方面，经验丰富的农户比较认可自己传统的饲养方式，认为生产档案虽有提高养殖管理的作用，但其效果还不足以让自己投入这份精力。另一方面，养殖年限越高的农户对行业总体态势的把握越强，当前的生产档案记录只是政府单方面要求，对提高农户收益并不发挥作用，因此没有充分的动力推动农户参与该行为。

员工规模在 5% 的显著水平上通过检验，且与农户的生产记录行为成正相关。员工规模是与养殖规模高度相关的变量，因此可以从两个层面来理解这一统计意义。

小规模养殖场的专业化生产程度较低，缺乏专门负责生产信息收集、记录的管理人员，致使生产记录难以规范落实。相反，规模大的养猪场在生猪免疫、饲料等投入品的使用、生猪诊疗、出场销售等方面的记录有助于其更好地实行操作流程，合理地规划养猪管理，提高生猪养殖的效益。以饲料为例，养殖场切实做好饲料等投入品的购买、使用记录，可以有效统计库存，还能计算出每头猪在饲料方面的成本投入。如果同时对饲料使用品种和生猪成长情况做记录，还可以通过对比分析，计算出哪一款饲料能具有更好的成本收益比。此外，萧山区畜牧兽医局分管防疫工作的梁老师告诉笔者，规模农户相比小农户更有可能申请到国家的项目资助，而养殖管理档案就是项目申请时重要的参考依据。有基于此，规模农户在项目的申请准备期、考核期、收尾期都加倍注重对生产情况的记录。

就员工规模层面分析，一般而言，养殖场的生产记录工作由户主或场内专业兽医操作。员工数目越多的养殖场越可能安排人做日常的生产记录，该记录也能起到监督员工日常工作的作用。

有无母猪在 10% 的水平上通过显著性检验，但被证明与农户是否进行记录有着负向的影响，这与原假设截然相反。就这一现象，笔者经多番思考，最终对现实情况作了进一步分析，给出以下解释：第一，自繁仔猪的健康状况较外购仔猪要优良得多，农户在生产管理过程中对自繁生猪的质量安全信心十足，因而不倾向于做生产记录。第二，农户更加重视母猪的生产档案建设，因为能繁母猪在办理理赔工作时，需出具母猪的免疫档案、生病诊断记录、治疗处方等资料，否则理赔工作难以开展。而普通生猪的养殖档案在现实中少有用武之地，两相比较，此类农户在建立母猪管理档案的同时，更不情愿做一般的生产记录。第三，此类农户对生产记录作用的认知不深刻，但也从一定层面上说明记录本身存在着缺陷，没能调动有记录其他信息习惯的母猪养殖户做好生产记录。

（3）农户风险收益感知对生产记录行为的影响

回归结果显示，本研究基于农户风险收益感知的三个变量设置均通过了显著性检验。其中,时间成本和风险预期都在 5% 的显著水平上与生产记录行为成负相关,分别说明了农户对生产记录的时间成本感知越大,越不倾向于做记录;认为生产记录存在的风险性越高,越不愿意做记录。

值得一提的是,农户风险预期的均值达 1.33,处于"没任何风险"和"有风险但不大"之间,可见农户对风险的认知比较理性。从调查情况来看,农户较普遍地认为,没有人会把违禁操作记录下来,这是小农的投机主义行为,与其对风险的认知有一定的关系,因为一旦被发现将会受到严厉的惩罚。此外,农户也顾虑,万一发生食品质量安全问题,自己也可能会被追究责任。

价格收益预期在 10% 的显著水平上,与农户的生产记录行为呈正相关,表明农户对价格收益的预期值越高,越可能做生产记录。样本中,农户对价格收益预期的均值为 1.51,处于"没有好处"和"好处很小"之间。可见,如果有相关政策或市场环境能抬高农户对生产记录的价格预期,农户的生产记录行为将得到有效的改善。

(4)外部环境因素对生产记录行为的影响

外部环境因素中,政府培训和政府检查两个变量在 10% 的水平上通过显著性检验,且对农户的生产记录行为有着正向影响。可见,政府对农户行为起着十分重要的规范和指导意义。

同行影响未能通过显著性检验,究其原因可能有以下两点:首先,就农户自身而言,其同行中既存在着做记录的情况,又存在着不做记录的情况,这使得农户在衡量内心倾向时难以取舍,故而在感知同行对自身行为的影响时容易出现偏差。其次,尽管同行间存在着一定的信息交流,但多围绕着生猪的销售渠道、销售价格等方面展开。当前的生产记录未在市场中发挥应有的效益,故不是农户讨论的焦点,因此农户可能并不知道同行是否有做记录。从回归结果来看,农户对同行影响的感知与自己是否做记录存在着负相关,即越受同行影响的农户越不倾向于做生产记录,一个可能的解释是被参照同行多未做生产记录。

6.3.7 主要结论

根据杭州市生猪养殖户的问卷调查,本研究对养殖户实行生产记录的行为及其影响因素进行了深入的探讨,得出以下结论:总体而言,养猪户对政府推广生产记录的用意缺乏合理的认知,仅从自身效益层面否定生产记录的意义,而没有认识到生产记录是实现生猪质量追溯的基本保障。与此同时,杭州市已运行的生猪标识及疫病可追溯体系对农户只有上传免疫信息的约束,这也在一定程度上降低了农户记录养殖环节中其他关键信息的意识。笔者以为,有关部门需进一步探寻养殖过程中影响猪肉质量安全的关键因素,在此基础上构建更为合理的猪肉溯源的基本信息指标和安全溯源的关键信息指标,并引导农户做好相关环节的记录工作,从而在更有效的监控体系下提高我国猪肉产品的整体质量。

当前，中小规模养猪场在生产记录方面的执行力较差，假设本研究的样本具有一定的代表性，则杭州市仅有约三成的中小规模养猪户建立了生猪养殖档案，而且记录的内容也不能完全满足追溯的要求。但是，受研究样本的限制，尽管本研究调查的生猪养殖场的存栏规模均达到 100 头左右，按照《浙江省畜禽养殖场养殖小区备案与养殖档案管理办法》的规定需建立养殖档案，但因其绝大部分非农业企业、农民专业合作社，参照《农产品质量安全法》又非强制要求建档，因而这类养殖大户实则徘徊于法律约束之外。2011 年，宁波市农业局对 95 家农产品生产企业（农民专业合作社）就生产记录情况进行了检查，检查结果表明，95 家农产品生产企业（农民专业合作社）100％开展了生产记录，并且大部分都落实专人专职负责记录。相比可见，非企业性质的农产品生产单位在生产记录方面的意识相对较为薄弱。至此，本研究样本中因较少包含企业性质的生猪养殖单位（仅 4 家合作社，2 家公司），只能在一定程度上说明中小规模养殖户的生产记录状况。但因样本选择的随机性较大，取样结果也从侧面反映出杭州市中小规模养殖场的产业化组织有待进一步加强。

此外，养殖户是否实行生产记录受到性别、年龄、户籍、养殖年限、员工规模、有无母猪，其对时间成本的感知、对风险的认知、对未来价格收益的感知，政府检查、政府培训的显著影响。

6.4 养猪户的饲料使用行为研究

饲料是养殖技术的载体，也是生产健康安全的猪肉产品的关键因素之一。作为生猪生产的最主要投入品，其在生产过程中起着举足轻重的作用。根据我们的走访调查，饲料的花费在整个养猪成本的投入中占据了 70％左右的比例。近年来猪肉价格的上涨，很大一方面的原因就在于粮价提高引起的饲料价格大幅上升。作为猪肉产品产业链的源头投入品，饲料对于猪肉的质量安全具有重要的影响，主要表现在饲料原料本身的过期变质问题，浓缩料（俗称"料精"）中的不良添加剂问题，使用泔水喂猪等几个不同方面。

经过实证研究之后发现其中教育程度、养殖规模与因变量购买饲料品牌、泔水使用量度、原料购入周期之间的关系较为显著。养殖经验与因变量购买饲料品牌、泔水使用量之间的关系较为显著。性别、年龄、收入比、参养人数、运输成本以及外购协议这几个因子则与因变量购买饲料品牌、泔水使用量度、原料购入周期之间的影响则无法判定。

7 水产品质量安全的自检行为研究

中国水产业经历近几十年快速的发展,2012年水产品总量已达5908万吨,其中养殖总量4288万吨,占世界养殖总量72.6%,中国已经成为世界上最大的水产品生产国和出口国(中国统计年鉴,2013)。为满足国内外市场对水产品质量安全的需求,中国政府从2002年开始加强源头管理,实施水产品(产地)药物残留监控计划。但从我国省、市、县三级水产市场抽检结果看,各类违禁药物检出、重金属超标等现象依然存在,水产品质量安全事件在国内、国际市场上仍频繁发生,严重威胁人民的健康和我国水产品的国际竞争力。究其原因,与现阶段我国水产品产业组织化程度较低,未完全建立规范的养殖操作技术和投入品管理,无法采取有效的安全生产手段控制质量安全水平有关。因此,以现代经营主体作为实施者推行初级水产品自检,一方面可以有效落实水产品质量安全责任,另一方面可通过其各项生产规范、质量管理制度及社会化服务带动农户安全生产(任国元等,2008;卫龙宝等,2004;岳冬冬等,2012),保障水产品入市前达到100%合格。为此,中国政府于2006年11月1日颁布了《中华人民共和国农产品质量安全法》,明确要求包括水产品在内的农产品生产企业和农民合作社要自行或委托检测机构对农产品质量安全进行检测并备案,强化销售前自检。但实践中农民专业合作社等现代农业经营主体实施自检效果不甚理想,各经营主体建立自检体系仍处于初步阶段。

因此,本研究将以浙江省养殖环节的水产品合作社、农业企业和养殖大户三类经营主体为研究对象,分析影响水产品现代经营主体实施自检行为的因素、难点,探索如何引导和帮助水产品现代经营主体建立自检体系,提高水产品质量安全水平,改善浙江省乃至我国水产品出口屡遭受阻状况。

7.1 文献回顾

农产品自检制度是根源于我国当前农产品生产环节和流通环节频发的质量安全问题而实施的一项管理措施。国内外众多学者认为,农产品质量安全的准公共品属性,使得农产品质量安全管理需要规制性制度和扶持政策的政府介入方式进行监管。纵观各国政府对农产品质量安全治理的措施,即加强立法和惩罚力度、提供农产品质量标准、规范产品标识标签、扩大抽检覆盖面和检测指标、实施市场准入等(Buzby 等,1999;Loader 等,1999;Henson 等,2001;周洁红等,2010),都是从政府角度"倒逼"生产者强化质量安全的思路,而非生产者内在控制方式的转型"产出"安全的农产品。所以,在数量众多的分散小规模生产者,加上未完善的县乡级监管体系与本地区农产品的产量不匹配导致政府监管效率低下的背景下,容易引起政府监管失灵下的农业生产者逆向选择(耿献辉等,2013)。因此,要保障农产品质量安全,除了来自政府监管的外部因素,更需要从生产者内部质量安全控制方式方面进行根本性的调整和转变。为此,学者们开始关注农业生产者质量安全控制行为及其影响因素。郑江谋(2011)认为,质量安全的管理成本、品牌创建和维护的高成本门槛将家庭养殖户挡在高质量的市场之外,小规模的生产者并不是实施质量安全控制的最佳主体,应借助于现代农业经营主体优化农业安全生产行为来实现农产品质量安全的目标(王庆,柯珍堂,2010;王常伟等,2013;王世表等,2009;张会,2012)。研究表明,农业生产组织模式与交易模式有利于实现产业化,能提升农产品的质量安全控制水平(Young 和 Hobbs,2002;龙方等,2007;卫龙宝等,2004;钟真等,2012)。第一,生产组织模式促进了农业生产规范行为,有利于保障质量安全(郭红东,2007)。生产组织内部规范的生产操作技术,对生产人员提供相关的技术培训是生产主体实施质量安全控制行为的前提条件。第二,交易模式与农产品质量安全控制行为密切相关。销往超市的农产品,由于较高的进场标准,促使生产者提高产品或质量认证行为,而中间代理商收购对农产品安全生产影响产生了负面影响(钟真等,2012)。所以,销售渠道对主体安全生产行为产生影响。市场距离也是影响农产品质量安全行为的主要因素,如本地市场极大缩短了鲜活产品入市前的运输时间,降低了流通损耗,生产者可能倾向于减少添加不安全投入品的行为,从而有利于提高农产品质量安全水平。经营主体实行的品牌战略和统一购销,不仅提升了种养销一体化的产业化进程,同时也有效提升了农产品的质量安全(李剑锋,2011)。第三,经营主体对市场预期包括价格预期和竞争力预期,影响经营主体是否选择更为严格的安全生产行为(周洁红等,2010),并认为在不确定性较高的农产品市场上,预期价格越高,则经营主体从事相应生产行为的倾向越大(方金,2006)。同时价格预期也受到产品市场结构、销售渠道以及消费者支付意愿等因素的制约(耿献辉等,2013)。最后,经营主体的基本特征,如生产规模(钟真等,2012)、负责人的年龄和受教育程度等因素对安全生产行为也有影响作用,但尚未达成一致的结论。

综上所述,以往学者研究成果为审视当前不同的产业组织模式与农产品质量安全控制之间的关系提供了科学的借鉴,但当前研究大多集中在从不同产业模式中农户个体行为的视角出发,较少从农业企业和合作社等现代经营主体视角出发,且已有对现代农业经营主体的质量安全控制行为大多集中在生产者遵守国家产品质量安全标准或规定的行为研究。虽然汪渊(2012)开始关注生产者实施质量安全自检行为的研究,但其行为仅限于出口企业的出口市场。由于国外市场背景及其政府的监管力度等不同,其研究结果无法直接套用到我国初级水产品安全生产中来。因此,本研究以浙江省 66 家规模化水产养殖经营主体为研究对象,在考察内部质量安全管理基本情况的基础上,实证分析水产品经营主体实施自检行为的内外部影响因素、难点,促进政府监管职能向服务化方面转型,鼓励经营主体实施自检,创新生产组织内部管理以从源头保障我国水产品质量安全的政策建议。

7.2　研究设计及方法

7.2.1　数据来源

根据浙江省农业厅调研工作安排,通过浙江大学管理学院农业经济管理专业研究生于 2013 年 5—7 月实地访谈和农民信箱电子邮寄展开的问卷调研,结合历年浙江省统计年鉴的水产品产量分布,我们选择以浙江渔业主产区杭州、嘉兴、湖州、绍兴及海淡水养殖重点区台州、温州为主要调查地。依据地区配额和随机抽样相结合,在每个市内的县级辖区选取 5～10 家水产品经营主体,保证每个城市受访主体 15～20 家,使所选取的经营主体具有一定的典型性和地区代表性,可充分说明浙江省水产养殖经营主体的养殖情况。正式调研之前,笔者在杭州市附近的水产养殖区进行了预调查,并进行多次修改,以使调研问卷更科学。最终,在上述 6 个地区发出问卷 90 份,剔除无效问卷和不完整信息的问卷,最终得到 66 份有效问卷进入本研究的数据分析。篇幅有限,本书未一一列出。

7.2.2　样本特征

从主体类别看,作为调查对象的合作社、农业企业与养殖大户呈比例分布,说明样本具有一定的代表性。从带动农户数看,主体平均带动农户 256 户,最少为 5 户,最多的已达到了 3000 户。但带动农户数低于 50 户的主体仍有 31 家,累计占总样本数 46.97%(见表 7-1),说明经营主体带动农户数仍然偏少。从年龄结构来看,相对于第二次全国农业普查浙江省数据显示的结果,即农业从业人员 50 岁以下不到总数的一半,现代农业经营主体的负责人年轻低于 50 岁占总样本的

71.22%（见表7-1）。从受教育程度来看,受过大专以上高等教育的人群已成为主要群体,经营主体负责人受教育程度有所提升。

表 7-1 样本特征描述

类型	选项	数量	比例（%）	类型	选项	数量	比例（%）
主体类别	合作社	30	45.46	负责人年龄	30 岁以下	5	7.58
	农业企业	26	39.39		31～40 岁	15	22.73
	养殖大户	10	15.15		41～50 岁	27	40.91
带动户数	5 户以内	2	3.03		51～60 岁	18	27.26
	6～20 户	16	24.24		61 岁以上	1	1.52
	21～50 户	13	19.70	受教育程度	小学及以下	3	5.00
	51～200 户	18	27.27		初中	13	21.67
	201～1000 户	14	21.21		高中或中专	21	35.00
	1001 户以上	3	4.55		大专	18	30.00
					本科及以上	5	8.33

7.2.3 研究方法

本研究使用 SPSS 18.0 软件对数据首先进行基本描述分析和均值的 T 检验,然后使用 Stata 12.0 软件对影响因素的回归模型进行分析并计算了边际效应,具体计量模型为:

$$\mathrm{Logit}P(Y=1)/P(Y=0) = \alpha + \sum_{i=0}^{n}\beta_i X_i + \varepsilon \tag{7-1}$$

$$P(Y=1) = 1/\left\{1 + \exp\left[-\alpha + \sum_{i=0}^{n}\beta_i X_i + \varepsilon\right]\right\} \tag{7-2}$$

其中,Y 是 $0-1$ 变量,α 为常数项,β_i 为回归系数,X_i 为自变量,n 为影响因素的个数,ε 为随机误差项,服从正态分布。

7.3 水产现代经营主体实施自检行为的实证分析

7.3.1 水产现代经营主体实施自检行为的描述性分析

1.水产现代经营主体实施自检的状况

经营主体对水产品质量安全自检可分为自行检测和委托送检两种方式。自行检测主要是经营主体建有检测实验室或购买快速检测设备,对水产品及饲料中的氯霉素、孔雀石绿、4种硝基呋喃代谢物、磺胺总量等违禁药物残留量进行检测;委托送检是委托当地水产检测站、中心,或具有出具检测证明资质的相关检测机构或企业进行水产品药残的检测,并支付相关的检测费用。分析发现,83.33%的经营主体实施自检,其中40.0%的经营主体采用自行检测,60.0%采用委托送检。从不同自检周期看,21.82%的主体每批次实施自检,52.73%主体采取定期检测,25.45%则进行了偶尔检测。从三类主体看,农业企业实施自检的比例最高92.30%,其次为合作社,养殖大户自检比例最低,仅为50%。

2.水产现代经营主体自检行为与交易模式

表7-2显示,本地市场仍是当前水产品经营主体销售的目标市场。但销往外地市场的主体实施自检的比例高于本地市场,可以推断采取自检的经营主体更有能力将产品销往外地市场。从销售渠道看,经农贸批发和集散中心销售仍为水产品的主要销售渠道,超市和加工企业作为现代物流通道则逐渐开始发挥作用,且在实施自检中所占比例高于未自检。实施自检中由代理商收购的经营主体比例最低。

表7-2　不同交易模式与自检行为分析　　　　　　　　　　　(单位:%)

自检	本地市场	外地市场	合计	自检	超市及加工企业	农贸集散批发	代理商收购及其他	合计
无	54.5	45.5	100.0	无	18.2	54.5	27.3	100.0
有	50.9	49.1	100.0	有	29.1	56.4	14.5	100.0

3.水产现代经营主体对农户的培训状况

总体上,80.30%的水产现代经营主体提供了水产健康养殖培训。从培训内容看,75.76%的经营主体提供标准化养殖技术,69.70%提供了一般养殖技术,对法律法规和生产责任内容进行培训的主体较少,分别占了54.55%和50%。说明生产经营主体更倾向于对带动农户规范生产技术,缺少对农户进行质量安全相关法律宣传和责任意识培养。

4.水产现代经营主体自检行为与内部质量管理难度认知

未实施自检的经营主体认为安全生产成本高、农户文化程度低、农户年龄大、标准文本难以执行、农户安全意识及技能低是实施内部质量管理面临的最大困难(见表7-3)。可见,内部农户的个体特征和安全生产意识及技能制约了内部质量安全管理的实施。对于已实施自检的经营主体而言,除了农户的因素,优质不优价、市场信息服务体系不完善等外部的市场因素被认为是实施内部管理面临的主要障碍。比较两者认知均值的差异(见表7-3),自检主体与非自检主体之间在安全生产成本高、农户年龄大、标准文本难执行方面的认知均值有显著差异。

表7-3　自检主体与非自检主体在内部质量管理难度认知上的差异

主要难度	未自检主体（N＝11）	自检主体（N＝55）	均值差异的T检验 H0：N－S＝0	
	均值 N（标准差）	均值 S（标准差）	T值	Sig. 值
安全生产成本高	4.700（0.675）	4.098（1.005）	2.355	0.076
规模化程度不够	4.100（0.876）	3.981（0.951）	0.367	0.715
农户文化程度低	4.455（0.688）	3.880（0.872）	2.045	0.045
农户年龄大	4.455（0.688）	3.741（1.200）	1.902	0.062
农户安全意识及技能低	4.300（0.675）	4.000（0.825）	1.079	0.285
标准文本难执行	4.364（0.505）	3.647（1.110）	3.294	0.002
优质不优价	4.200（0.789）	4.189（0.900）	0.037	0.971
市场信息服务体系不完善	4.200（0.789）	4.000（0.869）	0.677	0.501

5.水产现代经营主体对政府监督、扶持政策措施的认知与需求

当调查问及经营主体负责人政府各项措施对其实施自检的作用时，认为"政府对水产品质量安全的监管"比例最高，占样本的92.42％，其次是政府在技术培训和指导的作用，占86.36％，而"示范项目扶持"、"基础设施投入"、"市场宣传与消费者质量安全教育"分别位列其后，为85.00％、50.00％和52.00％，说明政府在基础设施投入、市场宣传与消费者教育等间接的措施方面效果稍显不足。当被问及对政府支持的需求时，总体来看，95.40％的经营主体希望得到"相关项目扶持"，93.80％希望得到"政府政策扶持"。相比较，实施自检的经营主体希望得到政府政策扶持的比例（90.91％）高于项目扶持（89.09％）。

7.3.2　水产现代经营主体实施自检行为影响因素的回归分析

1.变量说明及基本描述

本研究因变量是现代水产经营主体自检行为的实施情况，以是否实施对入市前水产品违禁药物残留进行检测来衡量，因此，自检为二分变量，令实施自检行为取值为1，未实施为0。

结合前文的文献回顾和水产品产业特点，自变量选取如下：生产组织内部管理方式，包括主体类别、规范的养殖操作档案、内部培训；交易模式，包括销售渠道、本地市场、统一品牌销售；市场预期，包括竞争力预期和价格预期；政府监督与培训，

包括水产品质量安全监管中的政府抽检和农技培训。另外,主体规模、负责人年龄作为现代经营主体特征纳入了计量模型。需要说明的是,最终进入本研究计量回归模型的个别内部因素变量在定义上与以往学者的研究有所区别,例如,统一品牌销售代替了品牌建设,因统一品牌销售对产业一体化中对带动农户实施质量安全控制的辐射面更广。主体生产规模也没有采用经济效益,而用带动农户数来表示,突出本研究旨在通过现代经营主体实施质量安全控制来带动小农户对接大市场,改善当前水产市场质量安全的总体水平。本研究变量的基本描述如表7-4所示。

2. 回归结果与讨论

由于自变量间可能存在较强的相关性,从而会导致模型估计不准确,在进行回归分析之前,先检验自变量间的相关性(限于篇幅,本研究未列出相关系数表),删除了与多个变量存在强相关性的本地市场变量。为了进一步考察相关性是否会对回归模型产生较为严重的影响,验证并得到各变量的方差膨胀因子为1.23至2.0,远远小于多重共线性的方差膨胀因子8.0,说明模型中自变量间的共线性在可接受范围之内。

表7-4 变量的基本描述

变量	变量含义及赋值	均值	标准差
因变量			
自检行为	是否实施自行检测或者委托送检:是=1,否=0	0.833	0.375
自变量			
负责人年龄	经营主体负责人的年龄	45.584	9.303
带动户数	对带动农户数取对数	1.875	0.659
生产组织模式			
主体类别	养殖大户=1,农业企业=2,合作社=3	2.303	0.375
生产档案	是否要求提供养殖档案:是=1,否=0	0.893	0.310
内部培训	经营主体内部技术员举办农业标准化培训:是=1,否=0	0.321	0.476
交易模式			
销售渠道	代理收购=1,销往农贸批发市场和集散中心=2,销往超市和加工企业=3	2.181	0.605
本地市场	主要销往本地市场:是=1,否=0	0.52	0.50
品牌销售	是否统一品牌销售:是=1,否=0	0.606	0.492
市场预期			
价格预期	实施自检有利于提高价格提高:是=1,否=0	0.378	0.488
竞争力预期	实施自检会增强市场竞争力:是=1,否=0	0.545	0.501
政府监督与培训			
政府抽检	是否被政府管理部门抽样检测:是=1,否=0	0.696	0.463
农技培训	当地有农技推广员组织相关培训:是=1,否=0	0.787	0.411

在计量模型设定的基础上，为了简化模型并能充分保证模型的解释力，本研究对样本进行了预回归处理，以校正系数 R^2 作为权衡标准，采用逐步剔除变量的方法，根据变量显著性及 R^2 变化情况，剔除了内部培训等变量，最终保留了经营主体负责人年龄、主体带动户数、主体类别、养殖档案、品牌销售、销售渠道、竞争力预期、价格预期、政府抽检、农技培训 10 个变量进入回归模型（模型 1），采用了逐步向后回归估计，收敛后结果（模型 2）如表 7-5 所示。

表 7-5　现代经营主体自检行为影响因素的回归估计

因变量:自检行为	Coef.	Std. Err.	Coef.	Std. Err.
年龄	−0.2362**	0.08779	−0.1896**	0.0722
带动户数	−0.2095	0.9853	/	/
主体类别（参照组:养殖大户）				
合作社	3.524**	1.504	2.309**	1.151
农业企业	4.570*	2.653	3.232**	1.587
生产档案	5.171**	1.632	3.874**	1.256
销售渠道（参照组:代理收购）				
超市和加工企业	−3.274	2.227	/	/
农贸集散中心	−1.855	1.811	/	/
品牌销售	0.5766	0.952	/	/
价格预期	0.6744	1.742	/	/
市场竞争力	1.825	1.265	1.962*	1.095
政府抽检	2.039	1.360	1.793*	1.030
农技培训	2.875	1.934	2.429**	0.877
Number of obs＝65		Wald chi2(7)＝20.37		
		Prob ＞ chi2＝0.0048		
		Pseudo R2＝0.4338		
		Log pseudolikelihood＝−16.733		

注:* ,** ,*** 表示在 10％,5％和 1％水平显著

经营主体基本特征中的负责人年龄与自检行为呈负向显著相关。年龄越大，负责人更倾向于以丰富的养殖经验指导安全生产，不愿意采取高成本的自检，从而产生某种程度的抵制，这一结论与阳检（2010）研究结果相反。这种抵制的趋势表现为，年龄从平均值 45.58 岁开始的边际变化引发了不采取自检行为 1.55％的负增长（见表 7-6）。

表 7-6　变量的边际效应

变　量	dy/dx	Std. Err.	z	P>z	[95% Conf. Interval]	
负责人年龄	−0.0155	0.0059	−2.63	0.008	−0.0271	−0.0039
主体类别(参照组：养殖大户)						
合作社	0.2395	0.1083	2.21	0.027	0.0272	0.4519
龙头企业	0.2985	0.1172	2.55	0.011	0.0687	0.5282
生产档案	0.3177	0.0962	3.30	0.001	0.1291	0.506
市场竞争力	0.1609	0.0855	1.88	0.060	−0.0066	0.3286
政府抽检	0.1470	0.0815	1.80	0.071	−0.0126	0.3068
农技培训	0.1992	0.0762	2.61	0.009	0.0498	0.3487

注:dy/dx for factor levels is the discrete change from the base level

在控制其他条件不变时,经营主体带动户数对自检没有显著影响,且为负向关系,说明生产主体带动能力和自检能力上不对称。这可能是因为随着带动农户数的增加,经营主体需增加自检比例,自检比例增加会带来自检支出增加,在当前水产经营主体经营规模不大及优质优价未很好体现的情况下,反而影响了其自检行为。

从生产组织模式看,相对于养殖大户,合作社与农业企业采取自检的可能性更大,前者在 10% 水平上显著,后者在 5% 水平上显著,同时意味着,合作社与农业龙头企业具有较高概率(23.95% 和 29.85%)实施自检行为,这与当前鼓励以合作社、农业企业为主体组织并带动小农进行规模化、现代化生产的政策一致。一方面,经营主体规模更大的合作社和企业更有实力开展自检;另一方面为了降低规模大导致潜在质量安全隐患较多可能造成的损失,生产主体更愿意采取自检以保障销售水产品质量安全。

生产档案对自检行为影响表现正向显著(P<0.01),即要求农户提供养殖记录的水产经营主体,其自检的可能性较大,从边际效应来看,保存有生产档案的经营主体较其他主体产生更高概率(31.77%)的自检。由于水产养殖过程监管较为隐蔽,规范的养殖操作记录为经营主体提供了农户具体生产过程信息。调研中实施自检的经营主体表示,提供规范养殖记录的农户更希望实施自检,以确定质量问题责任,能在某种程度上保护规范养殖者的利益。

从交易模式来看,相对于代理收购而言,农贸批发与集散中心的销售渠道对主体自检行为产生正向影响,但不显著。这可能由于市场准入制度在农贸批发市场和集散中心的实施(周洁红等,2011),引起水产经营主体重视销售前水产品质量安全,从而增加自检。销往超市和加工企业的主体与其自检行为呈负相关,这可能与大多数超市与加工企业为保证水产品质量建有自己的检测体系,如自己检测水产

171

品药残水平等有关。

品牌销售对主体自检呈正向影响，并在 10% 水平上显著。这主要是经营主体统一品牌销售过程增加了资金、技术投入，品牌建设和维护成本也更高，一旦发生质量安全问题会造成声誉损失和经济损失，因此借助自检方式来降低入市产品潜在的质量风险而引发的损失。

市场预期中的竞争力提升预期与自检行为呈显著正相关，其可能与当前我国初级水产品同质化较为严重，提供非市场化的自检体系以增加产品的差异化竞争优势有关。价格预期对自检行为没有产生显著作用，由于我国当前水产品信息追踪和溯源能力不全，顾客和终端消费者无法直接识别水产品的自检结果是否可靠，信息不对称无法实现自检溢价的市场失灵（郭可汾，林洪，2010）。

政府监督与培训方面，政府抽检对经营主体实施自检产生正向影响，与预期假设一致，抽检结果的信息发布对经营主体具有约束效应，促进自检行为增长约为 14.7%；农技培训提高了水产经营主体自检行为（边际增加概率为 19.92%），在 1% 水平上显著。说明政府通过依托各类研究机构、高校专家、协会等向水产经营主体提供的标准化养殖技术（75.76%）、一般养殖技术推广（69.70%）等方面培训能有效缓解内部质量管理中农户安全生产技能欠缺的困境，也能逐渐提高经营主体的质量安全意识和检测能力，从而正向影响自检行为。

7.4　结论及政策启示

7.4.1　主要结论

水产品自检已成为当前水产业质量自查的一项重要手段，本研究通过对浙江省 66 家水产品经营主体实施自检及其影响因素的分析，得出以下结论。

第一，尽管国家要求现代经营主体实施质量安全自检行为，但被调查经营主体仍有 16.67% 未按照国家法律规定采取销售前自检。在实施自检的主体中，仅 21.82% 采取了每批次自检，目前水产品自检体系无法全面有效地监控初级水产品违禁药物残留超标的问题。

第二，水产农户年龄高、安全意识薄弱、生产技术差，以及养殖技术标准文本难以执行是当前未实施自检的经营主体采取内部质量控制面临的主要障碍，借助规范的养殖操作档案来强化农户的质量安全责任意识，可促进经营主体采取自检行为。

第三，水产经营主体带动农户水平总体偏低，相对于养殖大户，带动规模更大的合作社与农业企业较倾向于实施自检。在控制其他条件不变情况下,由于实施自检的主体内部质量控制安全生产成本过高,在未达到规模化生产前,随着带动户数量的增加,安全生产投入增加,其对经营主体实施自检行为呈负向影响但不显著。

第四,产业化过程中统一品牌销售对企业质量声誉提出了更高要求,为降低入市后潜在质量安全风险对主体造成的损失,经营主体倾向于实施自检;竞争力预期是保证在同质化严重的水产市场中生存的重要因素,也促进了经营主体实施自检行为。然而,在水产品优质不优价、市场信息宣传服务不足的背景下,现代经营主体的自检无法实现安全水产品溢价,因此,价格预期对自检行为影响不显著。总体上推动现代经营主体实施自检更多来自市场之外的因素。

第五,政府监督与培训对水产经营主体自检行为的促进效果明显,加强政府对老龄农户养殖技术培训和安全意识教育,可相应地降低水产品经营主体人力资本培训成本。但政府对水产安全生产及基础设施建设投入不足,内部质量控制和自检等安全生产的高额成本完全由水产经营主体独自承担,因此,政府抽检作为外部规制性的因素推动了水产品现代经营主体的自检行为。

7.4.2 政策启示

基于上述研究结论,本书提出以下几点主要政策启示:

首先,从优化内部治理上,加强源头农户生产档案记录管理,加强种养销一体化,特别要强化统一品牌销售管理,形成以自检为手段、水产品自检自查为压力的供应链传导机制。

其次,从保障外部政策上,强化政府抽检及农技推广服务、社会化服务在水产品质量安全倒逼和顺推机制的关键作用。一方面,需加大政府水产品质量定期抽检的产品抽样和经营主体数量,倒逼经营主体实施自检。另一方面,增加对水产养殖基础设施、检测平台等公共投入扶持力度,提高社会化检测服务能力,以降低委托送检的成本,顺推现代水产经营主体实施自检的积极性。此外,设立项目扶持资金用于合作社、农业企业等管理者、社员技术培训等以提升水产品质量安全的认知和安全生产技能。

再次,在保障外部政策和优化内部治理的基础上,推进品牌化建设,通过完善水产品市场差异化竞争机制,加强在政府规制有效性基础上激发市场安排制度对主体自检行为的影响。

最后,加强媒体对水产品质量安全知识等传播作用,借以培育消费者农产品质量安全、分等分级、品牌产品的意识,倡导水产品的优质优价市场经营环境。

8 "农超对接"下的农产品供应链质量追溯体系研究

近几年来不断出现的农产品滞销现象严重影响了农民的增收，同时不断出现的农产品质量安全问题也造成了消费者的"买难"，为解决农产品"买卖难"问题，2009年中央一号文件把"农超对接"作为新任务提出来。2010年的中央一号文件再次提出，"全面推进'农超对接'项目的深入发展"。为此，商务部要求，各地商务主管部门要把推进"农超对接"作为当前重大工作任务，力争"十二五"期间大中型城市生鲜农产品经超市销售比重翻一番，达到30%。在《全国现代农业发展规划(2011—2015年)》中也提出："发展新型流通业态，推进订单生产和'农超对接'，落实鲜活农产品运输'绿色通道'政策，降低农产品流通成本。"可以预知，"农超对接"将成为我国未来农产品流通的主要模式。面对零售超市不断出现的食品安全问题，为提高农产品的安全度，农产品的质量可追溯体系正在我国各大超市大力推行。

目前发达国家通过超市销售农产品的比例在70%以上，而我国只在15%左右。为此，一些学者借鉴了国外一些国家开展"农超对接"的经验，提出了借鉴建议。如刑文英(2006)介绍了美国分别在农业生产环节、包装加工环节和运输销售环节建立了三类农产品可追溯制度。对比美的农产品质量可追溯制度，提出中国应结合国情建立起整个农产品全程控制的农产品质量安全管理体系。王国华(2009)介绍了日本食品可追溯体系的全过程，提出我国可以扩大超市的基地直采份额。通过"农超对接"，建立一套完善的食品可追溯体系。从超市角度对生鲜农产品质量可追溯体系建立方面的研究中，孙立荣等(2009)认为连锁超市农产品经营过程要建立质量可追踪机制，以备将来出现农产品安全问题时，尽快发现问题并进行控制。李晓晟等(2009)认为，超市主导的生鲜农产品供应链，可以协助农户组成农业专业合作组织，并从源头控制产品的质量，有着很强的产品可追溯性。纵观文献，专家采用实证和理论研究对"农超对接"下农产品可追溯体系建立的必要性和如何完善可追溯体系进行了大量的研究，但对于"农超对接"下典型超市的可追溯体系建立和实施现状的研究并不多。本研究对"农超对接"背景下，各典型超市的质量可追溯体系建立和实施现状进行研究,并提出加强农产品质量可追溯体系建设的一些建议。

8.1 典型超市的农产品追溯体系

随着人们消费从"量变"到"质变"的转变,越来越多的消费者出于食品安全的考虑,要求更多地了解消费产品在食品生产链条中的细节信息,农产品的质量可追溯体系应运而生。

8.1.1 家乐福品质体系

家乐福超市的"品质体系"是比较有代表意义的农产品可追溯体系。1999 年家乐福超市将 1990 年开始在法国建立的绿色食品体系(即家乐福品质体系)引进到我国。家乐福"品质体系"的特点是实现了农产品从田间到餐桌的全程追溯,每个家乐福品质体系供应商必须承诺尊重和执行符合家乐福技术要求的生产标准,所提供的产品必须符合家乐福所制定的原则,包括产品的来源、安全、味道、品质和价格、生产持久性。如家乐福在开展"农超对接"时,要求专业合作社写下保证书,不得使用国家明令禁止的农药和肥料。同时要求每家农户写农事记录本,为可追溯体系保存了宝贵的信息资料。家乐福品质体系中国项目优先选择的是中国消费者最基础的食品,主要集中在肉类、鱼类及蔬果类产品,如脐橙、蜜柚、富士苹果以及上海、北京和广州的猪肉项目,另外,还有从法国进口的挪威三文鱼。

8.1.2 沃尔玛可追溯体系

为保证食品安全,沃尔玛在深圳、北京和成都等地成立了食品安全快速检测中心。同时,沃尔玛"农超对接"项目还指导对接农民在生产中推进环境保护,在优化产业链的同时建立起农产品可追溯体系。每一件农产品,何时生产、产自哪里,在其包装箱的编号上都有记录。而部分农产品,甚至只看编号就可以确切到某一个农户。这样,可以保证农产品出现质量安全问题时有证可查。

8.1.3 麦德龙麦咨达可追溯系统

1995 年登陆中国市场的麦德龙建立了"客户为中心"的运营模式。为了控制食品质量,麦德龙认为应建立食品可追溯体系,即抓生产源头,形成供应链的倒逼机制。为此,麦德龙于 2007 年成立了麦咨达农业信息咨询有限公司,以企业的身份,在自己的网络系统中率先建立食品可追溯系统。在构建食品可追溯系统的过程中，麦咨达团队先挨家挨户进行考察，对生产、加工到包装各过程采用不同的标准进行评估，如农场基地采用的国际标准是全球良好操作规范（GLOBAL GAP），该标准对农场种养殖过程中的食品安全、可追溯性、环境保护和动物福利提出明确规定。凡是以"农超对接"的模式进入麦德龙销售的农产品，都需要得到麦咨达公司的认证，通过认证的产品在包装上贴上"麦咨达食品全程控制"标志，并且麦德龙承诺麦咨达售价不高于同类同质量的商品。选购这个标志的消费者都可以通过网站和商场终端进行可追溯查询。

8.1.4　乐购产品追溯控制程序

乐购 80％的农产品来自"农超对接"，其传统农超对接模式为发展自有品牌农场模式。乐购对农产品建立了产品追溯控制程序，通过对产品适当标识及其相关生产记录，实现从基地信息编号和播种、田间操作信息到发货等所有步骤都可追溯，其追溯主要是使用 HarvestMark（我们所信赖的独立合作伙伴）的平台。

8.2　典型超市销售追溯农产品的现状调查

为了解一些典型超市"农超对接"情况，特别是其"农超对接"农产品可追溯情况，课题组在以往调查的基础上，以消费者的身份于 2013 年 1 月 22 日至 27 日对浙江宁波的家乐福琴桥店、乐购天一广场店、沃尔玛万达店和麦德龙鄞州店的果蔬区进行了直接观察。

8.2.1　家乐福销售可追溯农产品情况

在家乐福琴桥店，课题组没能发现直接标识"农超对接"的农产品，但在绿叶菜区上面有"幸福菜篮子惠民平价直销区"的宣传牌，上面写着"惠民承诺：产销对接、超少环节；价格自律、接受监督；遵章守纪，明码标价；确保安全，质量第一；加强监测，符合规范"。幸福菜篮子惠民平价直销区是家乐福于 2011 年 7 月在苏州开启的一项惠民工程，是通过"农超对接"的采购模式向市民大量供应质优价廉的农产品，价格低于市场同类商品 15％～20％。但课题组发现这里的菜价并不便宜，如青菜 5.96 元/千克，生菜 11.96 元/千克。在每捆蔬菜的包装带上印着北京××农业公司，而每种蔬菜的价格牌上却写着产地"甬"。

8.2.2　沃尔玛销售可追溯农产品情况

在沃尔玛万达店，课题组虽然看不到大型的"农超对接"宣传牌，但在果蔬区发现了三种农产品的实物上粘着沃尔玛"农超对接"标志,分别是散装的冰糖心富士、散装脐橙和袋装的兴业源出品的赣南脐橙。散装的两种"农超对接"产品除了粘着沃尔玛"农超对接"标志外,没有其他信息。在散装的冰糖心富士货架的左下方,放着三只苹果包装箱,两只箱子上写着中国甘肃静宁的精品红富士,一只箱子上写着大连兴业源农产品有限公司出品的山东苹果,课题组问超市工作人员散装的冰糖心富士究竟来自哪箱时,超市工作人员却说不知道,包装箱上也找不到编号进行追溯。

8.2.3 麦德龙销售可追溯农产品情况

这几年,包装上印着"麦咨达"标志的产品越来越多。在麦德龙鄞州店,生鲜各区均有大量的介绍麦咨达及麦咨达产品的宣传。为了了解麦咨达产品,即麦德龙"农超对接"产品所占的比重,课题组对该超市果蔬区的所有商品进行了全面调查,具体情况如表8-1所示。

表8-1 麦德龙鄞州店蔬果类可追溯农产品构成情况

2013 年 1 月 25 日   单位:种

项目	蔬菜							水果		
	合计	香料生菜区	其他蔬菜区	简易包装区	散装区	酱菜区	冷冻蔬菜区	合计	小包装	礼盒(箱)
产品总数	328	25	79	56	24	53	91	155	65	90
其中:麦咨达产品	67	19	35	9	0	4	0	47	7	40

注:①蔬菜按超市的陈列区域分,区域名一般按超市标明。其中其他蔬菜区一般陈列有机蔬菜、菇、笋等;简易包装区是番茄、山药、白菜、包菜、蒜、圆椒、洋葱、辣椒、姜等。酱菜中的四个麦咨达产品均是成都市昆香科技发展有限公司生产的泡仔姜、泡青菜、泡豇豆和酸萝卜。

②实际上,该超市果蔬的麦咨达产品比例可能更高,一些小包装果蔬产品可能在大包装箱上有麦咨达标志和可追溯码,但简易小包装时,超市却没有在小包装上也贴上麦咨达标志和可追溯码。如笔者问超市工作人员一些小包装苹果是从哪箱分装时,超市工作人员指着一只贴有麦咨达标志和可追溯码的包装箱。

③水果类中还包括25种进口水果,其中小包装6种、礼盒(箱)19种,均没有可码追溯。扣除进口的产品,水果类产品的可追溯率为11.86%和56.33%。

对表8-1进一步计算可知,蔬菜的可追溯率为20.43%,扣除酱菜区和冷冻区的蔬菜后,可追溯率为34.24%。通过调查发现,散装区的蔬菜来自宁波飞洪生态农业发展有限公司,但课题组在蔬菜和价格牌上都找不到可追溯码。为进一步了解有追溯码的蔬菜均来自哪些基地、检测情况如何,课题组通过产品上的追溯码对这些蔬菜的信息进行进一步的查询,部分查询信息如表8-2所示。

表 8-2 麦德龙鄞州店部分蔬菜追溯查询信息

卖场区域	源头农场（基地）及面积	工厂	追溯产品总数	代表产品及生产日期	追溯码	检测单位	检测样品到达日期及检测标准	物流方式及温度
香菜生菜区	华亭生态农情园 58亩	上海城市现代农业发展有限公司华亭园艺场	18	迷迭香 2013-1-25	130125127 20001061	上海闵行区农产品安全质量检测中心	2012-9-3 检测标准为农业行业标准，判别标准为国家标准	冷藏车，3～5℃
	上海亚太国际蔬菜有限公司（原料来自上海赛佩福农业科技有限公司）680亩	上海亚太国际蔬菜有限公司	1	混合蔬菜 2013-1-26	130126279 11101001	上海实力可商品检测有限公司	2012-11-30 国家标准	冷藏车，1～5℃
其他蔬菜区	福建宁德古田双坑村桂竹笋林基地 1000亩	福建古田大拇指农业开发有限公司	11	大拇指桂竹笋 2012-12-7	121207131 10003001	福建中检华日食品安全检测有限公司	2012-10-13 国家标准	货车，常温
	上海叶榭农场、山东安丘基地 380亩	上海基地初加工车间（北京欧阁有机农庄科贸发展有限公司）	10	有机杭白菜 2013-1-17	130117110 06104012	南京国环有机产品认证中心、华南绿色产品认证检测中心	2012-11-15 绿色产品认证为农业行业标准，有机产品认证为国家标准	冷藏车，5～10℃
	漳州明成食品有限公司有机麻竹基地 5243亩	漳州明成食品有限公司	8	明成笋丝 2012-11-15	121115440 04002001	中华人民共和国漳州出入境检验检疫局综合技术服务中心实验室	2012-9-18 国家标准	汽车，常温
	上海宝山基地 250亩	超大（上海）食用菌有限公司	4	超大蟹味菇 2013-1-8	130108296 03001001	农业部食品质量监督检验检试中心（上海）上海德诺产品检测有限公司	2012-11-23 农业行业标准	汽车，常温

卖场区域	源头农场（基地）及面积	工厂	追溯产品总数	代表产品及生产日期	追溯码	检测单位	检测样品到达日期及检测标准	物流方式及温度
其他蔬菜区	九州农庄蔬菜专业合作社 1000亩	九州农庄蔬菜专业合作社（青岛金瓯农产品开发有限公司）	1	西葫芦 2013-1-24	130124473 14001001	农业部食品质量监督检验测试中心（济南）	2012-11-12 农业行业标准	冷藏车，0～10℃
	张家口雪川农业发展有限公司 1333公顷	张家口雪川农业发展有限公司马铃薯综合加工工业园区	1	雪川土豆 2013-1-24	130124107 21026008	上海市副食品质量监督检验站	2013-1-4 国家标准	普通货车，常温
简易包装区	安徽巢湖和县太平村基地 60亩、浙江嘉兴聚宝湾农场 350亩	上海济洪蔬菜配送中心有限公司（安徽和县济洪种植有限公司）	5	红圆椒 2013-1-26	130126107 55002001	上海市副食品质量监督检验站	2012-8-10 国家标准	普通货车，常温
	山东临沂苍山基地 449亩	临沂市兰山区安美食品有限公司	4	大蒜头 2013-1-2	130102431 04001001	潍坊汇海农产品检测有限公司	2012-12-11 根据农药残留检测项目不同，有农业行业标准、商检标准和国家标准三类	货车，常温
酱菜区	成都昆香科技有限公司（牛牛蔬菜专业合作社 720亩）	成都昆香科技有限公司（成都鑫明达贸易有限公司）	4	泡仔姜 2012-7-25	120725196 04004001	成都市产品质量监督检验员	2012-11-10 商业行业标准	货车，常温

注：①追溯产品总数列数据按所属工厂汇总，其余信息主要按代表产品汇总，部分追溯码信息调查自2013年1月27日麦德龙卖场。

②泡仔姜的仔姜原料来自牛牛蔬菜专业合作社。

从查询中可见，麦德龙鄞州超市所卖的蔬菜类产品中建立可追溯的主要是11家农业公司（其中一家为合作社性质），并且这些公司所属的一些基地规模都比较大,基本都是上百亩。这些企业的产品检测根据是国家标准、农业行业标准和商业标准等,其中主要是根据国家标准。一些产品,特别是有机产品或出口产品,标准较高,如北京欧阁有机农庄科贸发展有限公司出品的有机产品均出示了两份证书,分别是产品检测报告和有机认证书;而明成笋产品的包装上写明了是 ISO9001/HACCP 认证工厂制造,并通过了日本 JSA 有机食品认证。

8.2.4　乐购销售可追溯农产品情况

在宁波乐购天一广场店,课题组在蔬菜区的一个冷藏柜的角落找到了一块介绍可追溯的宣传牌,上面写着查询该超市"农超对接"农产品可追溯信息的两种方式:登录 www.HarvestMark.cn 输入可追溯码或扫描商品包装上的二维码。超市里的农产品大多没有明显标志显示是"农超对接"产品①,也找不到任何的追溯码标志。笔查看一些精包装农产品的包装,倒能发现一些产品信息,如发现某"乐购球生菜"的包装上写着一些产品信息,宣传的种植户是山东的供应商段猛勇,但印着的产地代码却是 04(福建漳州)。②

8.3　"农超对接"下的农产品质量追溯体系建设中存在的问题

农产品,特别是一些产业链相对较短、更容易实现规模化养殖和种植的生鲜产品,建立可追溯体系肯定是个趋势。但课题组认为在"农超对接"的背景下,超市农产品供应链质量可追溯体系的建设存在以下几个问题:

首先是一些超市的可追溯体系的执行力与其承诺相距甚远。10多年前,家乐福将其农产品质量可追溯体系引入中国,但在宁波家乐福卖场里看不到"家乐福品质体系"产品及其介绍,即使看到"幸福菜篮子惠民平价直销区"的一些叶类菜,还发现价格牌与包装带上标的来源不一样。在"农超对接"下,按常识超市应该就近采购这些叶类菜,如宁波的麦德龙和沃尔玛的散装叶类菜基本来自宁波飞洪生态农业发展有限公司,家乐福却舍近求远。同样在乐购超市,虽建立了可追溯体系,但卖场上却找不到正规可追溯体系的影子。虽说麦德龙超市可追溯产品比较多,

---

①　在一款琯溪蜜柚的包装标签上印有"产地直供"的图案,有一些产品,特别是一些精包装的蔬菜,凭笔者掌握的信息判断,应该是"农超对接"产品。

②　产地代码见生产日期最后两位,其中河北张家口(01)、山东青岛(02)、上海金山(03)、福建漳州(04)。

并且每个产品都有相应的追溯码,但卖场上的两台可追溯终端机,一台贴着机器已坏的告示,一台触摸查询屏虽介绍了可追溯体系,但却不能查询。

其次是超市的可追溯体系缺乏较好的管理,特别是检测环节存在一些问题,影响着消费者对可追溯体系的信任。通过查询可追溯码,综合信息后发现一些企业产品的可追溯信息存在不少问题,特别是产品检测报告中普遍存在报告日期与产品生产期间隔较长的情况(见图8-1),查询生产环节后也发现,只有北京欧阁有机农庄科贸发展有限公司生产的有机农庄产品在产品进入车间后进行检验。虽检验报告中注明本检验只对本样本负责,但从图8-1可见,大多数企业都是沿用以前的检验报告,不是针对该批产品,只有2家间隔1月之内,大多数间隔1—3月,甚至有1家产品是2012年7月25日生产,而提供的检验报告却是3个多月后的。再加上,目前不断出现的超市食品安全负面新闻、"速生鸡"背后的检验危机以及超市能否保证可追溯信息的采集客观公正也影响着消费者的信任度。

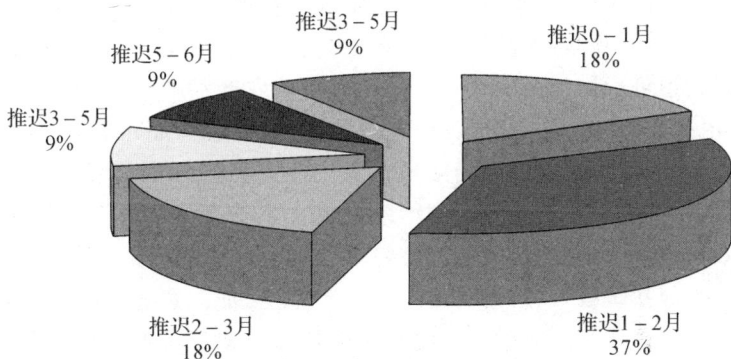

图 8-1 产品生产日期推迟十产品检验日期的月数

再次,建立可追溯体系的超市农产品一般是农业企业提供,而农民专业合作社提供的并不多。在"农超对接"下,超市对接的应该是组织起来的农民,即专业合作社。但课题组在麦德龙调查中发现,可追溯产品中涉及农民专业合作社的很少,只有两家。与超市蔬果部的经理交谈中课题组了解到,目前我国农产品种植主要是以散户为主,由于建立可追溯体系动辄需要资金好几万元,如技术指导费就要5万元,而农户认为可追溯体系在实施过程中不能产生利润,即使已经建立了可追溯体系,销量如不跟上也不划算,就不想建立了。因此,建立可追溯体系的最大障碍是中国分散的小农生产模式,"农超对接"本质上对接的应是超市生产和销售农产品先进的理念,这是目前必须要解决的一大问题。

最后,消费者对农产品质量标准化和可追溯体系了解不多,追溯意愿不强。课题组在麦德龙调查时,问了一些消费者对"麦咨达"产品的认识,大多数表示并不认识,更不用说追溯了。安全、高品质的产品不是靠检测出来的,而是需要通过严格的生产过程生产出来的。从表 8-2 可以发现,建立可追溯体系的农产品大多按照有关国家标准检测,但消费者对于安全优质农产品的偏好并没有转化成合理的选择行为。在麦德龙宁波商场,每天处理掉的果蔬就值好几千元,购买可追溯蔬菜,特别是高档高价蔬菜,大多是酒店和外国人采购,本地人很少采购。

8.4 "农超对接"下建立农产品质量追溯体系的建议

在食品供应链各个环节的安全评估中,当前我国的种植、养殖环节情况最为令人担忧,"食品安全从源头抓起"的理念为农产品可追溯体系的建立指明了方向。农产品可追溯在技术上已经具备条件,但在中国大范围推广还有很长的路要走。为此,课题组对"农超对接"下建立农产品质量可追溯体系提出以下建议:

首先,超市要避免"可追溯体系"宣传工具化,不搞噱头,执行情况要与承诺一致。可追溯体系可以增加消费者对所购或所消费农产品的信心,所以一般被超市作为市场宣传的一个亮点。在成为市场宣传工具的同时,超市如真正去建立和完善可追溯体系,不断提高农产品的质量安全和品质稳定,势必会引来更大的市场。

其次,超市要加强对建立可追溯体系企业的管理,特别是加强可追溯产品检测报告的时效性,提高消费者对可追溯体系的信任。一套完善的食品可追溯体系不仅需要超市大的系统投入,还需要规模化生产企业、加工企业与超市的紧密配合,仅靠超市的全面推广很难持续。为此超市应加强对建立可追溯体系企业的管理,保证可追溯信息采集的客观公正、保证信息记录的准确性和录入时不被修改、保证整个加工运输过程的可追溯性,特别要加强对可追溯农产品检测报告的时效性,绝不能在可追溯系统中出现检测报告日期远迟于产品生产日期的现象。特别是,超市要避免过于依赖产销过程中的书面材料,要重视实际的检测。

再次,超市应激发整个零售供应链中企业,特别是农民专业合作社建立并实施可追溯体系的兴趣。麦咨达八条金律中的其中两条,即"指导当地农民如何生产安全的农产品"、"麦德龙直接从农民手中采购农产品并推向市场",而要真正做到这些,必须让组织起来的农民接受这一观念。为此,超市在建立可追溯体系时,要对可追溯体系的潜在利益进行仔细分析,分析其中与整个供应链相关部分的利益,才能激发整个零售供应链中企业特别是农民专业合作社建立并实施可追溯体系的兴趣。当然其中还需要政府对农产品生产标准化的宣传和对农民专业合作社实施标准化的扶持和培训。农民专业合作社也要加强自身的建设,争取做大做强。

最后,加强对消费者的标准化教育,加强对消费者的可追溯体系普及,增强消费者的追溯意愿。如果消费者的教育缺失,合作社以及其他农民生产出的标准化农产品就较难得到终端消费者的认可,就难以实现优质优价,标准化就难以持续开展,可追溯体系也难以建立。所以要重视消费者的标准质量意识,培养消费者利用标准去识别和选择优质农产品的能力。可结合目前在部分城市开展的肉菜流通追溯体系建设试点工作,开展长期持续的消费者教育,提高其对安全农产品标识、安全农产品等的认知和认可程度,加强对消费者的可追溯体系普及,从而为可追溯体系的实施建立长久的激励机制。

9 农产品质量安全标准体系建设的绩效与问题

如何提高我国农产品供应的效率与质量，增强我国农产品的竞争力，增加农民收入，已成为当前我国农业发展中迫切需要解决的问题，而此问题的解决依赖于如何率先实施农业标准化。尽管这几年我国在农业标准化建设方面取得了很大成绩，然而，就整体而言，我国标准化建设依然跟不上农业产业化和市场化的要求，农业标准转化为生产力的效果不明显。造成这种状态的原因很多，如农业专业化程度不高、农民文化程度低、农业标准化人才缺乏等，但主要与我国市场机制短期内发育不完善、以政府主导推进农业标准化有关。因此，如何转变政府职能，积极探索建立政府、市场、经营主体联动的农业标准化推进机制成了当前政府关注的焦点。由于农业标准化实施绩效问题是实现我国农业标准化战略，进而推动我国农业现代化的深层影响因素。因此，在政府用于标准化建设经费有限的情况下，本研究试图通过现代经营主体实施和带动农户实行标准化的绩效进行深入分析，分析不同类型经营主体的绩效差异及其影响因素，为政府科学扶持、培养农业标准化参与主体、提升农业标准化建设绩效提供科学翔实的实证依据。

9.1 样本选择依据

本研究选择的样本地区为全浙江省。之所以选择浙江省作为研究对象，主要有以下几个方面的原因：一是浙江省的农业标准化建设走在全国前列，代表了全国农业标准化工作的前进方向，更具有参考价值；二是课题组借助于浙江省农业厅的渠道，方便获取调查数据。

浙江省的农业标准化工作从我国加入 WTO 后开始全面、深入、系统地展开。据统计，从 2003 年开始，浙江省级财政每年投入 1500 万～4000 万元专项资金用于推动农业标准化和农产品质量安全工作，至 2009 年年底，浙江省共投入 2 亿元财政专项经费。截至 2010 年年底，浙江省共制定发布各级农业标准规范 2600 余项，其中省级地方标准 679 项，基本覆盖了农业生产各环节，涉及传统农业、设施农业、生态农业、休闲观光农业等领域,形成了具有浙江特色的农业标准体系。其以特色优势产业为重点,以标准化实施示范项目为抓手,以多元化参与、多渠道发展为手段,建立政府、市场、经营主体联动的农业标准化推进机制的实践经验,有效地促进了浙江省农业结构的优化、农产品质量安全水平的提高和农业品牌的发展,同时也得到国内各界人士的充分肯定,对其他地区实施农业标准化和食用农产品安全管理起到了一定的示范作用。

本研究采用的数据来自于 2013 年 5—9 月课题组的调研。在浙江省农业厅质监处的协助下,首先对实施农业标准化的典型生产主体进行了深入访谈,其次再进行抽样调查。

本研究问卷发放过程中采取分层抽样与随机抽样相结合的方法进行。首先,在浙江省 11 个地级市,按照其农业产业规模等指标确定每一地市抽取县市数目,然后在抽取出来的每一个县市随机抽取 30 个左右的生产主体进行问卷调查。本次调查共向全省 11 个地市 62 县(市、区)发放问卷 1800 份,回收问卷 1421 份,其中有效问卷 1363 份,问卷回收率和有效问卷回收率分别为 78.9% 和 75.72%。

9.2　调查样本的基本特征描述及绩效选择

9.2.1　生产主体的特征分析

本次受调查的主体以农民专业合作社为主,共有 814 家,占总数的 59.7%;其次是农业龙头企业,共有 380 家,占 27.9%;家庭农场(大户)有 169 家,占 12.4%。生产主体级别以县级最多,达 647 家,占总数的 47.5%;市级次之,有 309 家,占 22.7%;省级有 177 家,占 13.0%;其他级别的生产主体有 230 家,占 16.8%。

在产品类别方面主要以水果(27.2%)、蔬菜(22.5%)、畜牧(15.9%)、粮油(9.3%)、茶叶(9.0%)五大类产品为主,占调查总数的 80% 以上,其他类别有食用菌(4.9%)、水产(4.4%)、花卉(1.6%)、其他(5.1%),基本涵盖了浙江省农业主导产业。具体如图 9-1 所示。

1. 被调查生产主体负责人的年龄

被调查生产主体负责人的年龄分布具体见表 9-1,可以看出被调查生产主体的负责人年龄主要集中在 40~60 岁,这表明现阶段农业产业负责人年龄偏大。被调查三类生产主体负责人的平均年龄见表 9-2,三者之间没有显著差异,都集中在 46 岁左右。

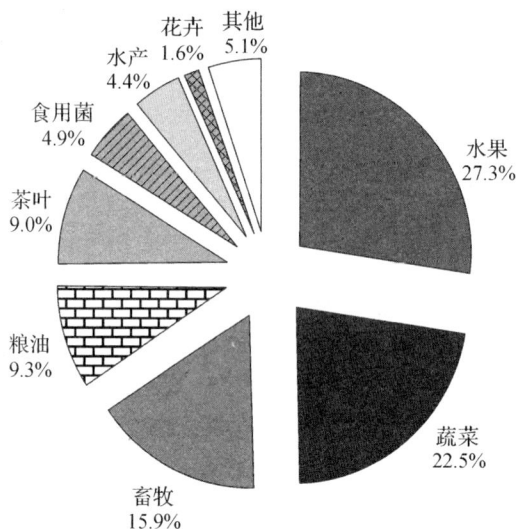

图 9-1　被调查生产主体产品类别

表 9-1　被调查生产主体负责人的年龄情况

年龄	人数（人）	所占百分比（％）
30 岁以下	27	2.0
30～39 岁	191	14.0
40～49 岁	583	42.8
50～59 岁	473	34.7
60 岁及以上	89	6.5
合　计	1363	100

表 9-2　不同类型生产主体负责人的平均年龄

生产主体类型	人数（人）	平均年龄（岁）
农民专业合作社	814	47.1
农业龙头企业	380	46.6
家庭农场（大户）	169	45.7
合　计	1363	—

2.被调查生产主体负责人的文化程度

被调查生产主体负责人的文化程度分布具体见表 9-3，从表中可以看出，被调查的生产主体负责人文化程度 70％以上都在高中及以上，文化程度较高，这可以看出，当上生产主体负责人需要较高的文化程度。从表 9-4 可以看出，被调查农民专业合作社负责人的文化程度比三类生产主体的平均文化程度要低。

表 9-3　被调查生产主体负责人的文化程度

文化程度	人数（人）	所占百分比（%）
小学及以下	122	9.0
初　中	263	19.3
高中或中专	539	39.6
大专及以上	439	32.1
合　计	1363	100

表 9-4　被调查农民专业合作社负责人的文化程度

文化程度	人数（人）	所占百分比（%）
小学及以下	88	10.8
初　中	175	21.5
高中或中专	359	44.1
大专及以上	192	23.6
合　计	814	100

3. 被调查生产主体的土地规模

被调查三类生产主体的土地规模均值见表 9-5，从表中可以看出，从土地规模化经营角度考虑，农业龙头企业的土地集约化水平显著高于农民专业合作社，而后者又显著高于家庭农场（大户）的土地集约化水平。

表 9-5　不同生产主体的平均土地规模

生产主体类型	平均土地规模（亩）
农民专业合作社	1037.1
农业龙头企业	1515.5
家庭农场（大户）	302.9

4. 被调查生产主体的农户规模

从表 9-6 中可以看出，不同生产主体间的农户规模相差明显，家庭农场（大户）明显要小于农民专业合作社与农业龙头企业，不利于实现规模化、集约化生产经营。而农业龙头企业的平均农户规模比农民专业合作社高 18% 左右，规模化、集约化水平更高。

表 9-6　不同生产主体的平均农户规模

生产主体类型	平均农户规模（人）
农民专业合作社	66.8
农业龙头企业	78.7
家庭农场（大户）	19.5

9.2.2　生产主体的绩效选择

本研究主要通过质量安全保障、产量提高、效益增长、成本增加、产品形象提升、市场竞争力增强和价格提高七个方面体现农业标准化绩效，总体情况如表 9-7 所示。农业标准化绩效最明显的是农产品质量安全保障，87.8%的生产主体负责人选择了该选项；其次是市场竞争力增强、效益增长和产品形象提升绩效指标，都有 60% 以上的负责人进行了选择；成本增加和价格提高这两个指标选择人数最少，都仅占不到 38%。这说明各类生产主体的负责人普遍认同实施农业标准化能有效保障农产品质量安全。

表 9-7　基于所有生产主体的农业标准化绩效选择

绩效指标	选择频次（次）	占比（%）
质量安全保障	1196	87.8
产量提高	742	54.4
效益增长	867	63.6
成本增加	515	37.8
产品形象提升	849	62.3
市场竞争力增强	883	64.8
价格提高	506	37.1

分别基于农民专业合作社、农业龙头企业和家庭农场（大户）的农业标准化绩效选择详见表 9-8、表 9-9、表 9-10。从表中可以看出，在质量安全保障绩效方面，农业龙头企业明显要强于农民专业合作社，而后者又强于家庭农场（大户）；而在成本增加绩效方面，虽然呈现与质量安全保障绩效一致的对比关系，但在意义表示上，则刚好相反，即农业龙头企业的成本控制要弱于农民专业合作社，而后者又弱于家庭农场（大户）；在产量提高、效益增长、产品形象提升、市场竞争力增强和价格提高这五个农业标准化绩效方面，都呈现与质量安全保障绩效一致的对比关系，仅在差异程度上有所区别。这表明，从总体上说，实施农业标准化绩效方面呈现农业龙头企业强于农民专业合作社、农民专业合作社强于家庭农场（大户）的整体态势。

表 9-8　基于农民专业合作社的农业标准化绩效选择

绩效指标	选择频次（次）	占比（%）
质量安全保障	707	86.9
产量提高	430	52.8
效益增长	517	63.5
成本增加	308	37.8
产品形象提升	498	61.2
市场竞争力增强	526	64.6
价格提高	309	38.0

表 9-9　基于农业龙头企业的农业标准化绩效选择

绩效指标	选择频次（次）	占比（%）
质量安全保障	352	92.6
产量提高	236	62.1
效益增长	251	66.1
成本增加	155	40.8
产品形象提升	270	71.1
市场竞争力增强	262	69.0
价格提高	147	38.7

表 9-10　基于家庭农场（大户）的农业标准化绩效选择

绩效指标	选择频次（次）	占比（%）
质量安全保障	137	81.1
产量提高	76	45.0
效益增长	99	58.6
成本增加	52	30.8
产品形象提升	81	47.9
市场竞争力增强	95	56.2
价格提高	50	29.6

9.3　影响农业标准化绩效因素的描述性统计分析

9.3.1　强制措施因素分析

1.农产品质量安全标准使用情况

从表 9-11 被调查生产主体质量安全标准使用情况来看，农业龙头企业使用质量安全标准的比例最高,达85.8%;合作社次之,为75.2%;家庭农场(大户)使用比例最低,仅占其总数的68.6%。农业龙头企业广泛使用质量安全标准,有效保障农产品质量安全水平。

表9-11　被调查生产主体质量安全标准使用情况

生产主体类型	是否使用农产品质量安全标准	生产主体数(家)	所占百分比(%)
农民专业合作社	使用	612	75.2
	未使用	202	24.8
农业龙头企业	使用	326	85.8
	未使用	54	14.2
家庭农场(大户)	使用	116	68.6
	未使用	53	31.4

2.农用物资统一采购情况

从表9-12被调查生产主体农用物资统一采购情况来看,超过60%的农民专业合作社与农业龙头企业都实行了农用物资统一采购,而家庭农场(大户)则不到一半,仅占总数的45.6%。结合表9-6来看,农民专业合作社和农业龙头企业的平均农户规模远远大于家庭农场(大户),具有较好的规模效应,在物资采购方面具有更大的议价能力,统一采购物资有利于降低生产成本。

表9-12　被调查生产主体农用物资统一采购情况

生产主体类型	是否统一采购农用物资	生产主体数(家)	所占百分比(%)
农民专业合作社	是	497	61.1
	否	317	38.9
农业龙头企业	是	241	63.4
	否	139	36.6
家庭农场(大户)	是	77	45.6
	否	92	54.4

3.人员培训情况

从表9-13被调查生产主体人员培训情况来看,大部分生产主体都进行了人员培训,指导农户进行安全生产,其中农业龙头企业和农民专业合作社在80%左右,家庭农场(大户)进行培训的占总数的70%左右。从平均培训次数来看,农业龙头企业多于农民专业合作社,后者又多于家庭农场(大户),三者分别为2.9、2.1和1.6。从中可以看出,虽然农业龙头企业与农民专业合作社进行培训的主体比例差不多,但培训频率上农业龙头企业要高于农民专业合作社。

表9-13　被调查生产主体人员培训情况

生产主体类型	是否进行人员培训	生产主体数（家）	所占百分比（%）	平均培训次数（次）
农民专业合作社	是	645	79.2	2.1
	否	169	20.8	
农业龙头企业	是	305	80.3	2.9
	否	75	19.7	
家庭农场（大户）	是	119	70.4	1.6
	否	50	29.6	

4.农产品质量安全管理制度实施情况

从表9-14被调查生产主体质量安全管理制度实施情况来看,农业龙头企业实施比例最高,占总数的84.0%;农民专业合作社次之,占79.6%;家庭农场(大户)最低,仅占64.5%。从数据上看,在农产品质量安全管理制度实施方面,呈现出农业龙头企业好于农民专业合作社,后者又好于家庭农场(大户)的整体态势。

表9-14　被调查生产主体质量安全管理制度实施情况

生产主体类型	是否实施质量安全管理制度	生产主体数（家）	所占百分比（%）
农民专业合作社	是	648	79.6
	否	166	20.4
农业龙头企业	是	319	84.0
	否	61	16.0
家庭农场（大户）	是	109	64.5
	否	60	35.5

5.生产档案记录完备程度情况

表9-15显示的是各生产主体的生产档案记录情况。本选项共有7项生产档案供选择,即"种子购买及使用情况"、"农药购买及使用情况"、"肥料购买及使用情况"、"农事操作情况"、"收获情况"、"产品检测情况"、"销售情况",将未记录的设为"1",记录了其中1~2项的设为"2",记录3~5项的设为"3",记录6~7项的设为"4"。

表9-15　被调查生产主体生产档案记录完备程度

生产主体类型	生产档案记录完备程度	生产主体数（家）	所占百分比（%）
农民专业合作社	1	24	2.9
	2	112	13.8
	3	418	51.4
	4	260	31.9

续表

生产主体类型	生产档案记录完备程度	生产主体数（家）	所占百分比（%）
农业龙头企业	1	15	3.9
	2	63	16.5
	3	194	50.9
	4	108	28.3
家庭农场（大户）	1	23	13.6
	2	35	20.7
	3	74	43.8
	4	37	21.9

从表9-15被调查生产主体生产档案记录完备程度情况来看，农民专业合作社生产档案记录的比例最高，达97.1%；农业龙头企业次之，为96.1%；家庭农场（大户）则仅有86.4%。这表明大部分生产主体要求农户进行生产档案记录，但要求记录种类不一。总体来说，在生产档案记录完备程度方面，农民专业合作社要高于农业龙头企业，后者又高于家庭农场（大户）。

6. 上市前农产品检测频率

表9-16显示的是各生产主体上市前农产品检测频率情况。本题主要考察生产主体有无进行产品上市前检验，以及其检验频率，共有4个选项，"1＝不检测"、"2＝很少检测"、"3＝定时检测"、"4＝每批都检"。

从表9-16显示的情况看，在有无进行产品上市前检验方面，农民专业合作社表现最好，仅10.0%没有在上市前进行检验，而农业龙头企业和家庭农场（大户）分别为19.4%和23.1%。而在进行上市前检验的频率方面，农业龙头企业表现最好，26.5%以上的企业对每批农产品都进行了上市前检验。

表 9-16 被调查生产主体上市前农产品检测频率情况

生产主体类型	上市前农产品检测频率	生产主体数（家）	所占百分比（%）
农民专业合作社	1	81	10.0
	2	152	18.7
	3	340	41.8
	4	161	19.8
农业龙头企业	1	74	19.4
	2	46	12.1
	3	159	41.7
	4	101	26.5

生产主体类型	上市前农产品检测频率	生产主体数（家）	所占百分比（%）
家庭农场（大户）	1	39	23.1
	2	17	10.1
	3	79	46.7
	4	34	20.1

7. 发生质量安全问题时的追溯情况

表 9-17 显示的是当发生农产品质量安全问题时，生产主体能否追溯到农户的情况，选项分别设置为"1＝不能"、"2＝偶尔能"、"3＝能"。

从表 9-17 的数据显示情况来看，三类生产主体的整体情况相差不大，都有 75% 以上的可能进行追溯。相对来说，农业龙头企业不能追溯的比例最低，为 21.0%；其次是家庭农场（大户），为 23.7%；农民专业合作社不能追溯的比例最高，达 25.3%。从实际情况来看，农民专业合作社对农户的约束是三类主体中最小的，导致产品追溯情况表现相对较差。

表 9-17　被调查生产主体产品追溯情况

生产主体类型	产品追溯可能性	生产主体数（家）	所占百分比（%）
农民专业合作社	1	206	25.3
	2	88	10.8
	3	496	60.9
农业龙头企业	1	80	21.0
	2	56	14.7
	3	244	64.0
家庭农场（大户）	1	40	23.7
	2	13	7.7
	3	116	68.6

9.3.2　激励手段因素分析

1. 生产主体奖励农户制度实施情况

从表 9-18 被调查生产主体奖励制度实施情况来看，生产主体普遍没有实行奖励制度。农民专业合作社实行奖励制度的比例最高，达 20.0%；家庭农场（大户）的比例次之，占 14.2%；农业龙头企业实行比例最低，仅占 6.3%。从奖励制度实施情况可以看出，农民专业合作社对农户约束最小，导致农产品安全生产实现难度大。而农业龙头企业与家庭农场（大户）更加看重利益的带动，强制农户实行安全生产。

表 9-18　被调查生产主体奖励制度实施情况

生产主体类型	是否实行奖励制度	生产主体数（家）	所占百分比（%）
农民专业合作社	是	163	20.0
	否	651	80.0
农业龙头企业	是	24	6.3
	否	356	93.7
家庭农场（大户）	是	24	14.2
	否	145	85.8

2. 生产主体认证管理情况

表 9-19 显示的是被调查生产主体的认证管理情况。从具体数据看，大部分生产主体都进行了安全农产品或是质量安全管理体系认证；其中农民专业合作社的认证比例最高，达 95.9%；农业龙头企业次之，占 93.7%；家庭农场（大户）认证比例为 92.3%。自从农业部 2003 年实施无公害食品行动计划以来，大部分生产主体都提高了产品认证意识，整体认证水平较高，应深化认证的种类、数量等问题对农产品质量安全问题的影响。

表 9-19　被调查生产主体认证管理情况

生产主体类型	是否进行认证	生产主体数（家）	所占百分比（%）
农民专业合作社	是	781	95.9
	否	33	4.1
农业龙头企业	是	356	93.7
	否	24	6.3
家庭农场（大户）	是	156	92.3
	否	13	7.7

3. 生产主体自有品牌建设情况

表 9-20 显示了被调查生产主体自有品牌的建设情况。具体数据表明，农业龙头企业的自有品牌比例最高，达 82.9%；农民专业合作社次之，占 59.8%；家庭农场（大户）的自有品牌比例最低，占 50.9%。从中可以看出，农业龙头企业的自有品牌拥有率远远高于农民专业合作社和家庭农场（大户），说明农业龙头企业更注重市场导向。

表 9-20 被调查生产主体自有品牌建设情况

生产主体类型	是否建立自有品牌	生产主体数（家）	所占百分比（%）
农民专业合作社	是	487	59.8
	否	300	36.9
农业龙头企业	是	316	82.9
	否	64	16.8
家庭农场（大户）	是	86	50.9
	否	83	49.1

9.3.3 小 结

基于对浙江全省 11 个地市 62 县（市、区）的 1363 个农业生产主体的问卷调查，分析了被调查生产主体的主要特征，分别就负责人年龄、文化程度、生产主体的土地规模和农户规模进行详细描述，同时也分析了三类生产主体对标准化绩效的选择且进行了比较。并结合第四章的实证分析框架，详细分析了影响农产品质量安全保障绩效的强制措施因素和激励手段因素的情况。

根据上述的描述性统计分析，被调查的三类农业生产主体中，在质量安全保障、产量提高、效益增长、产品形象提升、市场竞争力增强和价格提高这六个标准化绩效方面，明显显示出农业龙头企业要强于农民专业合作社，而后者又强于家庭农场（大户）的态势；而在成本控制方面，农业龙头企业的成本控制要弱于农民专业合作社，而后者又弱于家庭农场（大户）。

被调查的三类农业生产主体中，根据强制措施因素和激励手段因素的表现，10 个变量中基本以农业龙头企业的表现最好，但在生产档案记录完备程度和奖励制度实施方面，农民专业合作社表现更好。

9.4 农业标准化绩效差异的计量分析

根据前文的理论分析与文献综述，结合农业生产实际情况，本研究选取农产品质量安全保障、产量提高、效益增加、成本增加、产品形象提升、市场竞争力增强、价格提高这七个指标来比较分析生产主体标准化实施绩效。

9.4.1 农业标准化绩效指标相关关系分析

相关分析研究现象之间是否存在某种依存关系，并对具体有依存关系的现象探讨其相关方向以及相关程度，是研究随机变量之间的相关关系的一种统计方法，本研究采用 Person 相关分析来比较七个绩效指标之间的相关关系，利用 SPSS

18.0 进行统计分析，采用 1363 个问卷调查数据，获得结果具体如表 9-21 所示。

表 9-21　农业标准化绩效指标相关关系

		质量安全保障	产量提高	效益增加	成本增加	产品形象提升	市场竞争力增强	价格提高
质量安全保障	Pearson 相关性	1	−0.057*	0.034	0.088**	0.217**	0.132**	0.130**
	显著性（双侧）		0.035	0.215	0.001	0.000	0.000	0.000
	N	1363	1363	1363	1363	1363	1363	1363
产量提高	Pearson 相关性	−0.057*	1	0.419**	−0.003	0.047	0.061*	0.175**
	显著性（双侧）	0.035		0.000	0.911	0.083	0.024	0.000
	N	1363	1363	1363	1363	1363	1363	1363
效益增加	Pearson 相关性	0.034	0.419**	1	−0.002	0.116**	0.164**	0.234**
	显著性（双侧）	0.215	0.000		0.945	0.000	0.000	0.000
	N	1363	1363	1363	1363	1363	1363	1363
成本增加	Pearson 相关性	0.088**	−0.003	−0.002	1	0.250**	0.131**	0.153**
	显著性（双侧）	0.001	0.911	0.945		0.000	0.000	0.000
	N	1363	1363	1363	1363	1363	1363	1363
产品形象提升	Pearson 相关性	0.217**	0.047	0.116**	0.250**	1	0.355**	0.247**
	显著性（双侧）	0.000	0.083	0.000	0.000		0.000	0.000
	N	1363	1363	1363	1363	1363	1363	1363
竞争力增强	Pearson 相关性	0.132**	0.061*	0.164**	0.131**	0.355**	1	0.280**
	显著性（双侧）	0.000	0.024	0.000	0.000	0.000		0.000
	N	1363	1363	1363	1363	1363	1363	1363
价格提高	Pearson 相关性	0.130**	0.175**	0.234**	0.153**	0.247**	0.280**	1
	显著性（双侧）	0.000	0.000	0.000	0.000	0.000	0.000	
	N	1363	1363	1363	1363	1363	1363	1363

注：* 在 0.05 水平（双侧）上显著相关

　　** 在 0.01 水平（双侧）上显著相关

通过表 9-21 我们可以看到，七个标准化绩效中，质量安全保障与产量提高在 0.05 水平上显著负相关，即质量安全保障的提升必然伴随着农产品产量的下降；质量安全保障指标同时与成本增加、产品形象提升、市场竞争力增强和价格提高在 0.01 水平上显著正相关，即质量安全水平提高的同时，农产品价格会有所提高，产品形象更为契合消费者心理预期，市场竞争力显著增强，但也伴随着农产品生产成本的上升。由于价格提高与成本增加显著正相关，导致质量安全保障与效益增加指标之间的相关关系不明显。

效益增加指标除了与质量安全保障指标缺乏相关关系外，与产量提高、产品形象提升、市场竞争力增强和价格提高这四个绩效指标呈显著正相关，即效益增加伴随着农产品价格的提高、产量的增加、产品形象的提升和逐渐增强的市场竞争力。同时效益增加与成本增加指标没有显著的相关关系。

成本增加指标与质量安全保障指标、产品形象提升指标、市场竞争力增强指标和价格提高指标都在 0.01 水平上显著正相关，即增加成本的同时，产品形象得到提升，市场竞争力增强，农产品价格提高，同时也保障了农产品质量安全水平。然而，成本的提高与产量和效益这两个指标之间欠缺显著的相关关系。

9.4.2　不同生产主体间标准化绩效比较分析

为了比较不同生产主体间的标准化绩效，有必要进行两两不同生产主体之间的比较，以具体判断两两不同生产主体间标准化绩效的差异显著性。本研究选取最小显著差数法（LSD 法）进行多重比较，具体分析不同生产主体间各标准化绩效指标的差异。本研究利用 SPSS 18.0 进行 LSD 法多重比较分析，以 1363 份问卷调查数据为分析对象，获得结果如表 9-22 和表 9-23 所示。

表 9-22　不同生产主体间标准化绩效比较（1）

因变量	(I)	生产主体类型	(J)	生产主体类型	均值差(I−J)	标准误	显著性	95% 置信区间	
								下限	上限
质量安全保障	dimen-sion2	农民专业合作社	dimension3	农业龙头企业	−0.058*	0.020	0.004	−0.10	−0.02
				家庭农场	0.058*	0.028	0.036	0.00	0.11
		农业龙头企业	dimension3	农民专业合作社	0.058*	0.020	0.004	0.02	0.10
				家庭农场	0.116*	0.030	0.000	0.06	0.17
		家庭农场	dimension3	农民专业合作社	−0.058*	0.028	0.036	−0.11	0.00
				家庭农场	−0.116*	0.030	0.000	−0.17	−0.06

注：* 均值差的显著性水平为 0.05

表 9-23　不同生产主体间标准化绩效比较（2）

因变量	(I)	生产主体类型	(J)	生产主体类型	均值差(I−J)	标准误	显著性	95% 置信区间	
								下限	上限
产量提高	dimen-sion2	农民专业合作社	dimension3	农业龙头企业	−0.091*	0.031	0.003	−0.15	−0.03
				家庭农场	0.081	0.042	0.054	0.00	0.16
		农业龙头企业	dimension3	农民专业合作社	0.091*	0.031	0.003	0.03	0.15
				家庭农场	0.172*	0.046	0.000	0.08	0.26
		家庭农场	dimension3	农民专业合作社	−0.081	0.042	0.054	−0.16	0.00
				家庭农场	−0.172*	0.046	0.000	−0.26	−0.08

续表

因变量	(I)	生产主体类型	(J)	生产主体类型	均值差(I-J)	标准误	显著性	95% 置信区间 下限	上限
效益增加	dimension2	农民专业合作社	dimension3	农业龙头企业	−0.025	0.030	0.396	−0.08	0.03
				家庭农场	0.049	0.041	0.225	−0.03	0.13
		农业龙头企业	dimension3	农民专业合作社	0.025	0.030	0.396	−0.03	0.08
				家庭农场	0.075	0.044	0.093	0.01	0.16
		家庭农场	dimension3	农民专业合作社	−0.049	0.041	0.225	−0.13	0.03
				家庭农场	−0.075	0.044	0.093	−0.16	0.01
成本增加	dimension2	农民专业合作社	dimension3	农业龙头企业	−0.030	0.030	0.327	−0.09	0.03
				家庭农场	0.071	0.041	0.085	−0.01	0.15
		农业龙头企业	dimension3	农民专业合作社	0.030	0.030	0.327	−0.03	0.09
				家庭农场	0.100*	0.045	0.025	0.01	0.19
		家庭农场	dimension3	农民专业合作社	−0.071	0.041	0.085	−0.15	0.01
				家庭农场	−0.100*	0.045	0.025	−0.19	−0.01
产品形象提升	dimension2	农民专业合作社	dimension3	农业龙头企业	−0.099*	0.030	0.001	−0.16	−0.04
				家庭农场	0.133*	0.041	0.001	0.05	0.21
		农业龙头企业	dimension3	农民专业合作社	0.099*	0.030	0.001	0.04	0.16
				家庭农场	0.231*	0.044	0.000	0.14	0.32
		家庭农场	dimension3	农民专业合作社	−0.133*	0.041	0.001	−0.21	−0.05
				家庭农场	−0.231*	0.044	0.000	−0.32	−0.14
市场竞争力增强	dimension2	农民专业合作社	dimension3	农业龙头企业	−0.043	0.030	0.144	−0.10	0.01
				家庭农场	0.084*	0.040	0.037	0.01	0.16
		农业龙头企业	dimension3	农民专业合作社	0.043	0.030	0.144	−0.01	0.10
				家庭农场	0.127*	0.044	0.004	0.04	0.21
		家庭农场	dimension3	农民专业合作社	−0.084*	0.040	0.037	−0.16	−0.01
				家庭农场	−0.127*	0.044	0.004	−0.21	−0.04

续表

因变量	(I)	生产主体类型	(J)	生产主体类型	均值差(I−J)	标准误	显著性	95% 置信区间	
								下限	上限
价格提高	dimension2	农民专业合作社	dimension3	农业龙头企业	−0.007	0.030	0.809	−0.07	0.05
				家庭农场	0.084*	0.041	0.040	0.00	0.16
		农业龙头企业	dimension3	农民专业合作社	0.007	0.030	0.809	−0.05	0.07
				家庭农场	0.091*	0.045	0.042	0.00	0.18
		家庭农场	dimension3	农民专业合作社	−0.084*	0.041	0.040	−0.16	0.00
				家庭农场	−0.091*	0.045	0.042	−0.18	0.00

注：* 均值差的显著性水平为 0.05

根据表 9-22、表 9-23，我们可以得到以下结果：

第一，质量安全保障绩效方面，农业龙头企业显著优于农民专业合作社，而农业专业合作社又显著优于家庭农场（大户）。

第二，从产量提高绩效角度看，农业龙头企业显著强于农民专业合作社和家庭农场（大户），农民专业合作比家庭农场（大户）略占优势，但缺乏显著性。

第三，效益增加绩效方面，农业龙头企业、农民专业合作社和家庭农场（大户）三者之间没有显著差异；但从均值角度看，仍呈现农业龙头企业强于农民专业合作社，农业专业合作社强于家庭农场（大户）的态势。

第四，成本增加绩效角度，家庭农场（大户）在控制成本方面显著强于农业龙头企业，而农业龙头企业与农民专业合作社和农民专业合作社与家庭农场（大户）两两之间显著性不明显，从均值差角度得出在控制成本方面家庭农场（大户）优于农民专业合作社，而后者又比农业龙头企业更善于控制成本。

第五，产品形象提升绩效方面，总体态势与质量安全保障绩效一致，但更为显著。

第六，市场竞争力增强绩效角度，农业龙头企业与农民专业合作社都显著强于家庭农场（大户），农民专业合作社略弱于农业龙头企业。

第七，价格提高绩效方面，与市场竞争力增强绩效表现完全一致，只是农民专业合作社与农业龙头企业的绩效表现更为接近。

总的来看，七个标准化绩效指标的整体态势显示，农业龙头企业强于农民专业合作社，而农民专业合作社又优于家庭农场（大户）。其中质量安全保障绩效与产品形象提升绩效方面在三类生产主体间的差异最为显著；产量提高、市场竞争力提高和价格提高绩效方面，两两三次比较中有两次比较呈现显著的差异性；而成本增长绩效只有在农业龙头企业与家庭农场（大户）的绩效比较中呈现显著差异，效益增加绩效指标在比较中没有显示出显著性。

9.4.3 小 结

通过上文标准化绩效指标间的相关分析与不同生产主体间的标准化绩效差异分析，我们可以得出以下结论：

一方面，标准化绩效指标之间存在显著的相关关系，既有正向相关关系，也有负向相关关系，这就要求我们在实施农业标准化的过程中有所取舍。例如以农产品质量安全保障与产量提高为例，两者呈现显著的负向相关关系，即农产品质量安全水平的提高只会导致农产品产量的降低，而不可能同时出现增长情况。在这样的情况下，应结合生产实际，确定合理的农产品质量安全水平，保障农产品产量在合适的区间范围，既保障农产品质量安全，又能给社会提供足够的农产品。

另一方面，现阶段我国农业标准化绩效仍以农业龙头企业为最强，农民专业合作社次之。家庭农场（大户）的大部分绩效指标都弱于农业龙头企业与农民专业合作社，但家庭农场（大户）的成本控制能力在三类生产主体之中最为突出。在农业标准化实施过程中，既应保障农产品质量安全保持在合理水平之上，也应考虑实施过程中的成本控制，而农民专业合作社在这一方面恰恰结合了农业龙头企业与家庭农场（大户）的优点。

9.5 影响农产品质量安全保障绩效的因素分析

本节拟通过从对标准化工作中最为重要且最为社会所关注的农产品质量安全保障绩效指标出发，分析影响生产主体实施农产品质量安全标准化的因素，探索不同生产主体在标准化实施过程中的问题之所在。

9.5.1 模型构建与变量设置

根据理论分析与生产实际情况，本书在9.3节已经建立了关于生产主体质量安全保障绩效的影响因素的理论框架并提出了相应的假设。根据已建立的框架及研究假设，本研究将不同生产主体质量安全生产标准化绩效影响因素的实证模型设置如下。

生产主体质量安全保障绩效实证模型：

$$Y_1 = f(X_1, X_2, X_3)$$

其中，Y_1 代表生产主体质量安全保障绩效；

X_1 代表生产主体特征；

X_2 代表生产主体强制措施；

X_3代表生产主体激励手段。

$$Y_1 = \begin{cases} 0 & \text{质量安全没保障} \\ 1 & \text{质量安全有保障} \end{cases}$$

$$X_1 = f(X_{11}, X_{12}, X_{13}, X_{14})$$

其中,X_{11}代表负责人年龄;X_{12}代表负责人文化程度;X_{13}代表土地规模;X_{14}代表农户规模。

$$X_2 = f(X_{21}, X_{22}, X_{23}, X_{24}, X_{25}, X_{26}, X_{27}, X_{28})$$

其中,X_{21}代表质量标准;X_{22}代表物资采购;X_{23}代表人员培训;X_{24}代表管理制度;X_{25}代表生产档案;X_{26}代表产品检测;X_{27}代表产品追溯。

$$X_3 = f(X_{31}, X_{32}, X_{33})$$

其中,X_{31}代表奖励制度;X_{32}代表产品认证;X_{33}代表品牌建设。

综上所述,影响生产主体质量安全保障绩效的因素实证模型中,共有3类因素,分别是生产主体特征因素、强制措施因素和激励手段因素。每一个因素由几个变量具体表现,共有14个变量体现这3个因素,这14个因素可以通过问卷调查中的具体问题获得相应的解释。模型中各影响因素选取的具体变量及统计数据由表9-24给出。

表9-24　生产主体质量安全保障绩效影响因素实证模型变量定义和均值

变　量	性　质	定　义	均值
主体特征因素			
负责人年龄	连续变量	负责人真实年龄	47.08
负责人文化程度	定序变量	小学＝1;初中＝2;高中及中专＝3;大专及以上＝4	2.87
土地规模	连续变量	生产主体拥有土地亩数	1039.21
农户规模	连续变量	生产主体农户规模	67.01
强制措施因素			
质量标准	选择变量	0＝否,1＝是	0.77
物资采购	选择变量	0＝否,1＝是	0.61
人员培训	连续变量	去年培训次数	2.08
管理制度	选择变量	0＝否,1＝是	0.80
生产档案	定序变量	1＝0类;2＝1～2类;3＝3～5类;4＝6类及以上	3.12
产品检测	定序变量	0＝不检测;1＝很少检测;2＝定时检测;3＝每批都检	1.79
产品追溯	定序变量	1＝不能;2＝偶尔能;3＝能	2.36
态度因素			
奖励制度	选择变量	0＝否,1＝是	0.19
产品认证	选择变量	0＝否,1＝是	0.96
品牌建设	选择变量	0＝否,1＝是	0.62
质量安全保障绩效	选择变量	0＝否,1＝是	0.87

9.5.2　影响标准化绩效因素的二元 Logistic 回归分析

根据上文所述，本研究将生产主体实施质量安全标准化后农产品质量安全是否有保障作为因变量 Y，即 $0-1$ 型因变量，即将"质量安全有保障"定义为 $Y=1$，将"质量安全没保障"定义为 $Y=0$。设 $X_1, X_2, \cdots, X_K$，其中 X_K 是与 Y 相关的自变量，因为因变量 Y 本身只取 0、1 两个离散值，本研究采用二元 Logistic 回归分析模型，将因变量的取值限定在 $[0,1]$ 范围内，并通过最大似然估计法对其回归参数进行估计。

设 $x_1, x_2, \cdots, x_k, x_k$ 是与 y 相关的自变量，一共有 n 组观测数据，即：$(x_{i1}, x_{i2}, \cdots, x_{ik}; y_i)$；$(i=1,2,3,\cdots, n)$。其中，$y_i$ 是取值为 0 或 1 的因变量。y_i 与 $x_{i1}, x_{i2}, \cdots, x_{ik}$ 的关系为：

$$E(y_i) = p_i = \beta_0 + \beta_1 x_{i1} + \beta_2 x_{i2} + \cdots + \beta_k x_{ik} \tag{9-1}$$

y_i 概率函数为：

$$p(y_i) = f(p_i)^{y_i} [1 - f(p_i)]^{(1-y_i)} \quad y = 0,1; i = 1,2,\cdots, n \tag{9-2}$$

Logistic 回归函数为：

$$f(P_i) = \frac{e^{P_i}}{1 + e^{P_i}} = \frac{e^{(\beta_0 + \beta_1 x_{i1} + \beta_2 x_{i2} + \cdots + \beta_k x_{ik})}}{1 + e^{(\beta_0 + \beta_1 x_{i1} + \beta_2 x_{i2} + \cdots + \beta_k x_{ik})}} \tag{9-3}$$

于是 $y_1, y_2, \cdots, y_n$ 的似然函数为：

$$L = \prod_{i=1}^{n} P(y_i) = \prod_{i=1}^{n} f(P_i)^{y_i} [1 - f(P_i)]^{(1-y_i)} \tag{9-4}$$

对似然函数取自然对数，得：

$$\ln L = \sum_{i=1}^{n} \{ y_i \ln f(P_i) + (1-y_i) \ln[1 - f(P_i)] \}$$

$$\ln L = \sum_{i=1}^{n} [y_i(\beta_0 + \beta_1 x_{i1} + \cdots + \beta_k x_{ik}) - \ln(1 + e^{(\beta_0 + \beta_1 x_{i1} + \cdots + \beta_k x_{ik})})] \tag{9-5}$$

最大似然估计是选取 $\beta_0, \beta_1, \beta_2, \cdots, \beta_k$ 的估计值 $\hat{\beta}_0, \hat{\beta}_1, \hat{\beta}_2, \cdots, \hat{\beta}_k$，使得式(9-4)值最大。

在式(9.1)至(9.5)中，p_i 表示生产主体农产品质量安全保障的各种情况，即有保障、没保障。$x_{i1}, x_{i2}, \cdots, x_{ik}$ 代表影响生产主体质量安全保障绩效的各个因素，是预测方程对应的常数，$\beta_1, \beta_2, \cdots, \beta_k$ 是对应自变量的系数。

9.5.3　基于农业专业合作社质量安全保障绩效的模型结果

本研究运用 SPSS 统计软件对 814 家农业专业合作社样本数据进行了二元 Logistic 回归处理。在处理过程中采用了向后逐步回归法，即首先将全部变量引入回归方程,然后进行变量的显著性检验,在一个或多个不显著的变量中,将 t 检验值最小的那个变量剔除,再重新拟合回归方程,并进行各种检验,直到方程中所有变量的 t 检验值基本显著为止。本次二元 Logistic 回归运行一共有 9 种计量估计结果,由于篇幅有限,本书选择 Step 1、最终结果 Step 9 两个模型,具体如表 9-25 所示。

表 9-25　基于农业专业合作社的质量安全保障绩效的 Logistic 模型回归结果

解释变量	Step 1			Step 9		
	系数(B)	Wald 值	Exp(B)	系数(B)	Wald 值	Exp(B)
质量标准	1.428***	21.177	4.169	1.507***	25.763	4.512
物资采购	0.424	2.090	1.527			
人员培训	−0.081	1.102	0.922			
管理制度	0.682***	3.904	1.978	0.720***	4.869	2.055
生产档案	0.002	0.000	1.002			
产品检测	0.439***	7.173	1.551	0.467***	8.868	1.596
产品追溯	0.189	1.393	1.208			
奖励制度	0.785	2.467	2.192	0.936*	3.664	2.549
认证管理	−0.317	0.069	0.728			
品牌建设	0.751***	5.560	2.120	0.710***	5.966	2.034
负责人年龄	−0.036*	3.230	0.965			
负责人文化程度	−0.249	1.647	0.780			
土地规模	0.000	0.051	1.000			
农户规模	−0.001	2.144	0.999	−0.001*	2.992	0.999
常数项	1.594	0.832	4.923	−0.716	5.770	0.489
预测准确性(%)		90.5			90.3	
−2 对数似然值		352.897			361.113	
Nagelkerke 的 R^2		0.323			0.302	

注:*,**,*** 分别表示统计检验在 0.1,0.05 和 0.01 水平上显著

根据上述回归模型的结果,本研究可以得出以下结论:

第一,农民专业合作社是否使用质量安全标准对标准化实施后是否能有效保障农产品质量安全影响强烈。从模型结果看,使用质量安全标准的统计检验在 0.01 水平上显著,估计系数值为正且 Wald 值较大。这个结果表明,在其他条件不变的前提下,农民专业合作社使用质量安全标准能够提高质量安全保障绩效。

第二,农民专业合作社产品检测频率对质量安全保障绩效影响强烈。从模型结果看,产品检测频率的统计检验在 0.01 水平上显著,估计值为正。这个结果表明,在其他条件不变的情况下,农民专业合作社产品检测频率越高,质量安全保障

绩效水平越好。

第三，农民专业合作社实施农产品质量安全管理制度对质量安全保障绩效有较大影响。从模型结果看，质量安全管理制度的统计检验在 0.05 水平上显著，估计系数为正。这个结果表明，在其他条件不变的情况下，农民专业合作社实施质量安全管理制度，能有效提高质量安全保障水平。

第四，农民专业合作社建立统一品牌对质量安全保障绩效有较大影响。从模型结果看，品牌建立的统计检验在 0.05 水平上显著，且估计系数为正。这个结果表明，在其他条件不变的前提下，农民专业合作社建立统一品牌，能有效提高质量安全保障水平。

第五，农民专业合作社实行奖励制度对质量安全保障绩效具有一定的影响。从模型结果看，奖励制度的统计检验在 0.1 水平上显著，估计系数为正。这个结果表明，在其他条件不变的情况下，农民专业合作社实行奖励制度，能更好地保障农产品质量安全。

第六，农民专业合作社的农户规模对质量安全保障绩效具有一定的影响。从模型结果看，农户规模的统计检验在 0.1 水平上显著，估计系数为负。这个结果表明，在其他条件不变的情况下，农民专业合作社的农户规模越大，质量安全保障水平越低。

9.5.4 基于农业龙头企业质量安全保障绩效的模型结果

采用与农民专业合作社相同的方法对农业龙头企业的质量安全保障绩效数据进行二元 Logistic 回归分析。一共有 12 种计量估计结果。由于篇幅的有限性，本书同样选择 Step 1、最终结果 Step 12 两个模型，具体如表 9-26 所示。

根据表 9-26 的模型结果，本研究可以得出以下结论：

第一，农业龙头企业实行认证管理对质量安全保障绩效影响较大。从模型结果看，认证管理的统计检验在 0.05 水平上显著，估计系数值为正。这个结果表明，在其他条件不变的情况下，农业龙头企业实行认证管理，能够有效提高质量安全保障绩效。

第二，农业龙头企业在发生农产品质量安全问题的时候能够实现追溯，对质量安全保障绩效有一定的影响。从模型结果看，产品追溯的统计检验在 0.1 水平上显著，估计系数值为正。这个结果表明，在其他条件不变的情况下，农业龙头企业实行农产品追溯，能有效提高质量安全保障绩效。

第三，农业龙头企业的农户规模对标准化实施后质量安全保障绩效具有一定影响。从模型结果看，农户规模的统计检验在 0.1 水平上显著，估计系数值为正。这个结果表明，在其他条件不变的前提下，农业龙头企业农户规模越大，质量安全保障绩效越高。

表 9-26　基于农业龙头企业的质量安全保障绩效 Logistic 模型回归结果

解释变量	Step 1			Step 12		
	系数（B）	Wald 值	Exp(B)	系数（B）	Wald 值	Exp(B)
质量标准	−0.123	−0.123	0.884			
物资采购	0.236	0.236	1.267			
人员培训	−0.033	−0.033	0.968			
管理制度	0.707	0.707	2.027			
生产档案	0.154	0.154	1.167			
产品检测	−0.140	−0.140	0.869			
产品追溯	0.450*	0.450	1.568	0.068*	0.270	1.070
奖励制度	0.137	0.137	1.147			
认证管理	1.282**	1.282	3.603	0.000**	0.000	1.000
品牌建设	0.043	0.043	1.044			
负责人年龄	−0.001	−0.001	0.999			
负责人文化程度	0.068	0.068	1.070			
土地规模	0.000	0.000	1.000			
农户规模	0.007	0.007	1.007	0.007*	0.004	1.007
常数项	−0.920	−0.920	0.399	−0.920	2.056	0.399
预测准确性（%）	92.6			92.6		
−2 对数似然值	179.991			184.339		
Nagelkerke 的 R^2	0.125			0.098		

注：*,**,*** 分别表示统计检验在 0.1,0.05 和 0.01 水平上显著

9.5.5　基于家庭农场（大户）质量安全保障绩效的模型结果

采用与农民专业合作社相同的方法对家庭农场（大户）的质量安全保障绩效数据进行二元 Logistic 回归分析。一共有 12 种计量估计结果。由于篇幅的有限性，本书同样选择 Step 1、最终结果 Step 12 两个模型，具体如表 9-27 所示。

表 9-27　基于家庭农场（大户）的质量安全保障绩效 Logistic 模型回归结果

解释变量	Step 1			Step 12		
	系数（B）	Wald 值	Exp(B)	系数（B）	Wald 值	Exp(B)
质量标准	0.390	0.662	1.477			
物资采购	−0.052	0.011	0.949			
人员培训	0.000	0.000	1.000			
管理制度	0.419	0.591	1.521			
生产档案	−0.169	0.364	0.845			
产品检测	0.040	0.029	1.041			

续表

解释变量	Step 1			Step 12		
	系数(B)	Wald 值	Exp(B)	系数(B)	Wald 值	Exp(B)
产品追溯	0.279	1.486	1.321	0.380*	3.577	1.464
奖励制度	19.637	0.000	3.373E8	19.661	0.000	3.457E8
认证管理	0.688	1.006	1.990			
品牌建设	0.800	2.533	2.225	0.878**	3.918	2.407
负责人年龄	0.028	0.590	1.028			
负责人文化程度	0.000	0.000	1.000			
土地规模	0.001	0.576	1.001			
农户规模	−0.005	0.910	0.995			
常数项	−1.673	0.692	0.188	0.054	0.012	1.055
预测准确性(%)		81.7			81.1	
−2 对数似然值		139.254			143.984	
Nagelkerke 的 R^2		0.219			0.180	

注：*，**，***分别表示统计检验在 0.1，0.05 和 0.01 水平上显著

根据表 9-27 的模型结果，本研究可以得出以下结论：

第一，家庭农场（大户）的品牌建设对标准化实施后质量安全保障绩效具有较大影响。从模型结果看，品牌建设的统计检验在 0.05 水平上显著，估计系数值为正。这个结果表明，在其他条件不变的前提下，家庭农场（大户）建立自有品牌，能有效保障质量安全保障绩效。

第二，家庭农场（大户）在发生农产品质量安全问题的时候能够实现追溯，对质量安全保障绩效有一定的影响。从模型结果看，产品追溯的统计检验在 0.1 水平上显著，估计系数值为正。这个结果表明，在其他条件不变的情况下，家庭农场（大户）实行农产品追溯，能有效提高质量安全保障绩效。

9.5.6　小　结

从农民专业合作社、农业龙头企业和家庭农场（大户）三类生产主体实施标准化后质量安全保障绩效角度，应用二元 Logistic 回归方法对影响标准化绩效的因素进行了实证分析。研究结果表明，对于农民专业合作社来说，质量标准、产品检测、管理制度、品牌建设、奖励制度这五个变量与农业标准化后农产品质量安全保障绩效明显正相关，而农户规模变量则与其显著负相关；对于农业龙头企业来说，认证管理、产品追溯和农户规模都和质量安全保障绩效有显著正相关关系；对于家庭农场（大户）来说，品牌建设和产品追溯与质量安全保障绩效明显正相关。

最后，在质量安全保障绩效方面，以农民专业合作社为例，物资采购、生产档案、产品追溯三个指标虽然表现出明显的显著性，但其系数值为正，代表这三个方

面对质量安全保障具有正面的影响,但影响不显著;人员培训、认证管理、负责人的年龄和文化程度的系数值为负,说明这几个变量对质量安全保障的影响是负向的,但也没有表现出明显的显著性。这其中,物资采购、生产档案、产品追溯和负责人的年龄影响方向与前文假设一致,而人员培训、认证管理和负责人文化程度与前文假设相悖,值得进行进一步的研究分析。

9.6　结论及启示

9.6.1　主要结论

第一,标准化绩效指标之间存在显著的相关关系,质量安全保障与产量提高在0.05水平上显著负相关,即质量安全保障的提升必然伴随着农产品产量的下降;质量安全保障指标同时与成本增加、产品形象提升、市场竞争力增强和价格提高在0.01水平上显著正相关,即质量安全水平提高的同时,农产品价格会有所提高,产品形象更为契合消费者心理预期,市场竞争力显著增强,但也伴随着农产品生产成本的上升。由于价格提高与成本增加显著正相关,导致质量安全保障与效益增加指标之间的相关关系不明显。

第二,在农业标准化的实施中,现阶段我国农业标准化绩效水平以农业龙头企业为首,农民专业合作社次之。家庭农场(大户)的大部分绩效指标都弱于农业龙头企业与农民专业合作社,但家庭农场(大户)的成本控制能力在三类生产主体之中最为突出。

第三,对于农民专业合作社来说,质量标准、产品检测、管理制度、品牌建设、奖励制度这五个变量与农业标准化后农产品质量安全保障绩效明显正相关,而农户规模变量则与其显著负相关。这表明农民专业合作社实施农产品质量安全标准、质量安全管理制度和奖励制度,提高上市前产品检测频率和建立自有品牌都能显著保障农产品质量安全绩效水平。而农户规模则刚好符合集体行动的逻辑,说明农业专业合作社实施农产品质量安全标准化的强制力度与激励力度不够,不能克服集体行动带来的弊端。

第四,对于农业龙头企业来说,认证管理、产品追溯和农户规模都和质量安全保障绩效有显著正相关关系。这说明农业龙头企业成员农户规模的扩大,建立农产品质量安全可追溯体系,进行产品认证和质量管理体系认证都能够有效保障农产品质量安全绩效水平。在农户规模这一点上刚好与农民专业合作社相反,说明农业龙头企业在实施标准化方面的强制因素和激励因素发挥了较好作用,抵消了集体行动带来的弊端。

第五,对于家庭农场(大户)来说,品牌建设和产品追溯与质量安全保障绩效明显正相关。这表明家庭农场(大户)建立农产品质量安全可追溯体系和建设自有品牌能够有效保障农产品质量安全水平。家庭农场(大户)的农户规模指标系数值为负,说明农户规模的提高也会对农产品质量安全造成负面影响,但由于其农户规模较小,影响暂不明显。

9.6.2 主要启示

通过对不同生产主体标准化实施绩效差异及其影响因素的实证分析,本研究试图提出以下政策建议:

第一,进一步加强主体培育,发挥主体标准化带动作用。从本研究分析中可以看出,生产主体农业标准化实施具有显著效果,在质量安全保障、产品形象提升、市场竞争力增强和价格提高等方面绩效都有不同程度的提升。不同生产主体在标准化实施中的绩效表现不一,但各有其优势所在。大部分绩效指标以农业龙头企业占优,但在成本控制方面家庭农场(大户)表现最为出色,农民专业合作社结合了两者的优点,在各绩效指标中表现良好,同时也拥有良好的成本控制能力。各地应因地制宜,结合当地实际情况,选择合适的生产主体进行培育。

第二,进一步强化政策引导,强化主体标准化带动能力。从本研究的分析中可以发现,不同生产主体的标准化绩效影响因素不一,政府应根据各生产主体的特点,分别引导生产主体的发展,从而强化其标准化带动能力。对于农民专业合作社来说,加强其质量标准、管理制度和奖励制度的应用,加强产品上市检测并鼓励合作社建立自有品牌,都能有效保障其标准化绩效,但考虑到农民专业合作社强制措施与激励手段缺乏,应适当控制规模。对于农业龙头企业来说,应引导加强农产品质量安全可追溯体系建设和认证管理,同时鼓励农业龙头企业做强做大。对于家庭农场(大户)来说,应从农产品质量安全可追溯体系建设和自有品牌建设两个角度进行引导。

第三,进一步强化政府监管,建立政府全程化监管机制。农产品质量安全监管是弥补市场失灵的必需手段和有效手段。主要包括以下几方面:完善农产品标准化生产的全程化监管机制,建立公共的农产品质量安全追溯信息平台,利用现代物联网技术实现产品的追溯,更好地建立、完善责任追究机制;加大标准化宣传力度,着重从标准化生产向标准化产品转变,将标准化生产的成效体现在产品的质量安全和诚信品牌的建立上,引导品牌农产品优质优价机制的建立;建立标准化绩效评价机制,将标准化实施纳入现代农业项目建设的评价指标,从而推动农业标准化、现代化的健康发展。

10　我国食品企业实施 HACCP 管理体系的动力与行为研究

HACCP 体系是目前广泛认可的最有效的食品质量安全控制体系。众多国外食品企业和国内部分企业的实践表明，HACCP 体系就是一个能够兼顾政府效率和企业需求的食品质量安全控制体系，因此对我国食品企业实施 HACCP 的行为研究具有重要意义。

10.1　数据来源

采取问卷调查方式，首先于 2013 年 7 月在浙江省诸暨市选取两家中小食品加工企业进行试调查，正式调查样本取自河南、深圳和浙江三个地区，共回收、录入问卷 131 份。需要注意的是在问卷发放时我们并不能判断样本企业是否为中小型企业，回收的问卷中也包含了微型企业和大型企业这两类本次研究不包含的对象，所以要对样本进行筛选：根据国家统计局《统计上大中小微型企业划分办法》中相关规定，本研究以数据比较完整的从业人员指标作为筛选依据。131 家企业中有小型企业 63 家、中型企业 30 家，微型和大型企业分别有 9 家和 25 家，另外 4 家企业从业人员数据缺失。因此，本研究取得中小企业的有效样本 93 份，纳入后续分析。

10.2　描述性统计

10.2.1　调查企业的样本特征

被调查企业有如下特征：①从企业的主营业务来看，以肉类、果蔬、水产除外的其他类食品加工企业为主，比如坚果、粮油、糕点、茶叶等食品，占 46.2%；其次是肉类加工企业，占 34.4%。这一比例分布受到调查地点的影响较大，来自河南的样本企业多为肉类加工企业,浙江的样本中含有较多其他食品加工企业。②从企业性质来看,以私营和股份合作制企业为主,样本中没有集体企业。③从业务类型来看,超过一半的被调查企业以内销为主,35.2%内销、外销兼有,12.1%以外销为主。④从企业管理者特质来看,64.6%的管理者年龄集中在 21～40 岁,97.8%的样本企业管理者具有高中及以上学历,其中企业管理者的最终学历为硕士和博士的各有 1 家。由此看出,我国中小食品加工企业的管理者学历水平有明显提升,但是仍然有 28%的企业管理者不具备食品专业知识背景,这一数据结果与周洁红等(2007)对浙江食品加工企业的调查结果总体一致,而且对比发现食品行业经过2006—2011 年 5 年的发展,管理者的知识水平有了进一步提高。从企业管理者对目标消费群食品安全意识的关注度来看,94.6%的管理者认为消费者的食品安全意识与他们经营决策非常相关或者比较相关。企业管理与市场营销观点表明企业的长期稳健发展离不开对目标消费者的关注,只有持续满足消费者不断变化和增长的需求,才能使企业充满发展活力。随着收入水平提高以及国内外频发的食品安全事件的推动,消费者的食品安全意识在不断增强,这将影响到消费者的食品消费行为,从而影响食品加工企业的发展情况,因此企业管理者需要给予消费者食品安全意识情况足够的关注。⑤从企业曾面临的食品安全风险和损失情况来看,44.4%的被调查企业从来没有面临过食品安全风险,45.6%的企业遭遇过食品安全问题但是风险和损失不大,只有 10%的企业遭遇过巨大的食品安全风险和损失。由此可见,我国中小食品加工企业的食品安全状况总体上比较良好,但是仍有一半以上企业面临过相关问题,因此潜在的食品安全问题不容忽视,加强企业的食品安全管理是必然的发展趋势。

10.2.2　中小企业 HACCP 认证状况

被调查的中小食品加工企业中,有 60.22%已经在生产实践中实施了 HACCP体系,另外,有 39.78%还未建立起 HACCP 体系,其中中型企业采纳比例为85.7%,小型企业采纳比例为 49.1%。这一实施比例较之前学者们相关研究所得的比例有一定提高,比如周洁红等(2007)的研究显示 2006 年抽样企业采纳HACCP 体系的比例为 54.3%,其中中型企业采纳比例为 57%,小型企业采纳比例 25%。这一结果说明,近年来 HACCP 体系正在中小食品加工企业中逐步推广。

10.2.3　中小企业未实施 HACCP 认证的原因

企业未实施 HACCP 体系的最主要原因中选择"未听说"的占 15.8%;选择"听说过,正准备考虑采用"的所占比例最大,达到 31.6%;其他原因占 15.8%;"费用太高"、"不能给企业带来效益"、"没有必要采用"的各占 10.5％；"对 HACCP 的效果表示怀疑"的占 5.3％。说明大部分中小食品加工企业对 HACCP 体系已经有了一定了解，至少听说过该体系；但是接近 1/3 的企业还没有认真考虑 HACCP 认证行为，部分企业认为它们原本的食品安全体系已经足够故没有必要采用新体系，另外有部分企业对体系的效果存在怀疑或者认为该体系不能给企业带来实际效益，这些原因导致企业对实施 HACCP 体系的态度消极，意愿不强；另外有部分企业是受到 HACCP 高额费用的限制而没有进行认证。

10.2.4 食品生产实施 HACCP 体系的成本收益分析

本研究的成本收益分析方法和指标主要参考了 Spence 等(2000)、Holleran 等(1999)学者的方法，即在设定的指标中，按"1"和"0"代表是否发生，最后将实际发生的各项指标按重要程度排序。

第一，企业申请 HACCP 体系的成本。在已实施 HACCP 体系的被调查样本中，根据排序，认为申请 HACCP 认证时最重要的成本支出是购买新设备，其余依次为员工培训、准备文件和记录发生的成本、外部咨询成本及组织结构变动带来的成本。同时，73.4％的企业认为申请 HACCP 体系认证的成本与预期一致，25.7％的企业认为申请 HACCP 体系认证的成本高于预期，不到 1％的企业则认为 HACCP 认证成本低于预期。在"超出预期成本"中，主要集中在购置新设备和员工培训上。第二，企业实施 HACCP 体系的成本。根据排序，认为实施 HACCP 体系中的成本支出从大到小依次是 HACCP 体系文件、记录、档案等的管理费用，检测设备的购买、使用及维修，现有生产技术的改造，人才引进和培训，检测技术的引进和研究。同时，80.1％的企业认为实施 HACCP 体系的成本与预期一致，19.9％的企业认为实施 HACCP 体系的成本高于预期，这 19.9％的企业认为，超出预期的成本主要是管理费用。总体来看，被调查企业在实施 HACCP 体系的成本支出上，硬件成本远远高于软件成本，这与发达国家不同，但与我国食品生产企业 HACCP 体系尚处于起步阶段的实际相符合。

在 57 家已实施 HACCP 体系的企业中，44.6％的企业认为实施 HACCP 体系取得了"明显收益"，另外 53.8％的企业认为"有收益，但不明显"。经过排序，被调查企业认为主要的收益是产品销量的增加、产品价格的上升、企业谈判能力增强及品牌价值的提高。但对 HACCP 体系带来的收益与被调查者收益期望的比较中，27.5％的企业认为销量的增加和价格的上升未达到他们的期望，也有 25.3％的企业认为在企业谈判能力增强及品牌价值的提高方面超出了他们的期望。

10.3 影响中小企业实施 HACCP 行为的因素分析

为了定量研究企业特征因素对其实施 HACCP 体系的行为有何影响，本研究采用 Logistic 回归模型进行分析。由于影响企业实施 HACCP 体系的相关特征因素变量较多，根据文献资料以及相关分析，本研究选取与企业实施 HACCP 体系的行为关联度较大且相互关系较小的变量纳入回归方程，经过多次回归比较后，对年龄变量取值进行了适当缩减，最终纳入回归模型的各变量具体设置情况见表 10-1（$N=$93）。

表 10-1　Logistic 回归模型中的变量设定情况

变量名	变量定义	均值	标准差
是否实施 HACCP 认证	1＝是，0＝否	0.61	0.490
主营业务	1＝果蔬加工，0＝其他	0.14	0.350
	1＝水产加工，0＝其他	0.06	0.237
	1＝其他产品(除肉类、果蔬、水产)，0＝其他	0.42	0.497
业务类型	1＝内销、外销兼有，0＝其他	0.38	0.487
	1＝主要外销，0＝其他	0.11	0.310
员工人数	数值(25～1000)	254.94	243.998
知识背景	1＝是，0＝否	0.71	0.458
年龄	1＝31～40 岁，0＝其他	0.35	0.481
曾面临风险	1＝有，风险损失不大，0＝其他	0.48	0.503
	1＝有，且风险损失大，0＝其他	0.11	0.310
消费者态度与企业决策的关系程度	1＝非常有关系，2＝比较有关系，3＝一般，4＝不太有关系	1.31	0.598

表 10-2 显示了回归结果。回归中，对数似然值为 69.779，在 0.01 的水平上显著，R_{CS}^2 为 0.363、R_N^2 为 0.489，说明模型拟合程度良好。由于对数似然值对样品数目很敏感，作为补充和参照，本研究进行 Hosmer-Lemeshow 检验，卡方统计量 7.593，显著性概率 0.474 大于 0.1，因此没有充分理由拒绝原假设，检验通过，表明在可接受的水平上模型的估计拟合了数据。

表 10-2　影响企业实施 HACCP 行为的特征因素的 Logistic 回归结果

解释变量	系数（B）	标准误	显著性概率（Sig.）	机会比率 Exp(B)
主营业务：			0.683	
果蔬加工	0.370	0.903	0.682	1.448
水产加工	21.215	20210.471	0.999	1.635E+09
其他产品加工	$-6.021E-01$	0.710	0.396	0.548
业务类型：			0.037	
内销、外销兼有	1.596**	0.710	0.025	4.932
主要外销	2.720*	1.444	0.060	15.174
员工人数	0.007***	0.003	0.008	1.007
知识背景	1.061	0.694	0.126	2.888
年　龄	1.445**	0.727	0.047	4.241
关系程度	0.056	0.591	0.925	1.058
曾面临风险：			0.221	
风险损失不大	0.793	0.707	0.262	2.211
风险损失大	1.795*	1.091	0.100	6.019
常数项	-3.510	1.627	0.031	0.030
对数似然值			69.779***	
Cox-Snell 拟合优度（R^2_{CS}）			0.363	
Nagelkerke 拟合优度（R^2_N）			0.489	
Hosmer-Lemeshow 检验卡方统计量			7.593	
Hosmer-Lemeshow 检验显著性概率（Sig）			0.474	

注：*、**、***表示统计检验分别达到 0.1,0.05 和 0.01 的显著性水平

由上述回归结果，本研究作出以下分析：

首先，在企业特征因素中，业务类型、员工人数、管理者年龄以及曾面临风险对中小食品加工企业实施 HACCP 体系的行为有显著影响，其余因素影响并不显著。

就企业业务类型来看，企业的外销型越强，企业实施 HACCP 体系的可能性越大。在其他条件不变的情况下，以内销为主的企业作为参照水平，内外兼有的企业实施 HACCP 体系的估计的机会比率为 4.932（即内销、外销兼有的企业实施 HACCP 体系的估计的机会比是以内销为主的企业实施该体系的估计的机会比的 4.932 倍）；外销为主的企业实施该体系的估计的机会比率则达到 15.174。作为控制食源性疾患最有效的措施，HACCP 体系已经成为世界许多国家和经济区对于

食品生产加工的强制性实施体系,可以说该体系的建立与实施是我国食品出口企业提高产品品质和国际竞争力的必要措施,因此企业的外销份额越大就越需要实施 HACCP 体系。

就企业员工人数来看,在其他条件不变的情况下,企业员工每增加 1 人,企业实施 HACCP 体系的估计的机会比为原来的 1.007 倍。虽然这一比率非常接近于 1,但是企业员工人数的变化范围很大(从 25 到 1000),所以其影响程度可以达到很大,不可忽视。HACCP 体系的实施前提是企业技术人员、管理人员、普通员工的数量和素质都达到一定水平(Semos 和 Kontogeorgos,2007),因此员工人数对企业实施 HACCP 的行为有显著正向影响。

就管理者年龄来看,在其他条件不变的情况下,管理者年龄在 31~40 岁区间内的企业实施 HACCP 体系的可能性比不在此区间内的要大。从描述性分析可知 31~40 岁是一个比较居中的年龄段,这一部分管理者出生于 20 世纪七八十年代,成长于 20 世纪八九十年代,与其上一代管理者相比他们的知识水平和接受新观念的能力有普遍提升,与其下一代管理者相比他们具有更丰富的食品企业管理经验,而且一般来说他们的企业成立年份较早、基础比较扎实,因此在思想观念和现实基础的配合下,年龄在 31~40 岁区间中的管理者所在的企业更可能实施 HACCP 体系。

就曾面临风险和损失情况来看,曾经遭遇过食品安全风险且为之付出较大代价的企业实施 HACCP 体系的可能性越大。这可能是因为曾经遭遇过较大损失的企业对食品安全危害的感受特别强烈,于是会比其他没有遭遇风险或风险损失不大的企业更加重视食品安全控制,因此,它们实施 HACCP 体系的可能性变大。

10.4 导致企业不实施 HACCP 体系的障碍因子及效果分析

10.4.1 导致企业不实施 HACCP 体系的障碍因子

为了进一步分析企业不实施 HACCP 体系的原因,本研究在问卷设计中针对未进行 HACCP 认证的企业设计了 18 个原因问项。表 10-3 为 18 个障碍因素的统计情况($N=37$)。

表 10-3 影响企业不实施 HACCP 体系的 18 个变量统计信息

变 量	最小值	最大值	均值	标准差
1 没必要	1	5	2.32	1.156
2 非有效	1	5	2.32	1.292
3 过时	1	5	2.38	1.255
4 费用降低	1	5	2.84	1.482
5 政府支持	1	5	3.59	1.518
6 客户没要求	1	5	3.11	1.449
7 没有专业员工	1	5	2.68	1.547
8 没有负责人	1	5	2.78	1.475
9 员工训练不足	1	5	3.16	1.385
10 缺乏纪录人手	1	5	2.76	1.461
11 计划费用高	1	5	3.05	1.353
12 资金量大	1	5	3.32	1.355
13 运行费高	1	5	2.86	1.294
14 筹资难	1	5	2.86	1.530
15 其他地方更重要	1	5	2.73	1.575
16 同行未实施	1	5	2.51	1.521
17 手续麻烦	1	5	2.95	1.508
18 没效益	1	5	2.62	1.570

因为这 18 个变量在设置时已经保持了量纲和排列方向的一致性,所以聚类之前不必进行数据转置。本研究选用默认的组间平均距离法和 χ^2 统计量来度量距离。设定聚类类别数范围为 4~6,通过聚类分析中的 R 型聚类方法,将 18 个原因变量归为 5 类导致企业不采纳 HACCP 体系的障碍因子并选出每一类的典型指标,以典型指标的取值代表各障碍因子的得分。通过 5 个障碍因子得分的均值比较显示,人力资源因子和市场行业因子是阻碍 HACCP 体系实施的最重要原因,其次是成本收益因子和筹资障碍因子,政策预期因子对企业不实施 HACCP 体系的影响最小。

10.4.2 不同特征的企业中各障碍因子的影响效果分析

在企业实施 HACCP 体系行为的影响因素 Logistic 回归中已经发现企业的某些特征,比如企业业务类型、企业曾经面临的风险与损失情况对于企业实施 HACCP 行为有显著影响,因此推出假设:在不同特征的企业中同一障碍因子的影响效果存在差异。为了检验在不同特征的企业中各类障碍因子的影响效果是否存在差异,本研究采用多样本的非参数检验中 Jonckheere-Terpstra 检验方法。

分别以不同的企业特征变量为分组变量，以 5 个障碍因子为检验变量，进行多次 Jonckheere-Terpstra 检验，再通过对有显著差异的因子进行均值比较，可以得到具体的差异信息，结果如下：

第一，以企业性质为分组变量时，人力资源因子的影响程度在 0.1 的水平上存在显著差异，股份合作制企业受到的人力资源限制强于私营及控股企业。股份合作制企业是公有制性质的企业，严格地讲是集体所有制性质的企业，其公有制性质源于属于一个集体范围内的全体劳动者对企业股权的共同拥有，这是"资合"与"劳合"的高度统一，在现代社会经济形势下具有独特的优势，但同时带来了企业资源的固化问题。劳动力流动固化是股份合作制企业通常面临的局限之一。一方面当某一员工不能胜任工作时，客观上将存在被解雇的可能，但是在股份合作制企业中员工即企业股东，员工之间是平等的分工协作关系而非雇佣关系，解雇员工同时需要废止其股东身份，在实践中很难操作。另一方面企业的管理者只能出自企业内部员工之列，限制了企业从外部职业经理人市场选择优秀管理人才。HACCP 体系要求企业的专业员工、管理人员达到一定数量和水平，对于股份合作制企业来说，只能通过加强内部员工训练来达到，效率较低。与之相比，私营及控股企业在人员选择方面具有很强的灵活性，企业内部形成的竞争机制促使员工不断提高自身能力，否则将面临淘汰的可能，而且企业能够在全社会范围选聘优秀管理者。因此，股份合作制企业实施 HACCP 体系需要克服的人力资源障碍大于私营企业。

第二，以业务类型为分组变量时，市场行业因子影响程度在 0.05 的水平上存在显著差异，内销为主的企业受到市场行业的阻碍作用最强，随着外销业务增加，企业面临的市场行业障碍将逐渐减弱。当前许多发达国家和地区都要求食品加工企业采取 HACCP 体系保障其产品品质。因此，理论上市场行业因子对于外销为主的食品加工企业实施 HACCP 体系应具有积极的推动作用，实际上也正是如此，表 10-3 显示主要外销的企业其市场行业因子得分均值为 1，即对"市场行业因子导致企业不进行 HACCP 认证"的说法完全不同意，也就是说对于未进行 HACCP 认证的外销型企业来说，市场和行业已经对其提出了实施认证的要求，但是有其他障碍因素阻碍了它们的认证行为。与国际市场不同的是：一方面我国国内消费者对 HACCP 体系的了解尚浅，对食品加工企业还没有形成 HACCP 认证的压力；另一方面国内食品行业竞争激烈，且常表现为价格竞争，在消费者对 HACCP 感知较浅的情况下，实施 HACCP 体系的企业与未实施的相比将失去价格优势，因此对于主要内销的企业来说市场行业因子是一个重要的障碍因子，这一点在对相关企业的访谈中也得到证实。

第三，以企业曾经面临的食品安全风险情况为分组变量时，成本收益因子的影响程度在 0.05 的水平上存在显著差异，从来没有面临过食品安全风险和损失的企业受到成本收益因子的负面作用最明显,对于面临过相关风险和损失的企业来说,曾经的损失越大,成本收益因子对它实施 HACCP 的阻碍作用越不明显。如果将企业可能无法控制的食品安全风险视为潜在危险,这些潜在危险可能造成的损失就是企业的潜在成本。一般没有发生过食品安全问题的企业对这种潜在成本的感受并不明显也不明确。但是当企业爆发了食品安全问题,即潜在危险转化为实际危险时,其潜在成本也就转为实际成本需要企业切实支付,此时企业对这种成本的感知是强烈、明确的,而且这种感知不会随危机缓解而消失。企业实施 HACCP 体系的行为能够提高企业食品安全控制水平,减小食品安全的潜在危险(可能性和危害性),即缩减了企业的潜在成本,这一部分缩减的潜在成本可以被视为企业实施 HACCP 体系获得的潜在收益。当企业从成本收益角度考虑是否要实施 HACCP 体系时,所有企业对成本的预期是比较明确而且比较高的,但是没有面临过风险的企业由于没有明显的风险感知通常不会考虑上述潜在收益,而且它们对 HACCP 体系效果预期也不如遭遇过风险的企业强烈,因此它们对实施 HACCP 体系的预期收益往往小于遭遇过风险的企业,相应地,它们的实施积极性会受到较大打击。

第四,以企业规模(中型或小型)为分组变量时,市场行业因子的影响在 0.1 水平上存在显著差异,小型企业受到市场行业的阻碍作用强于中型企业。在对以业务类型为分组变量时的市场行业因子影响差异的分析中已提到当前我国国内消费者对企业实施 HACCP 体系的市场推力还没有形成,行业的竞争压力却非常强烈,这无疑会对企业实施 HACCP 体系的行为形成阻碍。规模小的企业在生产上不具有规模效益,难以有效地缩减和控制成本,因此对价格的敏感性较高,而同行间同质性较强的产品间竞争主要是价格竞争,所以小型企业受到的市场行业阻碍比中型企业要强。

10.5 主要结论及政策建议

10.5.1 主要结论

第一,近年来,我国中小食品加工企业的管理者知识水平有明显提升,企业的食品安全状况总体上比较良好,但是潜在的食品安全问题仍然不容忽视。HACCP 体系正在这些中小食品加工企业中逐步推广,采纳比例有所提高,但是也存在企业对 HACCP 体系的了解不足、效益不看好等情况,导致部分企业对实施 HACCP 体系的意愿不强,另外高额认证费用对部分中小企业实施 HACCP 体系构成阻碍。

第二，通过回归模型计量分析，本研究发现，在企业特征因素中，业务类型、员工人数、管理者年龄以及曾面临风险对中小食品加工企业实施 HACCP 体系的行为具有显著影响。企业产品的外销性越强，员工人数越多，曾面临的食品安全风险和损失越大，企业实施 HACCP 体系的可能性越大；管理者年龄在 31～40 岁区间内的企业实施 HACCP 体系的可能性比不在此区间内的要大。

第三，聚类分析将 18 个导致企业不采纳 HACCP 体系的原因变量归为 5 类障碍因子，其中人力资源因子和市场行业因子是阻碍 HACCP 体系实施的最重要原因，其次是成本收益因子和筹资障碍因子，政策预期因子对企业不实施 HACCP 体系的影响最小。

第四，在不同特征的企业实施 HACCP 体系的过程中同一障碍因子的影响效果存在差异。股份合作制企业受到的人力资源限制强于私营及控股企业；内销为主的企业受到市场行业的阻碍作用最强，随着外销业务增加，企业面临的市场行业障碍逐渐减弱；从来没有面临过食品安全风险和损失的企业受到成本收益因子的负面作用最明显，对于面临过相关风险和损失的企业来说，曾经的损失越大，成本收益因子对它实施 HACCP 的阻碍作用越不明显；小型企业受到市场行业的阻碍作用强于中型企业。

10.5.2　政策建议

第一，加强 HACCP 体系的宣传和扶持。针对企业在 HACCP 体系认识上的误区，政府部门一方面应加大 HACCP 体系的相关知识宣传，将食品安全纳入政治，将其作为一个公共卫生问题在国家财政预算中优先考虑；另一方面，应认真评估企业成本收益，针对当前我国大多数企业应用 HACCP 体系的成本主要集中在购买设备、人员培训、产品检测等特点，可对食品企业进行义务培训，为食品生产企业购置必备检验设备等提供政策性融资或在税收政策方面提供倾斜政策，减轻食品生产企业实施 HACCP 体系时的人员培训不足、成本较难降低等困难，增加企业实施 HACCP 体系的积极性。

第二，积极推广 GMP 和 SSOP 的认证。GMP 和 SSOP 认证是实施 HACCP 体系的前提条件和基础以及有助于降低 HACCP 体系实施成本的实证结果，为加快 HACCP 体系在我国的推广，政府可考虑在企业中加强 GMP 和 SSOP 认证知识的宣传和普及，鼓励甚至在有条件的企业强制实施上述两种认证。

第三，加强小型食品企业的管理和引导。从当前我国食品企业的情况看，中小型企业占绝大多数，而小型企业更缺少独立实施 HACCP 体系所必须具备的专业技能以及可利用的食品危害分析资源。因此，政府应开展小型企业实施 HACCP 体系的试点，向小型企业提供令人信服的实施 HACCP 体系的成本收益的研究证据,在此基础上,为不同行业和产品类别的小型食品企业制定 HACCP 实施参考模型,同时在各省或地区建立 HACCP 资源中心,随时为小型食品企业提供咨询和培训等辅导。

第四,开展全民 HACCP 科普教育。消费者的力量是促进生产者的主要动力。政府可通过对消费者实施 HACCP 体系认证的科普教育,使消费者认识到 HACCP 认证产品在安全卫生方面的优势,让消费者真正感受到建立 HACCP 体系对保障食品质量安全的重要性和必要性,通过消费者购买时优先选择通过 HACCP 认证企业的产品,激励企业积极参与 HACCP 体系的建设与认证。

第五,严格实施食品质量安全市场准入。高效的管制是通过"优质优价"的激励机制或潜在惩罚的约束机制来实现的。因此,还应在健全食品质量安全管理的法律法规基础上,严格实施食品质量安全市场准入,加重对伪劣食品的惩罚力度。

第六,积极推进"公司+农民合作经济组织+农户"的农业产业组织模式。实证分析表明当前阻碍企业实施 HACCP 体系的一个重要原因是原材料质量安全无法得到保障,因为我国大多数食品企业因资金缺乏等无法拥有自己的原料生产基地,而是采用散户收购的形式。众所周知,我国农产品生产组织规模小,无论是农民的质量安全意识还是履约行为,都难以保证原料来源的安全性,更不用说实施严格的"田头到餐桌"的 HACCP 体系管理,这是我国食品企业实行 HACCP 体系时面临的独特挑战,也是导致我国食品企业实施 HACCP 体系过程中成本较难降低的又一主要原因。因此,本研究认为,运用"公司+农民合作经济组织+农户"这一在沿海地区蓬勃发展的新型产业化组织,可在一定程度上克服公司和农户之间信息不对称和原材料质量控制成本高等问题,政府应积极扶持和推动各种产业化组织的发展。

下　篇

完善农产食品质量安全追溯体系建设的政策建议

11 发达国家实施农产食品质量追溯体系的经验

11.1 欧盟的农产食品追溯体系建设及经验

欧盟对食品安全管理特别重视,尤其是 2000 年疯牛病(BSE)等事件后,欧盟各成员国政府对现行的管理体制和机构设置进行了反思。2000 年欧盟《食品安全白皮书》中,提出建立一个独立的食品管理机构负责食品安全问题。该议案于 2001 年通过立法,2002 年欧盟食品安全管理局(EFSA)正式开始行使职能。除负责区域内食品安全领域的立法和政策,提供科学建设和科学技术支持外,欧盟食品安全管理局(EFSA)的主要工作职责是与成员国和欧盟委员会合作,通过建立一套监控程序来系统地搜集和处理数据信息,并建立快速预警系统,使成员国在快速预警系统下可以采取收回或召回食品或饲料等措施以及必要的快速行动。

11.1.1 欧盟的农产食品安全可追溯系统

欧盟为应对疯牛病问题于 1997 年开始逐步建立食品信息可追踪系统(Traceability),以此作为监测和控制从食品生产到销售各个环节的管理手段。食品信息可追踪系统作为一种食品质量安全管理的重要手段,可以在食品危害发生之前进行预警,从而降低危害发生的概率。欧盟 2000 年 1 月发表了《食品安全白皮书》,形成了一个新的食品安全体系框架。其中提出的一项根本性改革,就是以控制"从农田到餐桌"全过程为基础,明确所有相关生产经营者的责任。2002 年 1 月,欧盟理事会通过了《关于规定食品法的一般原则和要求,建立欧盟食品安全局及规定食品安全有关程序》的第 178/2002 号决议,规定从 2005 年开始在食品、饲料、供食品制造用的家畜,以及与食品、饲料制造相关的物品的加工、生产和流通的各阶段均应建立起追溯制度来阻止食品链中的欺诈与误导行为。

欧盟的食品信息可追踪系统体系完备、管理科学。其主要由以下几大部分组成。

1. 检验和注册体系

为了使消费者获得较为完备和清晰的食品信息，在生产源头就有必要对产品原料等相关物品建立起一套有效的检验和注册体系。2000年7月17日，欧洲议会和欧盟理事会为了控制疯牛病的蔓延和传播共同制定了（建立识别和登记活牛以及牛和牛肉产品标签体系，EC）第1760/2000号法规，建立了对牛的验证和注册体系。该体系包括牛耳标签、电子数据库、动物护照、企业注册。这个体系有利于欧盟委员会和各成员国政府主管部门及时获得有关的信息，对欧盟各国的牛肉生产和消费进行严密的监督和控制。

2. 标识体系

食品标签作为食品众多特性（质量标准、营养水平和安全性等）的信息载体，是信息可追踪系统的重要组成部分。该标识体系以欧盟食品标签体系为基础，并针对具体的食品类型制定专门的标识规定。例如，欧盟对牛肉实行了强制性标签标识规定，要求生产经营者在销售和生产的各个环节均需对牛肉加贴标签。标签内容必须包括参考号、屠宰场批准号、切割厂批准号、牛的出生地、饲养地所在国家（包括第三国）、屠宰地所在国家等强制性信息（周应恒等，2002）。

3. 计算机信息管理系统

食品信息的可追踪系统，是利用现代信息管理技术给每件商品标上号码、保存相关的管理记录，从而可以对其各环节进行追踪的系统。计算机信息管理是建立可追踪系统的技术条件。

欧盟于2000年12月到2002年11月期间施行了欧盟水产品追溯计划（Trace Fish）。该计划是由欧盟委员会资助的一项协同工作计划，属于生命质量与生物资源管理专题。计划研究组由挪威渔业研究所牵头，由来自欧盟及北欧等国家的各个相关领域的企业和机构团体自愿组成，包含捕捞者、养殖者、经销商、IT业、研究机构、民间团体组织、立法机构以及欧盟委员会等。主要目标是研究调查水产品的全链可追溯性，建立水产品可追溯体系的执行标准。水产品追溯计划从整个水产品生产流通链的角度出发，分别制定了建立海捕鱼产品和养殖鱼产品可追溯体系的标准细则。2002年11月欧盟出台了《海捕鱼生产流通链信息记录细则》和《养殖鱼生产流通链信息记录细则》两项细则。细则对生产流通链各个环节的参与者，详尽规范了信息范畴及信息的建立、记录与传递方法等标准。在水产品追溯计划中，欧盟要求在水产品供应链上的每一个环节所产生的贸易单元用独特的标识符（ID）进行标识，从而建立起一套从捕捞者（养殖者）开始直至零售商的可追溯性的信息体系（刘俊荣等，2005）。在产品发生安全问题需要追溯时，各个参与者应该保证提供其职责范围的相关信息。2005年1月起，欧盟已对从全球进口的水产品实行可追溯标签制度，以保证发生质量问题时能追溯到原产地。

11.1.2 欧盟有关可追溯性的法律框架

可追溯性是欧盟食品法律的一个普遍要求,覆盖所有食品/饲料及其链条,可定义为:在生产、加工和销售的所有阶段,都能够追溯和追踪一种食品、饲料、加工食物用动物;或者有意/希望添加到一种食品、饲料中的物质。它是保障食品安全的关键要求之一,是欧盟为应对疯牛病问题于1997年开始提出的。只有满足了这个条件,在可能发生某种危险(如食物中毒)时,风险管理人员才能够认定有关食品,迅速设法准确地禁售禁用危险产品,通知消费者或负责监测食品的单位和个人,必要时沿整个食物链追溯问题的起源,并加以纠正。

通过可追溯性研究,风险管理人员可以明确认定有危险的产品,以此限制风险对消费者的影响范围,从而限制有关措施的经济影响。为保证切实有效,追溯制度必须涵盖整个路径的所有阶段,从活动物或原料直到最后加工包装的产品、从饲养经动物饲料公司直到食品部门的公司。

1. 欧盟 178/2002 号法案有关食品法律的总体原则和要求

欧盟 178/2002 法案于 2005 年 1 月 1 日生效。根据此法令,凡在欧盟销售的食物必须带有可追溯标签。此法令主要针对欧盟企业,但对进口食物同样有效。该法案第 65 条规定,该项法案第 11、12 条及第 14 条至 20 条规定于 2005 年 1 月 1 日起生效。

欧盟食物链及动物健康委员会为协调各会员国执行上述法规有关食品的可追溯性,防止有害食品进入市场,颁布了食品从业者的义务及进出口商的要求规范(178/2002 号法案第 11,12 及 16 至 20 条),制定了指导纲领,适用于所有食品、动物饲料、动物用药、保育类植物、肥料以及所有食物链从业者,包括农场经营、食品加工、运输、储存、配送及零售等。为建立可追溯性系统,所有食品及饲料均须标示生产者姓名、地址、产品名称及交易日期,相关数据须保存至少 5 年,供追查之需。

该法案第 18 条虽未明确规范标示数据,但为建立可追溯性系统进行了基本规定:

第一,供货商姓名地址及其供应的产品名称、销售对象姓名地址及销售产品名称、交易或交货日期。

第二,产品的交易量、条形码、其他相关信息(如定量包装或散装、水果或蔬菜种类、原料或加工产品)。该可追溯性法规虽未强制要求第三国出口商配合执行,但输入欧盟的进口产品须落实相关规定,为避免重新加贴标示的困扰,欧盟进口商将要求出口商配合实施。

第三,其他相关规定。如发现食品不符合食品安全标准时要求从市场撤回的规定;食品从业者的义务,包括配合实施欧盟食品及饲料快速警报系统。

该法案第 18 条第一款明确了可追溯性的范围、食品、饲料、加工食物用动物和其他任何有意/希望添加到食物和饲料中的物质，都应该在生产、加工和分配的各个阶段建立可追溯性。这就使欧盟可追溯性系统覆盖了从田间到餐桌的全部食物链。但作为经营者的法律责任，可追溯性仅仅覆盖了供应链中前进一步和后退一步的范围，并不规定任何方法/系统/工艺；它取决于商业领域采取最恰当的工艺，取决于商业活动及其规模。因此，食品和饲料行业经营者承担食品安全的主要责任有：①应该能够鉴别所提供的产品从哪里来、到哪里去；②适当建立系统和流程，使得权威当局要求记录档案时能够提供给他们这些信息；③提供标签以便利可追溯性。

2.欧盟 852/2004 号法案有关可追溯性的规定

欧盟第 852/2004 号法令第 4(1)条款及附件 I，A 部分 Ⅲ，7 规定：饲养动物或生产以动物为原料的初级产品的食品业从业人员必须保存保留记录，并在需要时将这些记录包含的相关信息提供给权威机构和进货的其他食品业从业人员。必须保存的记录包括：①喂养动物的饲料的性质和来源；②对动物的用药和其他治疗手段，施用药物的日期和停止用药的时间；③可能影响以动物为原料的产品安全的疾病；④从动物样本上获得的分析结果，可能关系到人类的健康；⑤从对动物和动物原产地的产品检查得到的相关报告。

第 7～9 条款为各国和欧盟卫生准则的发展提供了指导，这些指导应该包括的信息主要有两方面：一方面是准确和合理地使用牲畜用药、添加剂、植物保护产品和杀虫剂以及它们的可追溯性；另一方面是饲料的备置、存储、使用和可追溯性。

该法规还对一些食品和传统制造产品的生产进行了特殊规定：为使得在食物的生产、加工和分销环节以及加工地点的结构性要求方面能够继续使用传统方法，(法规的规定)必须具有灵活性。对于受到特殊地理限制的区域，包括公约的 299(2)号条款列明的偏远地区，灵活性更加重要。但是，灵活性不能影响到食物卫生的目标。

3.其他法律规定

第一，1989 年 6 月 14 日欧盟理事会第 89/396 号法案规定须对食品作标记以确定批次，即为保证产品的自由运输和消费者拥有充分信息，需要建立一个识别已生产包装食品所属批次的共同体系，通过批号编码识别食物。

第二，欧盟第 2056/2001 号法规中对鱼类提出了可追溯性要求，要求向消费者提供关于渔产品和水产品的信息，并对渔产品和水产品标记进行了特别的规定：鲜活和冷冻食品必须正确标记或贴标签才能出售给最终消费者；标记或标签须体现品种的商业名称、生产方法(活水、海水或养殖)、捕捉的地区。加工渔产品不适用这些规定。

第三,欧盟第 1907/90 号、第 1906/90 号和 2295/2003 号法规中对蛋类和禽类提出了可追溯性要求:第 1907/90 号法规要求从第三国进口的蛋类必须在包装上标明原产地;第 1906/90 号法规要求从欧盟外的国家进口的鲜活冷冻禽肉必须标明原产地;第 2295/2003 号法规引入了在关于蛋类的营销标准上如何执行议会第 1907/99 号法规的细节规定。

第四,欧盟第 2200/96 号关于水果和蔬菜的共同市场组织法规,由 1782/2003 号法规在附件Ⅲ中进行了最后修订,对水果蔬菜提出了可追溯性要求:要求新鲜的蔬菜和水果,某类水果干必须标明原产地。但这一规定适用于土豆、葡萄、香蕉、豌豆、饲料豆和橄榄。

第五,欧盟第 1760/2000 号法规对牛类动物及其产品提出了可追溯性要求:要求建立对牛类动物和牛肉、牛肉产品标记的识别和注册体系。

11.1.3 欧盟农产食品安全可追溯的技术

目前欧盟使用的是国际上普遍采用的全球统一标识系统(EAN·UCC 系统)进行食品安全可追溯性的工作。欧盟采用 EAN·UCC 系统对食品进行跟踪与追溯的优点在于这套系统目前在全球供应链中的零售业和物流业已得到广泛应用,能避免众多系统互不兼容所带来的时间和资源的浪费,降低系统的运行成本,实现信息流和实物流快速、准确地无缝链接。EAN·UCC 系统主要包括以下三部分:一是编码体系,包括贸易项目、物流单元、资产、位置、服务关系等标识代码,EAN·UCC编码随着产品或服务的产生在流通源头建立起来,并伴着该产品与服务贯穿流通全过程,是信息共享的关键。二是数据载体,包括条码和无线射频标识。三是数据交换,为了使供应链上的相关信息能够在贸易伙伴间自由流动,EAN·UCC 系统通过流通领域电子数据交换规范进行信息交换(EAN—COM)。

11.1.4 小 结

总的看来,欧盟制定的与食品质量安全追溯制度相关的法律法规具有层次分明、复杂细致的特点。仅就欧盟食品标签法规而言,就包含了"两个层次"和"两个法规体系"。"两个层次"是指法规包括了成员国国内食品标签法和欧盟食品标签法。"两个法规体系"是指法规包括了"横向"体系(如规定各种食品标签共同的内容)和"纵向"体系(如针对的是各种特定的食品的法规)。欧盟在《食品安全白皮书》中提出了建立一个统一的欧盟食品安全权威机构的构想,为欧盟范围内各国间的食品质量安全管理建立统一决策、交流和合作平台。欧盟的这种做法,对在我国这种地域广阔、内部差别大的国家实现全社会范围内的食品质量安全目标具有积极的指导意义。

11.2 美国的农产食品追溯体系建设及经验

美国政府对食品安全问题十分重视,长期以来,负责管理食品安全的权力一直分散于执行着 35 个法令的 12 个政府机构。在联邦一级主要有三个,分别是美国农业部(USDA)的食品安全检验局(FSIS)、人类与健康服务部(DHHS)的食品药品管理局(FDA)和美国国家环境保护局(EPA)。4 个协助政府部门:一是人类与健康服务部(DHHS)的疾病控制预防中心(CDC);二是 USDA 的农业研究服务部(ARS),各州研究、教育与相关合作机构(CSREES)和经济研究服务局(ERS);三是动植物健康检验局(APHIS);四是商业部的国家海事渔业局(NMFS)。2 个其他支持机构:DHHS 的国家健康研究所(NIH)和 USDA 的农产品服务推广局。6 个协调组织,分别是总统食品安全委员会、食品安全联合研究所、风险评估协会、食源性疾病暴发反应协调组织、食品安全和应用营养联合研究所、国家食品安全系统工程。在这些部门中,起主要作用的部门是美国的 FDA、农业部的 FSIS 及 EPA。美国食品质量安全管理的权力是分散在不同的政府机构,政府为了防止权力分散带来的低效率,因此,在管理措施上,美国非常重视食品质量安全的信息管理。美国具有较为科学、全面和系统的食品质量安全信息管理体系,主要包括食品标签制度、信息收集和交流系统、风险分析和预警系统以及食品安全教育和培训。

11.2.1 美国农产食品安全可追溯系统

食品可追溯制度是美国政府制定食品安全政策的关键之一。美国已经建立起了较为完善的可追溯制度立法体系和相应的管理制度。

至今,美国的畜牧业、农场、食品制造企业、食品销售商都建立了生产和流通记录,这些记录帮助食品安全管理部门查找食品的最初来源。企业追溯跟踪制度对企业自身提高生产、加工、存储和销售产品效率极其关键。近年来,美国在建立食品追溯法律法规、系统建设和宣传指导等方面采取了许多积极的措施。美国食品药品管理局(FDA)要求在美国国内和外国从事生产、加工、包装或掌握人群或动物消费的食品部门,于 2003 年 12 月 12 日前必须向 FDA 登记,以便进行食品安全跟踪与追溯。2004 年 5 月又公布了《食品安全跟踪条例》,要求所有涉及食品运输、配送和进口的企业要建立并保全相关食品流通的全过程记录。该规定不仅适用于美国食品外贸企业,而且适用于美国国内从事食品生产、包装、运输及进口的企业。美国已于 2005 年 4 月起对自全球进口的水产品实行"原产地标签制度",所有产品须标明原料、制造分别在哪个国家进行。

在可追溯系统建设方面,美国主要采用了国际物品编码协会(EAN)推出的ENA·UCC编码系统,对食品原料的生产、加工、储藏及零售等供应链各个环节上的管理对象进行标识,通过条码和人工可识读方式使其相互连接,实现对食品供应过程的跟踪与追溯,一直追溯到食品的源头,获得了良好的效果。

11.2.2 有关农产食品可追溯性的政策法规

1.美国的《生物反恐法》2002

生物反恐法2002以及该法中包含的记录保存要求代表了对FDA规定的食品产品追溯系统实施的一个重大进步。该法创造了一项食品分销的文件索引档案以确定食源性疾病暴发的污染源。

除了农户、餐馆、供私人消费的食品加工生产者和食品外包装生产者,对于在美国生产、加工、包装、运输、分销、接收、储存或进口食品的责任主体及在美国的外国食品运输者都被要求保存记录以确定前向食品来源和后向的食品接收方。

直接面向最终消费者的分销商并没被要求记录购买的消费者,公司内部的食品转移也没有被要求保持记录,用于质量认证、研究或者分析的并不被最终消费的食品样品亦不在该法律要求的范围内。

雇员少于10人的零售商,实施内包装者,不从事加工的捕鱼船以及非营利食品机构拥有对保持记录的豁免权,但记录对其拥有法律效力。

对食品流入和流出记录必须包括:前向/后向来源(包括完整的合同细节),食品描述(品牌名和种类),流入/流出日期,批次和条码号(如果相关),数量和包装。食品流出后,附加的记录必须包括适度可获得的信息确定对每一批次产成品的每种原料的具体来源。在食品加工者混合了原料(比如来自不同供应商的面粉)的情况下,FDA允许生产者无法鉴别一种具体来源。

根据食品类型的不同记录必须保存6个月至2年,记录必须在被要求的24小时内提供给FDA,记录的形式并没有作明确指定。该法律从2005年至2006年相继对不同规模的企业开始生效。

2.美国的可报告食品档案

该法于2009年9月8日生效,责任方(指在FDA登记的作为《生物反恐法》2002的一方)如果有理由相信一种FDA管制的食品可能导致人或动物的严重的不良后果或死亡,其被要求递交电子报告。这条法规的两个方面与产品追溯有关。第一个方面是该报告必须是电子形式,纸质报告将不会被接受。第二个方面是公司需要提供的信息。被用于辨识企业的标识符是企业的登记号。食品数量和包装信息如通用的产品代码、品牌名称等也必须递交。如果可能,企业还可递交产品具体批次信息。企业还被要求通知上游最近的供应方及下游最近的购买方并为他们提供联系信息。当一份报告登记后，其将会被分配一个独有的编号，这个编号将会反馈给相关主体，它们将会在其记录中备案。这个"瀑布"从理论上说能展现产品的供应链。这些被提交的信息不会被公之于众或提供给非相关组织，但不管怎样，它必须符合修订后的《信息自由法》的规定。

3.美国的《易腐农产品法》

《易腐农产品法》(PACA)1930年促进州际和国际生鲜和冷冻水果、蔬菜市场的公平贸易。很多生产行业企业将PACA规定视为保持记录以促进追溯实现。

在美国农业部的监管下，PACA管制产品的购买和销售以防止出现不公平贸易并帮助确保买方获得他们所购买的产品以及卖方得到其销售产品的收益，这其中包括停业、宣布破产或仅仅是拒绝为所收水果及蔬菜付款。销售者和购买者必须支付一定的许可费才能进行交易，这些费用为一个信任工程筹措了资金，这个工程是为了解决争端并防止销售方在购买方破产时无法获得酬劳。

总之，在任何一天任何购买或销售超过2000磅生鲜或冷冻水果和蔬菜的人都被要求取得PACA的许可。批发商、加工者、运输者、杂货批发商及食品服务企业都需遵照该规定。

代理商、经纪人、种植者代理这些代表其他人商谈生鲜农产品销售的人，都被要求取得许可。一个经纪人若只保存经营冷冻水果和蔬菜则不用获得许可除非其一年的销售发票金额超过了23万美元。如果是零售商，若其生鲜和冷冻水果和蔬菜一年发票金额超过了23万美元，其必须获得PACA的许可。

4.美国的原产地标示

2002年和2008年农业法案修改了1946农业营销法案，要求零售商通过标志和标签告知其顾客特定肉、鱼、贝、水果和蔬菜，坚果、人参的原产地。

该法规于2008年9月30日生效，最终法规于2009年3月16日启用。在餐馆出售的肉类产品以及被烧过、熏过和重新组织的如热狗、午餐肉、熟食、面包产品里面的作为原料的肉不受该法规的约束。

任何经营供给相关产品，直接或间接提供给零售商的人，必须保持记录以证实和确定上游最近一环的产品来源（如果合适）及下游最近一环的产品流向。这些记录必须通过批次号或其他独有的鉴别工具来鉴别每次交易的产品，并从交易日起必须保存1年。

牲畜屠宰机构被认为是提供相关产品的初始供应商。农业营销局作为执行法律法规的机构指出初始供应商（包装者）在审议时必须拥有能证明该肉类产品的原产地的记录。这些记录可以是各种形式的，可以包括动物健康记录，进口或海关文件及生产者声明。供应商必须在被要求的5天内提供这些记录。

对零售商，只要产品还在手，依赖于销售点建立产品原产地标志的记录或其他证明文件必须在被要求的 5 天内递交至美国农业部代表。对预先标记过的产品，标志本身足够证明其原产地。

5.美国的有机食品保护法

有机食品法案要求美国农业部为有机产品制定国家标准。美国农业部制定了有机农业条例（NOP）实施相关法规，经修订后于 2002 年 10 月 21 日正式施行。有机农业条例涉及生鲜和加工农产品，包括农作物和畜禽。

有机产品种植者和加工者要求保持有机产品生产经营的操作的记录，有机产品种植者还被要求追溯投入品，记录投入品从购买到投入生产的各种档案，大多数有机产品生产者还需遵守《生物反恐法》条例的约束，但有些有机品生产者，如不属于加工者或捕捞者，则不需要受《生物反恐法》的约束。

在有机农业条例内，农户和食品加工者如愿意使用"有机"这一词在其业务和产品中时必须要进行证明。生产者的年销售额若不到 5000 美元将拥有豁免权，即不会被要求取得证明（但是，他们必须遵守有机农业条例，若被要求则保持记录并递交生产核查，并不能使用"有机认证"一词）。一个美国农业部有机印章等同于其产品 95％的原料都是有机的。

一个有机系统计划使生产者或操作者承诺一连串生产条例和流程以符合法规。审定使进行认证的机构有资格来证实是否一个有机系统计划与有机标准相称。一个有机系统计划包括 6 个部分：生产条例及流程、所用物质、用于鉴定有机计划以正确方式实施的监控技术、记录保存并传输给顾客以保护有机产品性质、管理条例和机械关卡防止有机产品与非有机产品的混合、场所的详尽信息。

2002 年美国国会通过了《生物反恐法》，将食品安全提高到国家安全战略高度。美国农产品可追溯制度是一个完整的链条，在任何一个生产环节出了问题，可追溯到上一个环节。

11.2.3 小　结

从食品质量安全信息体系建设看，长期以来，美国蔬菜质量安全管理的权力分散在不同的政府机构，但政府已看到了权力分散带来的低效率，因此，有职责高度集中的趋势。但总的看来，美国的食品质量安全信息制度具有公开透明、科学决策、公众参与、各方协同的显著特点。无论是法律法规的制定与修订或是风险程序的实行，都是以科学为依据进行政府决策，并且在公开和透明的程序下进行的，鼓励受管理的行业、消费者和中介组织等相关团体和个人参与其中。中介机构在美国食品安全信息管理体系中发挥着不可替代的作用，除了提供制定标准、认证、检测和强制执行等服务以外，中介机构还广泛地参与标准的实施，比如标准的宣传、出版、发行以及认证等活动。在管理措施上，检验检测是美国执行蔬菜质量安全标准最直接的手段,同时,通过认证、标识、GMP 的推广、可追溯制度等实施食品从田间到餐桌的全过程管理。美国的食品质量安全信息管理部门不仅在国内与其他监管部门、受监管企业、消费者等群体进行信息交流和工作协同,而且在国际范围内与国际相关组织(WHO、FAO、OIE、WTO 等)以及其他相关国家和科研机构进行风险信息交流和合作,重视食品质量安全的科学研究和生产者、消费者的食品安全教育。

11.3 日本的农产食品追溯体系建设及经验

日本是发达国家中罕见的低农产品自给率国家。由于人多地少,加之农业人口急剧下降、劳动力迅速老龄化、耕地面积逐年减少、农产品生产成本高等问题,日本农业生产长期停滞不前,自 1998 年以来,日本的综合食品自给率(按热量计算)一直不超过 40%[①],有自给生产能力的农产品仅限于大米和鸡蛋。目前,日本是世界最大的农产品进口国之一,全球农产品贸易额中日本进口的占 1/10。鉴于日本食品高度依赖进口,因此,日本食品安全监管的重点是进口产品。

日本的食品安全管理体制是按照食品从生产、加工到销售流通等环节来明确有关政府部门的职责。食品安全管理主要由农林水产省(the Ministry of Agriculture, Forestry and Fisherier)和厚生劳动省(the Ministry of Health, Labour and Welfare)负责。农林水产省主要负责国内生鲜农产品生产环节的安全管理,农业投入品(农药、化肥、饲料和兽药等)产、销、用的监督管理,进口农产品动植物检疫,国产和进口粮食的安全性检查,国内农产品品质和标识认证以及认证产品的监督管理,农产品加工中危害分析与关键控制点(HACCP)方法的推广,流通环节中批发市场和屠宰场的设施建设,消费者反映和信息的搜集沟通等。厚生劳动省主要负责加工和流通环节食品安全的监督管理。包括组织制定农产品中农药、兽药最高残留限量标准和加工食品卫生安全标准,对进口食品的安全检查,国内食品加工企业的经营许可,食物中毒事件的调查处理;流通环节食品(畜、水产品)的经营许可和依据《食品卫生法》进行监督执法以及发布食品安全情况。农林水产省和厚生劳动省之间虽然既有分工又有合作,但为了防止生产、加工、流通各环节之间因衔接不好,出现监控真空的状况,2003年 6 月日本出台了《食品安全基本法》,并依据此法律于 2003 年 7 月 1 日成立了食品安全委员会(Food Safety Commission),由其统一负责食品安全事务的管理和风险评估工作。伴随着食品安全委员会的诞生,日本政府有关食品安全的职能分工格局也因此发生了重大变化。食品安全委员会由内阁府直接领导,是对食品安全性进行鉴

---

① 资料来源:日本农林水产省《食品供需表》。

定评估,并向内阁府的有关立法提供科学依据的独立机构。食品安全委员会的主要职责:一是实施食品安全风险评估;二是对风险管理部门进行政策指导与监督;三是负责风险信息的沟通与公开。

总体上日本政府在食品安全管理上除进一步完善法规外,管理方法上非常重视信息在食品安全管理上的作用,实施"从田间到餐桌"各环节的教育与培训,充分发挥社会监督作用,增强生产者和销售者的自我约束力。

11.3.1 日本农产食品信息的可追踪系统

日本政府从 2001 年起在肉牛生产供应体制中全面导入了信息可追踪系统。2002 年 6 月 28 日,日本农林水产省正式决定,将食品信息可追踪系统推广到全国的猪肉、肉鸡等肉食产业,牡蛎等水产养殖产业以及蔬菜产业,使消费者在购买食品时通过商品包装可以获取品种、产地以及生产加工流通过程的相关履历信息(郭斌等,2004)。为了更加清晰准确地对所有农产品实施管理,日本农林水产省进一步开发扩展了可追溯信息系统的使用范围,到目前为止,日本对所有农产品均已实现可追溯管理。

为了提高所产或所售产品的安全性,增加消费者对产品质量的信心,日本企业也开始在生产和销售阶段导入食品信息可追踪系统。为了便于消费者更多地了解和掌握所购产品的相关信息,帮助消费者进行科学的购买决策,东京的高档超市东急商店于 2001 年在 5 个店铺对部分蔬菜导入了信息可追踪系统。他们在蔬菜商品的流通容器上安装了芯片,将生产流通各个阶段的相关信息存入服务器,便于消费者通过互联网进行蔬菜信息的查询。日本最大的农产品运销组织全国农业协同组合联合会也将信息可追踪系统引入猪肉、大米等领域(周应恒等,2002)。

日本虽然较晚引入食品信息可追踪系统,但食品信息可追踪系统作为食品质量安全风险管理以及克服消费者信息不足的重要手段,已经在日本食品产业的发展过程中显示出巨大的作用。

11.3.2 日本的农产食品标签制度

日本早在 20 世纪 70 年代就发布了《食品标签法》和《营养改善法》,规定了特殊保健食品标签必须标注的内容。目前,日本的食品标签主要是由厚生劳动省根据《食品卫生法》和农林水产省根据《日本农业标准法(JAS)》进行管理的。日本厚生劳动省规定,对于进口食品以下内容必须在产品标签上进行标注:产品名称、进口商名称、成分、食品添加剂、净重、保质期、生物科技成分(只限于标注成分中转基因物质含量超过 5% 的 24 种玉米和大豆制成的食品)和过敏源(小麦、荞麦、蛋、牛奶和花生是 5 种强制性标注的过敏源物质)。《食品卫生法》还对标签的格式、字体大小和线条精细及加贴方法,失实和夸大的食品宣传的处罚也都作了明确而具体的规定。近来,日本对《农林物资规格化和质量表示标准法规》进行了修改。修改后的法规要求,自 2003 年 7 月 1 日起,日本市场上的各类新鲜水产品、肉类和新鲜蔬菜类产品必须实施明确的标记制度;并规定从 2003 年 7 月 1 日起,销售者(餐饮业不受此限制)对其出售的食品的原产地、化冻(或是生鲜)地和养殖地要明确表示出来。对制造、加工、进口的加工食品都要执行新的商品明确标记制度,其标示内容包括产品名称、制作原材料、包装内的容量、流通期限、保存方法、生产制造者名称(进口产品还要标明出口国和生产区域名称、进口商的名称或个人姓名)以及详细的地址。此次修改后的标记制度内容更复杂,实施对象范围更广泛,适用于一切加工食品(汪劲,2003)。

与美国不同,日本没有实行强制性的营养标签制度,但是厚生劳动省要求那些提供营养信息的食品生产商们在标签上应按照厚生劳动省的营养标签指南提供营养信息。例如,厂商要在标签上包括某种成分(例如:维生素成分)的信息,那么在标签上还必须标注其他另外 5 个有关该食品的主要营养成分,即:①卡路里(千卡);②蛋白质(克);③脂肪(克);④糖或碳水化合物(克);⑤钠(以毫克标注)。

2000 年日本重新修订了《日本农业标准法(JAS)》。修订后的 JAS 对有机食品标签制度规定,对标注为"有机(organic)"的产品而言,需要有强制的第三方认证,同时标签内容还要包括:①产品名称;②成分名称;③净重量或容量;④最短的可食用日期;⑤保存方法。

日本政府对转基因食品的政策从无到有,经历了较大的变化。1998 年以前,日本政府对通过《食品安全控制标准》进入日本市场的转基因食品不要求加贴特殊标签。但鉴于日本国内消费者对转基因食品质量安全性的质疑,农林水产省于 1998 年 8 月宣布对含有 GMO 的食品加贴标签的初步计划。从 2001 年 4 月 1 日起,日本政府要求所有转基因食物都必须经过安全检验;同时,对转基因成分超过 5% 的食物,执行强制性标签制度。部分转基因成分被禁止,包括"星联(Starlink)"玉米等。

11.3.3 日本农产食品的生产档案记录

1.日本推行农产食品生产档案记录的背景

2001 年 9 月,日本首例感染疯牛病(BSE)病毒的患牛被发现,之后未登录农药的使用、农药残留毒性超标、食品标识信息虚假等问题相继发生,这些动摇了消费者对食品安全的信心,使得日本农林水产省紧急寻求应对策略,日本农协积极组织农户推进安全、安心情报提供高度化事业。2001 年,日本首个使用 IC 芯片的信息可追溯体系在牛肉生产流通中被强制导入。2002 年 7 月,日本农业协同组合中央会决定推进"生产履历记账运动",各级县级农协纷纷设置"食品安全、安心对策",在全日本范围采取对应措施以共同构建食品安全"全农放心系统"。这项运动主要包括：①适宜生产基准的设定（包括栽培计划）；②根据生产基准实施生产管理和记账；③将进行记账的农畜产品与未进行记账的农畜产品分开管理；④将记账运动中的相关生产信息对消费者公开。在农林水产省和食品产业中心等单位的支持下，"生产履历记账运动"得到快速推进，2003年12月实现了牛肉生产所有阶段的可追溯①，在猪肉、鸡肉、鸡蛋、养殖水产品（如牡蛎）、菌类等许多产品领域中推行记账运动，构建可追溯系统，同年年底90％以上的农协组合成员都参加了生产记账运动。为了顺利推进"生产履历记账运动"，推广农协开发出的可追溯系统，日本对食品安全的管理体系进行了改革和创新。在日本农协系统内部设置"生产履历记账推进总部"（以下简称"推进总部"）专职负责管理生产履历记账运动的实践。该部门由日本农协组合长、生产者代表、日本农协的其他有关职员，以及少数消费者和当地居民构成。"推进总部"主要实施四项功能：①生产履历记账运动3年计划的制订；②同计划推进状况的管理；③安全、安心农作物经营流程的制定；④生产标准的设定。为了强化"推进总部"的第二项职责——对推进状况进行管理，日本农协还设置了由"推进总部"、日本农协总部和生产组合代表等共同组成的"内部检查委员会"作为实施生产履历记账运动的内部检查机构，负责向"推进总部"报告各生产组合的内部检查结果和作出改善建议，以提高生产履历记账运动对外的信任度。而在农协系统外部，一方面农林水产省于2003年4月发布了《食品可追溯制度指南》（以下简称《指南》），制定了不同产品如蔬菜、水果、鸡肉、猪肉等不同生产阶段的操作指南。同年5月农林水产省颁布了《食品安全基本法》，确立了凭借"从农场到餐桌全程监控"将日本从以"卫生"为监管重点的时期带入以"安全"为重点的时期。同年6月，农林水产省出台了《食品卫生法》《农药残留规则》《肥料管制法》《确保饲料的安全性及品质改善法》等大量配套法律作为"生产履历记账推进运动"的实施和检测的法律标准。同时还设立"消费者安全局"以专职搜集食品消费市场中的安全相关信息。另一方面，日本内阁府于2002年成立了"食品安全委员会"作为独立的第三方组织行使监督权，负责食品安全的风险评估，通过委员会官方网站及时向公众发布食品安全信息和警示。"食品安全委员会"在农林水产省、劳动厚生省等政府部门与农协系统之间建立起一个各单位沟通的平台，在食品安全管理方面工作中起着协调作用，日本初步构建成了统一调配又分工明确的食品安全监管体系。

2. 生产档案记录运动中的内部管理机制

日本农协生产履历记账运动的计划和执行程度对重建消费者信心和保障食品

---

① 2003年6月，日本农林水产省颁布《关于牛的个体识别信息传递的特别措施法》。

安全起到了至关重要的作用。为了考评和确保这项食品安全可追溯机制的进一步发展，日本农协在系统内建立起严密的内部管理机制——分工明确的农协机构专职"事务局体制"，并从系统外继续导入第三方机构来实施更加严格的外部检查。内部管理机制方面，日本农协食品安全、安心对策科专门部署远景目标；营农企划科负责部署具体计划；营农指导科和营农销售科分别负责指导农协成员遵守生产标准、记录生产信息和运销农产品；生产履历记账运动本部则总揽该运动的各项工作；检查科负责内部检查，是构成"内部检查委员会"的主体力量。这一阶段"内部检查委员会"实施更为严格的检查标准和更为规范的检查程序并进一步扩大检查范围。该委员会通过面谈、资料审核、实地调查等多种方式，不仅展开对生产组合成员的内部检查，还对生产组合及其负责人实施内部检查，最终完成包含评价结果和改善提示事项的《内部检查报告书》，并向生产履历记账运动总部报告；而日本农协生产履历记账运动总部根据"内部检查委员会"的《内部检查报告书》所列出的改善提示事项，由生产履历记账运动总部长向所涉生产组合代表人发出书面通知，责令其实施改善(见图 11-1)。外部检查机制方面指日本农协委托具有相关资质的第三方权威机构实施外部检查和认证来提高消费者的信任度。第三方机构必须事先明确公布检查对象、范围和检验原则，对检查价格出具必要的资料和改善建议。检查完成后，外部检查员有义务对检查资料中记录的信息进行必要的说明。第三方机构经过检查后有权力发放农产品的品质认证证书，如 JA(日本农协)的全农安心系统认证、有机 JAS 认证和特别栽培农作物认证等。

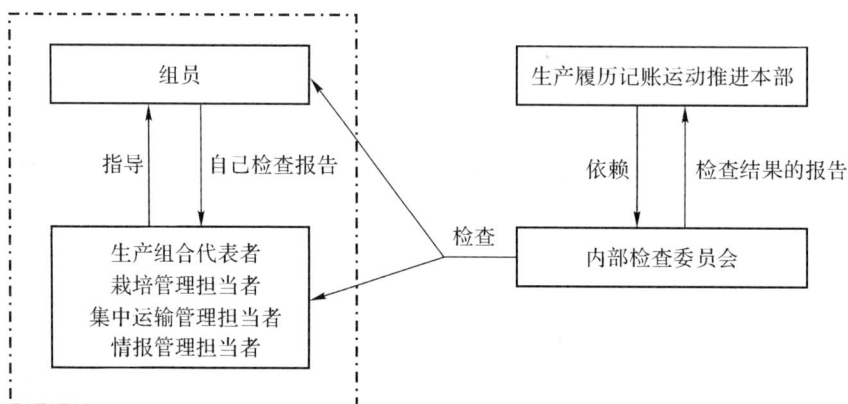

图 11-1　日本农协生产记账运动的内部检查体制

3.日本生产档案实施流程

日本生产档案实施流程如图 11-2 所示。

生产履历记账运动被纳入"全农放心系统"建设中，旨在将食品安全可追溯机

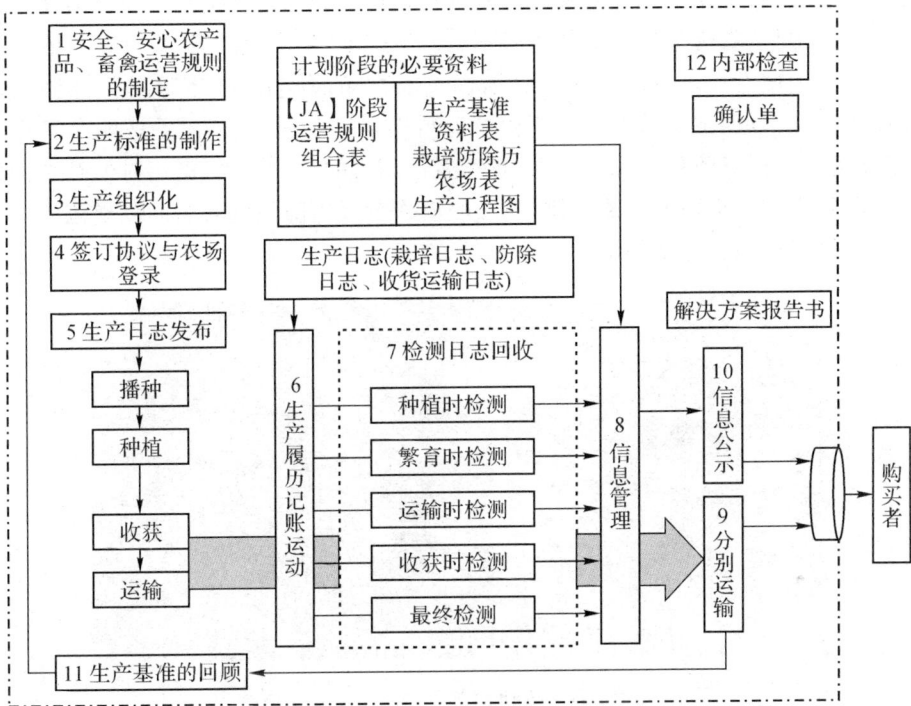

图 11-2　日本农协生产履历记账运动流程

制引入经由农协系统销售的所有农产品及加工食品中,对农产品的生产、加工、流通全过程进行详细的生产记账、信息管理、检查认证,并向销售者、消费者以及客户公开。这项活动对降低食用农产品安全风险起到了巨大的作用,具体可以分为如下几个要点:

第一,生产阶段。①运营规则的制定。日本农协生产履历记账运动的指导规程是《安全、安心农产品制造业运营规则》,该规则是由生产履历记账运动推进总部制定、农协理事会和组合员大会通过的,全国通用的日本农协各个生产组合统一的总体指导规则。它标明了生产履历记账运动中须执行的简要生产基准,如生产品种项目、肥料管理项目、收获集中运输项目、日记账和检验的次数项目、不合格产品的处理方法项目。这种属于总揽性的指导原则虽然没有规定列出明细操作守则,却规定明确列出包含农产品生产相关的所有负责人姓名等“必要作业资料”以供追责。

②明细生产基准的制定。日本农协生产履历记账运动总部在征求生产者意见、考虑生产者的实际情况、听取消费者调查的结论后制定出明细生产基准。这个生产基准的适用对象既包括普通栽培农作物,还包括特别栽培农作物,并要求对执行不同生产基准的农作物进行分别管理,这对在推行统一质量标准的同时保证生

产的多样性具有重要意义。明细生产基准规定成员必须记录生产农产品所使用的种子(苗)、肥料、农药等生产资料的名称和田所在地、生产者姓名,必须记录农药的有效成分、使用次数、使用量、使用日期以及农产品的收获、上市日期等详细信息(见图 11-3)。同时成员从农协购买生产资料必须领取和保管"入手证明书",而农协必须为成员提供防除日志注意书(生产者使用时的注意事项、误用时的补救措施等)。明细生产基准还要求成员制作"安心农作物栽培防除履历",即以规范表格的形式记录施用农药、化肥的信息。

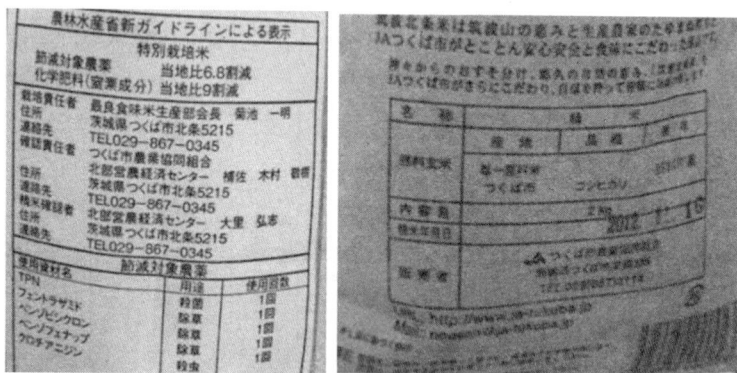

图 11-3 日本农协初级农产品生产履历信息

③生产组织化的实施。日本农协除了记录生产中的产品信息外,更重要的功能是直接参与到农业生产组织化的实施中。农协的"责任栽培担当者"负责辅导农户根据既定生产基准进行生产,参考按照 GAP 标准科学规范地使用农业投入品,同时指导农户进行栽培记账工作,规范农产品生产记录档案制度,这一做法克服了社员购买生产资料的盲目性,避免了使用农业生产资料的随意性,从源头上确保农产品的质量安全。"责任栽培担当者"通常由取得国家资格认定的营农指导员担任,平均每个基层农协有 3～5 人。农协的"集出荷管理担当者"负责收获物的分别运输和集中,指导农产品包装上的标识管理,通常由农协销售部的职员担任。农协"情报管理担当者"负责统一搜集、管理和公开农业生产中的各项信息;农协组合员还根据生产规模等选出生产者代表作为"生产小组代表者"负责管理本小组的生产活动。生产组织化是日本农协生产履历记账运动得以推进的制度保障。

④质量安全协议书的签订。为了确认农产品生产过程中符合生产基准的要求,日本生产小组与组合成员之间需要签订质量安全协议书。协议书内容包括生产者的姓名、住所、电话号码、生产者代码、农场代码、农场所在地等信息,签订协议书除了保证遵守既定生产基准栽培安心农产品外,还保证向第三方公开栽培日志与其他生产信息,以防止农场外生产的农作物混入销售。农协负责将签订协议书的生产者名单

汇总成生产集团名册,将生产者姓名、生产小组代表的姓名与联系电话、栽培管理担当者姓名、集中运输担当者姓名、情报管理担当者姓名、生产小组成员数、登录农场数以及内部检查的分数全部列入统一规整的表格以供查阅、管理和追责。

⑤生产日记账的制作。日本农协为了彻底执行生产履历记账运动,使农产品生产符合 GAP 标准,要求组合成员和基层农协制作生产日记账。具体程序是,首先由组合成员自己记录日记账,内容必须包括生育时点检、收获前点检和收获后点检。记录内容包括作业日志和防除日志。前者详细记录农场简介、作业履历、资材施用履历、农协运输日及产品数量。后者包括农药使用的种类及名称、使用日期和地点、对象农作物、使用量和稀释倍数等信息。其次,由基层农协的栽培管理担当者负责对社员记录的生产信息进行审核,若担当者认为社员存在漏记和误记的问题,则把存在的问题向生产组合代表提出并责令社员整改。最终经由栽培管理担当者确认的生产日记账将交至情报管理担当者保管 3~5 年(保管期限视产品种类而定)。日本农协进一步将基层农协的各种生产数据汇总、整理,建成全国共享的统一的数据库,并向消费者开放供其查询,为食品安全可追溯体系提供了庞大有力的信息系统支持。

第二,集货和销售阶段。在集货的过程中,日本农协生产记账运动管理下生产的符合一定生产基准的农作物将被授以相应的 ID 识别码和安全确认标识。不需加工直接销售的农产品都必须在外包装的显著位置标识出 ID 识别码才能被摆上零售商店的货架。首先,为了提高信息记录的效率,农协生产记账运动在产品集货阶段使用条码或射频(RFID)技术为获得安全认证的农产品分配一个如同"身份证"号码的可追溯标识(条码或二维码,见图 11-4),消费者在零售店的查询终端输入农产品外包装上的"身份证"号码(通过扫描条码或二维码)即可在相关农协网站上查询到这一产品生产和流通信息的记账信息,使得"从农场到餐桌"的可追溯性制度十分简便易行。其次,农协还组织进行统一的品质检测,通过质量检测的农产品将获得相应的质量认证标识(如全农安心系统认证标识、一般 JAS、有机 JAS、生产信息公示 JAS、特定 JAS 等证认证标识,见图 11-5),并与未获得认证的农产品实行差异化的运销策略。这种统一进行的质量检测和认证程序,客观上起到通过交易的规模经济实现认证费用的节约和信息质量的提高作用。在正常市场条件下,获得认证的产品将获得相应的价格溢出补偿。

图 11-4　日本农协初级农产品可追溯标识

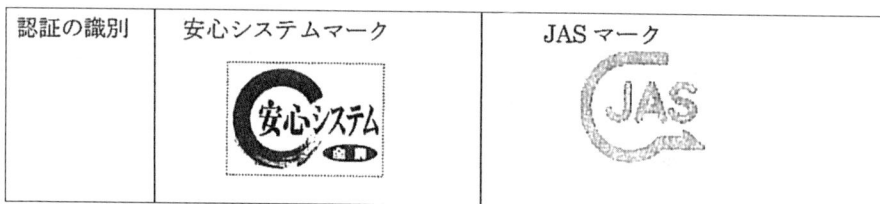

图 11-5　日本农产品质量认证标识

第三,加工阶段。农产品加工阶段需要陆续加入各种添加剂,日本农协生产履历记账运动一直延续到加工阶段,要求加工农协遵照 HACCP（Hazard Analysis Critical Control Point,危害分析和关键控制点）认证体系标准进行加工。农协首先借助自身资金和设备优势,对原材料农产品进行购买前的检测,将经过产地检查并记录信息的产品与未经过检测的投入品实施区分性管理,超标原材料产品一律不得使用。原料采购部门为原材料农产品建立库存档案,详细记录其每批产品的入库、储存、出货和制造条件,如加入的原材料、添加剂等信息,借助 IT 技术对加工原材料农产品出入货进行记录和保管。加工完成后还必须对产成品进行安全检验和分级包装,建立产品名称、原材料名称、投入添加剂名称、加工日期、保质期限、保存方法、加工农协的名称、加工农协地址等完整履历信息（见图 11-6）,并有义务保管这些信息 3 年,严格监控进入市场流通的食品的安全性和可追溯性。消费者通过扫描条码即可读取和识别从生产到加工、流通的整个食品供应链的信息。日本农协的加工单位采用"先入先出"的原则以实现按原材料入库日期、批号和保质期限等分别存放保管,对分割或者集中前后的识别单位进行记录,随时检查保证库存账目与实物的一致性,及时纠正不一致的情况,这种高准确性水平的"分批次、区分性"库存管理是在加工环节建立可追溯体系,避免投入品"鱼目混珠"的重要前提。

第四,检查阶段。为了保证生产、加工、流通信息更加客观公正,日本各地方政

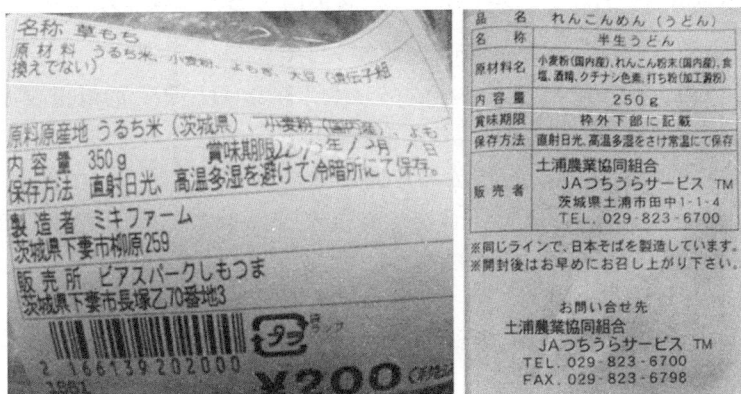

图 11-6　日本农协加工农产品可追溯标识

府农业部门都专设负责食品安全的机构,对所属辖区的食品生产商和食品店进行定期检查,检查内容包括食品添加剂、残留农药和细菌等。农协则制定专门《可追溯食品检查手册》以供农协内部检查员参照执行。由日本农林水产省和日本农协登记授权的第三方认证机构也开始实施更为严格的检查、认证和监管程序,以确保生产记账运动中记录和传递信息的真实性和可靠性。若在检查中发现记账信息违背生产履历记账运动的操作准则,导致履历信息的记录不准确或是存在遗漏的现象,社员和所属农协将面临严厉惩罚。如果是质量表示方面违规生产者将被处以1年以下拘役和100万日元以下的罚款;原产地表示方面违规生产者则被处以2年以下拘役和200万日元以下的罚款,所属农协还将被处于2亿日元以下的罚款。① 严格的惩罚措施加剧了不安全生产行为的风险成本,逆向激励农协遵守食品质量安全规定。此外,消费者主导的监管也发挥了相当重要的作用。日本农协的产品包装上,基本都标注了消费者"商谈电话"和出产农协的网站,消费者能把食品质量问题及时反馈给农协和有关主管部门,以便这些部门及时收回所有有问题的食品产品。

11.3.4　日本中小企业 HACCP 实施经验

日本农林水产省(Ministry of Agriculture, Forestry and Fisheries, MAFF)于2006 年 7 月在日本全国范围内实施了问卷调查,调查对象为日本标准产业分类中的食料制造业和饮料、烟草、饲料制造业(除去制冰业、烟草制造业以及饲料、有机肥料制造业)中员工在 5 人以上的食品企业。该调查通过分层抽样的方式在日本

---

①　引自:金少胜,胡亦俊,周洁红.日本农业标准化实施体系及对中国的启示.世界农业,2010(5)

全国范围内抽选了 2600 家样本食品企业，调查问卷通过邮寄的方式寄往样本食品企业，共回收有效调查问卷 1682 份，回收率为 64.7%。

统计分析显示，资金是日本中小食品企业未采纳 HACCP 的最重要原因，也是最希望得到支持的措施。其实，日本在 1998 年 7 月就已经开始实施了《强化食品制造过程管理的临时措施法》，该法规定通过融资和税收优惠等方法促进中小食品企业实施 HACCP。根据 2010 年日本农林水产省公布的支持计划，日本政策金融公库将提供实施 HACCP 总费用的 80%（最高为 20 亿日元）的贷款。截至 2009 年 3 月，日本政策金融公库仅发放了 118 笔、总额约为 447 亿日元的 HACCP 专项贷款。如何使贷款惠及更多中小规模食品企业可能是今后一段时期需要考虑的课题之一。中小食品企业的另一项困难和需求是 HACCP 相关人才的培养。目前，社团法人日本食品卫生协会、大日本水产会、日本食品分析中心、HACCP 实践研究会，以及日本 HACCP 培训中心等机构受农林水产省的资助开展相关培训活动，如 HACCP 负责人基础培训班（HACCP Coordinator Basic Workshop）、HACCP 负责人培训班，以及 HACCP 领导培训班。此外，还有些地方团体也在开展培训活动，比如**栃木县**的**栃木 HACCP 研究会**、近畿地区的近畿 HACCP 实践研究会等。如何利用这些设施更有效地开展培训活动也是在推行 HACCP 过程中值得思考的问题之一。

11.3.5 小 结

总的看来，日本在食品质量安全信息管理中的经验与美国和欧盟略有不同。农业协会和食品卫生协会等中介组织在食品质量安全信息管理中的作用在日本的管理实践中特别突出。日本几乎所有的农户都是农协的会员。日本农协包括全国农协、地方（都道府县）农协和基层农协三级组织。基层农协为农户承担了全方位的包括信息服务在内的社会服务，是一个综合农协。日本农协在政府与农民之间发挥桥梁纽带作用，促进政府与农民的沟通和联系，从而使政府的食品安全信息管理更加切合实际，更加符合农民的要求，同时可以使政府的安全管理调控更快、更直接地传达到实践中，并大大减少政府管理和调控的成本。

日本在疯牛病事件后，加强了与相关国际组织（WHO、FAO、WTO 等）和海外各国的食品质量安全机构的合作与交流，特别是与出口国的信息共享和交流的做法也值得我国借鉴。

11.4　发达国家农产食品质量安全追溯制度对我国的启示

总体上来说,发达国家农产品追溯系统主要应用于畜产品的生产和流通领域,从产品的生产、运输、加工、包装到销售的生产链中,坚持生产和监管的透明度,并保持产品完整详尽的个体信息,防止与其他来源的产品混合,并保留相关的数据资料和检测报告及相关证书,供下游生产者及消费者查询和检查,即下游生产商及消费者,可根据该系统所提供的条形码,进行农产品相关信息的检查和考证,确保该农产品的安全和优质,确保产品在意外情况下能立即回收。发达国家的可追溯系统通过一个法律框架向消费者提供足够清晰的产品标识信息,同时在生产环节对农产品建立有效的验证和注册体系,并采用统一的中央数据库对信息进行管理。因此,对我国建立质量安全追溯体系带来一些启发:

第一,建立与完善食品安全可追溯制度的相关法律法规。欧美等发达国家首先从法规开始引导建立食品安全可追溯制度。我国虽然从 2002 年开始也颁布一些措施和法规,但是各项措施多以通知或决定等形式颁布,行政效力很强,却没有能够上升到法律体系建设层面,常常会出现"虎头蛇尾"的现象,无法形成长效机制。因此,我国在食品安全可追溯制度的建设过程中,目前急需解决的是参考欧美等发达国家的相关法规,结合我国实际情况来构建可追溯制度的法律基础。

第二,加强食品安全可追溯技术的开发。食品安全可追溯制度的建设除依靠完善的法律法规体系和相关制度外,还要解决在实施中的可追溯技术问题。发达国家正是依靠其先进的可追溯技术实现可追溯制度的良好运行。在可追溯系统中,信息采集的宽度、深度、精确度越高,合理记录关于潜在风险的信息越多,建立该体系的成本就越高。我国当前农产品生产经营规模小并且分散、组织化程度低,这对可追溯技术的采用造成很大障碍。因此,我国应研究开发既与国际接轨又适合我国国情的食品追溯信息收集和传送技术。

第三,整合食品安全可追溯制度与 HACCP 等质量管理体系。从欧美等发达国家的实践来看,食品安全可追溯制度并不是孤立建立的,它必须与其他质量管理体系结合起来才能发挥作用。无论是 HACCP(危害分析与关键控制点)体系还是GMP(良好加工操作规范)体系,都主要针对加工环节进行控制,它们和可追溯制度一样都要求有一个有效的记录系统,因而将食品安全可追溯制度与 HACCP 等质量管理体系结合起来,不仅能将整个食品供应链全过程信息链接起来,同时也能避免在实践中的重复性工作。因此,我国在食品安全可追溯制度的建设过程中应注重与其他质量管理体系的结合，使其互相促进，保证各体系的有效运行。

第四，加强生产者和消费者的食品安全教育。发达国家，特别是日本，相当重视对包括农民社员和消费者在内的所有民众进行食品安全教育，不仅对农民进行生产辅导和检查监督，还通过协会等各种培训班、产品竞赛和社区活动提高农民的职业道德水平，使农民能够自觉地对产品安全负责任。与此同时，为了使优质优价农产品得以在市场上成功销售并获得相应回报，发达国家十分重视对消费者进行食品安全教育，使消费者尽量选择健康安全、安心、无污染的产品，也愿意为减少对农业生存环境破坏和自身安全而支付额外的消费者剩余。

第五，通过示范推进我国食品安全可追溯制度的建立和实施。食品可追溯制度是建立在其食品企业的经营管理、质量控制技术、信息化程度等都比较高的前提下的。而我国大多数中小食品企业根本不具备这些特征，在国内市场对食品质量安全标准要求偏低、产品增值空间较小的情况下，一味地追求按照国际标准建立食品安全可追溯制度会给中小企业的生存与发展造成严重影响，阻力也较大。相比较而言，出口企业具有比较优势，面临着为适应国际市场新规定、增强产品竞争力而建立可追溯机制的外部激励。因此，我国应积极鼓励出口企业率先参照国际食品安全标准建立可追溯制度，为国内企业逐步推进可追溯制度建设进程提供经验。

12 完善我国农产食品质量安全追溯体系建设的政策建议

12.1 我国农产食品质量安全追溯体系建设的对策建议

12.1.1 我国蔬菜质量安全追溯体系建设的思路与对策

1. 我国蔬菜质量安全追溯体系建设的思路

基于蔬菜质量安全追溯的现状等分析,建立以批发市场为切入点的蔬菜质量安全的追溯体系是一个复杂的系统,它涉及批发市场的上游供货方及下游各种类型的采购方及最终的消费者。本着保证消费者的安全需求,不增加消费者负担,并能给以批发市场为中心的蔬菜供应链各主体带来利益的原则下,笔者认为,为了加快蔬菜追溯制度建设,必须通过有效的质量信息管理,建立从源头到餐桌各环节利益主体共同参与,并发挥政府和新闻媒体共同监管作用系统,具体如图 12-1 所示。该系统的组织结构包括建立蔬菜批发市场管理委员会,将政府系统的监管职能集中到管委会下。政府可以利用土地投入,适当控股批发市场,强制批发市场按照政府的规划开展农产品质量安全追溯建设工作。管委会接受新闻媒体的监督,管理委员会采取出票制度,以明确规定批发市场蔬菜质量安全追溯的主要责任人。利用批发市场交易信息系统使以批发市场为中心对上建立市场准入制度,以获得源头生产质量信息,对下建立直到超市、农贸市场的索证索票制度,形成供应链内部自上而下的信息管理体系,并进一步形成多层次的信誉机制。

2. 我国蔬菜质量安全追溯体系建设的对策建议

(1)生产环节

从本研究的实证调查结果看,虽然自产自销的供货商参与蔬菜质量安全可追溯体系的行为比较积极,但是自产自销的供货商在农户当中所占的比例较低,且多为大中型种植户,而绝大多数农户所种植的蔬菜多由在田间采购的供货商统一收

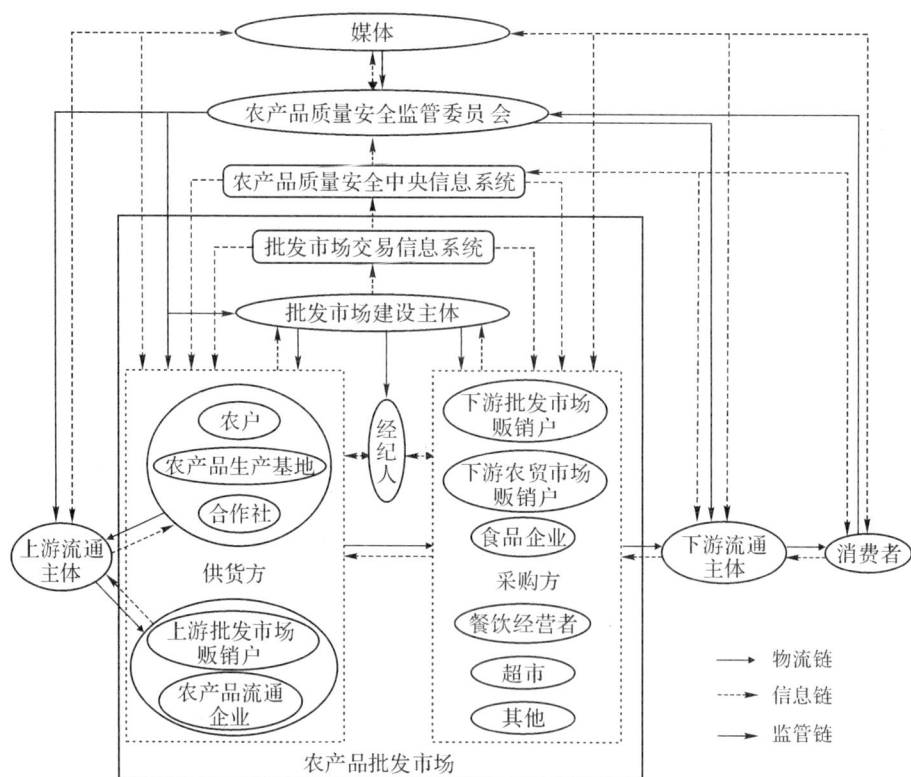

图 12-1 我国理想的蔬菜质量安全追溯体系建设的结构

购。在产地进行收购的供货商，由于很难掌握收购的蔬菜质量信息，因此不太会实施可追溯体系。另外，当前我国大部分菜农主要凭经验从事农业生产，虽然出台了要求基地或合作社菜农做好生产记录、建立信息档案的有关规定，但农户很难做到自觉记录安全农产品生产信息，这就需要充分发挥产业化组织的指导和培训作用，并对农户加以监督与检查。调查结果表明，产业化组织对生产记录制度的实施发挥着有效作用。为此，应通过推进蔬菜生产基地和合作社建设，充分发挥生产基地和合作社统一管理、统一服务的作用，大大加强蔬菜质量安全的监控力度与生产信息记录的完整性和规范性。如果供货商向生产基地和合作社订购蔬菜，便能增强其对蔬菜质量安全信息的信心，因而更倾向于参加可追溯体系。

为此，生产环节应积极推进批发市场经营主体的创新，加快农业产业化进程，提高农民参与批发市场的积极性，使农民或是代表农民利益的组织成为农产品批发市场主体结构的重点，可考虑采取以下几种形式：第一，通过产业化的组织形式，同其他主体组成产供销一条龙、农工商一体化的利益共同体，由产业化实体中的龙头企业将农产品运到批发市场销售,这是农民进入批发市场的最好形式。第二,加快农民运销联合体的建设,将农民生产的产品运到批发市场销售,利用组织和制度来约束运销联合体,使之能真正地代表农民的利益。第三,培育专业的中介组织,培育能代表农民利益的代理商或是选择、培育农民自己的经纪人进入批发市场经营。在这些形式中,应特别重视发挥合作社在生鲜蔬菜质量安全管理中的作用,政府应加强对农业经济合作组织的扶持力度,在初期可以拿出专项建设资金支援农产品生产追溯制度的建设,发挥合作社对农户影响的扩散效应,如宣传政府有关农产品生产追溯制度建设的政策,为农户提供农产品生产追溯制度方面的技术培训等,从而推动农产品生产追溯制度的发展。同时又可通过产业化组织为农户提供生产记录方面的信息政策和培训指导,增强农户认知水平,提高农户记录水平,对于记录确有困难的农户(比如文盲),产业化组织可以提供相应的帮助。在生产环节也可以创导农村社区治理模式,实现生产源头的社区监督。

(2)消费环节

第一,加强消费者的食品安全可追溯意识的培育,教育引导消费者消费安全食品,提高消费者对有可追溯特征农产品的支付意愿,加大优质安全农产品的品牌建设,实现"优质优价"。

第二,利用媒体的力量,加大对农产品质量安全信息的报道和宣传,告知消费者农产品质量安全的相关知识,教育和提高消费者识别问题农产品的能力,提升他们的维权意识。

第三,加大农产品质量安全信息的发布渠道建设,提高消费者对信息的认知度,加大信息发布的效力。

在市场经济中,消费者的需求与支付能力会通过货币投票决定一件商品或一项服务是否有市场。可追溯体系的实施相当于将一项服务附加在食品中,食品的成本自然会增加,价格自然会上升。因此,在教育、培训消费者的同时,明确消费者对可追溯信息是否有需求也是企业、政府应关注的。但是,可追溯是食品安全的一方面,是准公共产品,与食品安全相关的许多信息在检测中是必需的,即使消费者不需要,也需要强制记录。所以,必须明确哪些内容是必须记录的,而哪些内容对企业有经济价值,并找出这两块内容的最佳结合。而这一结合需要市场和行政两大力量相协调。

(3)流通环节

蔬菜批发市场作为追溯体系建设的关键节点,自身应开展组织创新、管理创新等以更好地发挥在农产品质量安全管理中的作用。

第一,完善市场管理制度。建立批发商经营档案的管理制度,将经营者的身份证、经营资格证、住址、蔬菜产地、蔬菜品种等基本情况输入电脑,对供应商的经营情况进行跟踪管理。为确保食品安全，批发市场应加强速测仪、色谱仪等检测设施配备，建立市场准入、出场登记制度，推广可追踪体系，从而满足消费者对质量监管的需求。

第二，促进批发市场服务职能的创新和延伸，鼓励批发市场从市场功能拓展到生产、加工、包装、储运、保鲜、批发、拍卖、直销、配送、连锁零售经营及进出口贸易等，构建交易中心、拍卖中心、电子结算中心、信息网络中心、检测中心、仓储物流中心、加工配送中心、商务中心、展示中心、生活服务中心等。

第三，创新交易模式，改变以往的对手交易模式，在农产品质量安全信息库和农产品流通分级标准的基础上推行IC卡交易、信用交易、网上交易，构建拍卖交易模式，减少交易费用，有利于合理价格的形成，同时也有利于优质优价的形成；反过来，优质优价的形成，提高了供应商的收入，使其更倾向于实施可追溯等质量安全管理体系。

第四，基于批发市场获取质量安全信息经济性的特点，加大信息技术的投入，引入标识制度，建立农产品质量安全信息库，在批发市场实行商品的条码管理，及时收集信息，并开展农产品质量安全信息即时发布机制。

第五，开发批发市场交易的延期支付功能，实现农产品质量安全的产权向供应商和生产者的层层转移。

第六，鼓励供应商的适度横向联合，减少交易成本，提高追溯体系运作的经济性和可能性。

第七，鼓励建设规模大、声誉好的批发市场，利用专用性资产的投资，稳定批发市场和供应商之间的契约关系，实现双边垄断，改变当前供应商的频繁流动，减少投机行为的发生。

第八，鼓励批发市场经营主体向生产基地延伸，按照市场需求实现农产品的标准化生产、加工和运输，借以保证农产品质量安全。

（4）政府

第一，建立和完善统一协调、权责明晰的蔬菜质量安全监管体系。出于管制经济性的考虑，应强化对批发市场建设主体的责任制度，带动整个蔬菜供应链质量安全水平的提高。在当前政府质量安全相关部门管理过于分散的状况下，在批发市场环节应当建立由多个相关职能部门组成的统一管理机构，如成立由农业部、国家质检总局、国家工商总局、卫生部、公安部等相关部门人员组成的管理委员会，可以使职能相对集中，权责进一步明晰，并通过建立一种有效率和权威的协调机制提高监管效率，降低行政成本。

第二，建立联合各主要批发市场的农产品质量安全信息系统，实现宏观上的质量安全信息共享，消除信息不对称，同时也可以为农产品质量安全风险管理提供依据。

第三,加大政府对问题农产品生产和经营的处罚力度,利用经济手段来提升生产和经营不合格产品的成本,减少投机行为的发生。

第四,加强宣传和培训,调动各相关主体参与蔬菜质量安全可追溯体系建设的积极性。

从实地调查的结果分析看,供货商对蔬菜质量安全可追溯体系的认知程度,显著影响其参与可追溯体系建设的行为和意愿。同时,由于蔬菜生产者的流动性在增强,加大了政府部门对其宣传和培训的难度,使其无法了解到可追溯体系的相关知识。今后,政府部门应想方设法加强对蔬菜经营主体的宣传、教育和培训,强化其参与蔬菜质量安全可追溯体系建设的思想意识,调动其参与可追溯体系建设的积极性。另外,实证分析结果显示,当前消费者索票意识不强,反映出其质量安全和维权意识还不强,因此应加强对消费者的宣传和培训。总之,通过对各经营主体的宣传,增强意识,使生产、流通、消费主体真正了解实施溯源工作的重要性和必要性,引导其主动、积极配合参与可追溯体系,营造全民参与、齐抓共管的良好氛围。

第五,引导各级政府管理的批发市场率先执行可追溯体系的相应制度,带动私营批发市场参与实施。各个蔬菜批发市场之间还未达成执行可追溯体系相应制度的共识,私营批发市场缺乏动力去率先实施可追溯体系。保证食品质量安全是一项民心工程,而可追溯体系是保证食品质量安全的有效措施,因此政府部门应该积极引导公有和集体所有制的批发市场率先实行可追溯体系,逐渐带动私营批发市场参与其中。

第六,加大政府的资金投入,保证可追溯体系建设顺利进行。建设可追溯体系要考虑成本问题。为防止蔬菜质量安全风险的发生,应该记录更多的信息、更深层次的信息、更加精确的信息,而记录这些信息会增加成本,包括相应的软件设施购买、硬件设施购买、人员工资支出等。增加社会福利,确保食品质量安全和消费者健康是政府义不容辞的责任,特别是对于可追溯体系前期的建设,政府应当加大资金投入力度,保证可追溯体系建设顺利进行。以杭州市为例,蔬菜批发市场实施可追溯体系的经费大部分来自政府财政预算,市政府直接拨款用于追溯手段的更新、可追溯体系的宣传工作、可追溯体系的执行进展管理等。

12.1.2 我国猪肉质量安全追溯体系建设的思路与对策

1.我国猪肉质量安全追溯体系建设的思路

政府应通过合理的产业政策,以合作社和养殖共同体等形式将众多小而分散的养殖户整合起来,同时也可鼓励规模较大的养殖户利用合并、收购、兼并等方法,降低追溯系统获取养殖环节质量安全信息的难度,有效实现对养殖户的监管。企业可通过后向一体化,建立自己的养殖基地,降低养殖户的风险规避程度,提高追溯系统后向控制绩效,强化和完善追溯系统质量安全控制功能,提升企业形象,赢得消费者信任,获取长久利润。

2.我国猪肉质量安全追溯体系建设的对策

(1)养殖环节

在肯定生产记录对猪肉质量追溯起着基础性作用的同时,从影响农户行为的因素出发,探究各方因素的可改善模式,从而最大可能地规范农户的生产记录行为,进而提高我国生猪产品的质量安全状况。基于对现实情况的分析,本研究提出了五个方面的对策建议。

第一,加大生猪养殖业的政策扶持力度,努力转变传统饲养模式。

首先,政府应进一步加大对生猪养殖业的政策扶持力度,为生猪养殖业提供多渠道补助,积极促进和引导该产业由传统养殖方式向现代化高效养殖模式转变。如出台规模养殖场机械购置补贴政策,大力推广机械化养殖设施设备,提高生猪养殖机械化水平,减少传统饲养存在的各类弊端,逐渐消除对饲养员性别、年龄、养殖年限(工作经验)等方面因素的过分依赖,通过机械化养殖,科学管理,聘请专人进行生产记录,从而实现生产记录的规范性、准确性。同时,加大对新型生猪养殖主体的培养,实现生猪养殖业由每家每户的零星散养模式向规模化、科学化转变。如选择区域内基础较好的养殖场作为重点扶持对象,通过资金、项目、技术、土地、人员等支持,不断改善养殖场软硬件设施,从而实现扩大养殖规模和提升养殖综合水平的目标。其次,应加强对生产记录操作的培训,引导农户发掘其潜在功能。从研究结果来看,政府培训对养殖户的生产记录行为有着显著的正面影响。但培训的组织会增加政府的开支,且中小规模农户的参会意愿也比较薄弱,因而在具体实施中仍起不到规范中小规模农户行为的作用。现实中,规模越大的农户越倾向于做生产记录,这一方面与其对生产记录作用的认知程度有关,另一方面也与其更愿意获得政府部门的认可,从而获得更多项目支持有关。有基于此,课题组建议构建一条由政府主导、大规模农户带动中小规模农户发掘生产记录潜在功能的可行之路。该设计方案的大致思路如下:政府将帮助中小规模农户提高做生产记录的积极性,与大规模农户的项目申请、验收挂钩,引导大规模农户成为培训的组织者。大规模农户对生产记录作用机制的切身讲解,更能激发中小规模农户对记录潜在功能的认识。对大规模农户而言,向中小规模农户敞开学习的大门,无须花费过多的成本,其自身又能得到政府部门的认可,获得更多的政策扶持,可谓一举两得。

第二,逐步提高生猪养殖门槛,探索建立生猪养殖准入机制。

一是要建立生猪养殖从业准入制度。从研究结果来看,养殖年限与农户的生产记录行为呈负相关,养殖年限越高,则养殖员对自身的养殖经验更加认可,越不倾向于做生产记录,因此,通过建立生猪养殖从业准入制度,将如何做好生产记录作为一项必备从业知识,要求凡是从事生猪养殖的人员必须经过相应培训及全国统一考试,取得相关部门颁发的职业资格证书后方可从事生猪养殖工作,使其由经验养殖向科学养殖转变。二是建立生猪养殖企业准入制度。从调查研究中发现仅约三成的中小规模养猪户建立了生猪养殖档案,说明越小的养殖户,其做生产记录的可能性越低。且调查发现,本地防疫、检疫工作的人员多为本地人,普遍反映外来养殖户难以管理,户籍对农户是否有意识做好生产记录也有着比较大的影响,因此,课题组建议应提高生猪养殖门槛,在《浙江省生猪养殖业环境准入指导意见》的基础上,进一步出台其他相关准入意见。如凡是开展生猪养殖的企业必须拥有一定数量的各等级生猪养殖技术人员,有专门的生产记录员,具备一定数量的机械化设备和其他如资金、养殖场地等前提条件。目前存在的零星散户、小型养殖户可通过合作社形式、规模化养殖企业合并形式等进行整合,逐步消除零星散户、小户因规模小、产值低而不愿做生产记录的现象,消除外来养殖户难以管理的现象,从而确保生猪生产质量。

第三,进一步明确法律监管单位,加强对生产记录的执法检查。

尽管法律对生猪养殖档案的监管单位作了明确的说明,但在现实中仍存在一定程度的管理缺位。就农户感知而言,乡镇畜牧兽医站、防疫站是生产记录最直接的监管单位。但问题是,类似于防疫站这样的服务机构,其工作重心很明确,就是做好动物的防疫工作,尤其在当前可追溯体系也以此为中心的背景下。那么,在对农户未实行生产记录不追究现实责任的情况下,基层监管人员仅会针对规范严格的免疫登记做检查,避免与农户产生更多的矛盾而影响日后的工作往来。

前文的计量分析结果表明,检查对养殖户的生产记录行为有着显著的正向影响。而加强检查力度在现实操作中并不困难,只要明确防疫站等机构对农户生产记录的监管义务,并将其纳入已有的追溯工作考核体系之内,就能在很大程度上规范农户的生产记录行为。基层监管人员完全可以利用春防秋防、平时补针、检查免疫档案等机会完成这项工作,既可弥补人手不足的缺陷,也无须增加政府的额外开支。而随着检查次数与力度的增加,农户弄虚作假的行为也能得到较好的控制。与此同时,不定期地对农户使用的饲料、添加剂、兽药作检测抽验,并将结果与农户的生产记录作相应的核实,也能起到规范农户记录行为的作用。由于户籍对生产记录有着显著的正向影响,即外来务农人员基于各种原因更不倾向于做记录,监管部门更应重视对外来养殖户的指导与管理,将其纳入与本地农户平行的管理机制当中。此外,母猪饲养对生产记录有着显著的负向影响,但能繁母猪的补贴涉及审核、抽查等一系列实地考核环节,政府完全可以把生产记录档案与母猪的补贴发放结合起来,在增加检查次数的同时,给不认真记录生产信息的农户以扣除补贴的风险。最后，应积极发挥产业化组织对农户实行生产记录的引导与监督作用。从调研结果来看，现有的产业化组织过多地关注市场信息，很少在养殖规范等方面对农户做出相应的指导。事实上，组织对农户的行为抉择有着较强的约束作用，政府大可借助与农户联系最为密切的产业化组织来获得较好规范的效果。

第四，提高基层监管队伍素质，加强建立生产记录制度的宣传与指导。

近年来，法律法规对生猪养殖户建立养殖档案的规范越渐完善，然而相应的政策宣传却不够到位。在实地调研中课题组发现，甚至监管人员对生产记录的认知也不十分清晰，认为生猪标识及疫病可追溯体系已完全涵盖生产记录的作用，造成了现阶段对生产记录监管力度逐年下降的状况。随着工作重心的转移，基层监管人员已不再积极地向养殖户发放档案记录的台账。而事实上，当前杭州市范围内开展的猪肉可追溯体系主要针对生猪的疫病情况，使用的二维码耳标也仅上传生猪的免疫信息，并不涉及对质量追溯起关键作用的饲料、兽药等方面的信息。对养猪户而言，获得政策信息的关键渠道是基层监管、服务人员，如果农户的信息源头对政策理解有误，则势必造成其政策执行不到位。此外，从现实情况来看，极少数农户知道生产记录是与构建生猪质量追溯体系相挂钩的，更没有认识到生产记录对猪肉质量安全的重要意义，仅将其单纯地理解成政府的指令，因而缺乏积极主动性，多抱有消极应付的态度。再者，农户认为记录生产档案会给自己带来风险，实际上，其并不了解生产记录还起着风险规避的作用。尤其当投入品出现质量安全问题时，通过追溯可以找到源头物资的提供者，养殖户既避免了自身受牵连，也可以借此机会杜绝使用存在安全隐患的农资产品。可见，地方监管部门对养殖户建立生产档案的宣传存在着较多的不足，在提高监管人员认知水平的同时，还要切忌将宣传流于形式，尽可能对生产记录的政策理念、现实作用以通俗易懂的讲解方式获得农户的共鸣。尤其针对养殖年限较长的农户，其养殖管理过多凭靠以往的生产经验，如果不强调生产记录是质量追溯的基础，且追溯制度将很快在市场环节落实，其很难意识到生产记录的必要性。此外，年龄对生产记录也有着显著的负影响，但当前养殖户的平均年龄偏高，使得这一因素在短期内不可能有太多变化。因此，对高龄农户的宣传，可以通过其子女、员工等渠道来实现，这样的反复叮嘱也更能显示出生产记录的重要性，从而增加农户的责任意识。

第五，完善生产记录制度，吸收市场激励与奖惩机制。

生产记录的具体形式可以结合现实需要作合理的调动，如向信息化条件较好的农户提倡网络递交的模式，从而在减少政府实地检查必要的同时，更加及时、有效地获得农户的生产信息，提高质量追溯实现的效率。目前全国的生猪可追溯体系尚在发展阶段，杭州市已运行的生猪标识及疫病可追溯体系也只能获得生猪免疫方面的具体信息。因此，课题组建议应进一步完善可追溯管理技术，将数据库技术、物联网技术、分布式计算技术等各类先进技术应用到生猪可追溯管理中,将生猪从出生到被屠宰销售每一个环节的各类信息通过计算机录入生猪生产质量安全与追溯中心数据库,实现对更多信息的融合、查询与监控。此外,基于受调查农户认为生产记录较为烦琐的现实,政府应考虑记录的简化操作,并在此基础上对重点环节的记录提出明确要求,合理运用奖惩机制。调查中97.6%的农户希望政府能为生产记录提供资金补助,而据了解,杭州市余杭区每上传一条追溯信息,上传单位便可获得1元钱的奖励,该政策有效推动了追溯工作的顺利开展。当然,要从根本上推动农户的生产记录行为,最关键的还是让农户获得切实的收益。如将实施生产记录制度作为养殖户申请各类扶持政策和项目的必要条件,并加强养殖档案在政府对养殖场各项考核指标中的权重。课题组在调查中发现,生产记录已被运用到猪肉质量认证的证前审查与证后监管环节,但农户也不否认其存在着为应付检查而临时补救的现象。可见要真正落实好政策,还需挖掘生产记录行为本身对农户的潜在价值,并进一步完善监督体制。从长远来看,生产记录制度的政府主导模式应逐步让位于市场机制的内在激励作用。研究结果表明,农户对生产记录在市场环节发挥作用的期望越高,越倾向于进行记录。因此可在市场准入和价格引导方面加入对生产养殖档案的考核。如生猪进入屠宰厂需对养殖档案做仔细的审核,在确保记录真实性的前提下,根据档案内容给出合理的价格引导,改善养殖户相对于收购方所处的劣势地位。此外,可追溯体系最终会延伸至消费环节,而消费者对农产品质量安全的恐慌也促使其更关注农户在投入品方面的使用。因此,只要在追溯系统的信息上传中增加消费者最关切的生产信息,就能在消除信息不对称的同时,提高优质生猪的销售价格,从而推动农户将成本有效地转化为经济收益。

(2)屠宰加工环节

第一,加大对生猪屠宰加工企业实施质量安全可追溯行为的资金支持。企业实施可追溯行为需要大量的资金投入,但目前的市场环境、消费习惯无法实现"优质优价",无法为实施质量安全追溯企业带来短期利润收益情况下,必须联动其他诸如品牌建设等产业扶持政策,对严格执行追溯,特别是对实行高于政府强制性追溯标准的企业进行经济奖励或者补贴的方式进行资金支持,才能使实施质量安全追溯系统产生直接的经济效益,引导和促进企业积极实施质量安全追溯体系。

第二,完善《农产品质量安全法》实施细则,规范猪肉经营市场。我国猪肉屠宰加工企业规模偏小,还存在私屠滥宰等未履行国家法律强制规定的质量安全追溯要求的行为。这些未经检测或存在质量问题的猪肉流入市场,其低廉成本容易造成市场价格混乱,造成"柠檬市场",严重挫伤屠宰加工企业实施质量安全追溯行为的积极性。政府对整治私屠乱宰行为应从法律法规上加以禁止,在兼顾生猪屠宰企业地域分布及生猪屠宰效率的基础上，应逐步取消生猪代宰业务，促进企业道德责任感的提高，增强生猪屠宰加工企业实施自愿性质量安全可追溯行为的积极性。

(3)消费环节

第一，普及食品安全知识，加强消费者教育。政府可加大优质畜产品的宣传推广力度及安全食品知识的科普教育，使消费者认识到可追溯产品的优势，增加其购买可追溯产品的价格支付意愿，激励企业积极引进与实施可追溯体系。与此同时，政府应严格实施农产品市场准入制，保护消费者免受假冒伪劣食品危害，保证实施质量安全可追溯的企业在平等、公开、有序的市场竞争秩序中获得高质量产品竞争优势。

第二，加大工商局、农贸市场管理单位对市场的规范力度，努力提高从业人员对于菜肉可追溯体系的执行力。

12.2　完善农产食品质量安全追溯体系的其他配套政策

12.2.1　完善食品质量安全监管相关法律法规，落实严格的市场准入制度

虽然《中华人民共和国食品安全法》、《中华人民共和国食品安全法实施条例》等法律法规对食品生产、加工企业的投入品使用、生产环境、加工过程做出了明确规定，但调研结果表明，当前仍有很大一部分食品生产、加工企业未能履行各项规定。而且在已实施可追溯行为的企业中，大多数质量安全追溯行为的实施都是基于监管的压力，自愿性追溯行为的实施比例偏低。大部分企业表示目前在质量安全管理方面的投资不能回收，尽管它们承认实施追溯行为在提高品牌影响等方面有积极作用。这也就是说企业作为理性的经济单位，成本与收益的比较会直接影响企业追溯行为的实施与否。因而，落实强制性政策要求与培育优质优价市场双管齐下才能有效地敦促企业实施质量安全管理。

第一，加大对于企业质量安全管理行为实施的政策扶持力度。针对当前企业整体实力普遍不强、技术力量弱、质量安全管理成本高且难以短期回收的特点，政府应对企业质量安全管理的固定投资提供政策性融资或在税收上予以抵扣等优惠政策，同时定期组织质量安全管理培训以提高组织中安全管理队伍的水平。

第二，通过问责制与绩效考核制的建立推进安全监管工作落到实处。企业是食品安全事故的直接责任人，但相应的监管部门也要为事故的发生承担"失察"之责，以此落实食品安全监督管理责任制并促进监管部门划清职责。与此同时，由政府负责食品安全监管部门绩效的月度、年度考核，统一将考核结果向社会公布以便

于群众监督。

第三，专项整治与重点整治相结合，依法监管与信用奖惩相结合，落实食品市场准入制度。针对未经登记的黑作坊，以有奖举报方式鼓励群众参与，通过区域联动、部门联动等方式进行重点整治。针对已登记注册的企业，在普查的基础上通过企业档案的建立确定重点监管单位，对重点监管单位实施驻点监督、飞行检测或者加大抽检频度等方式。同时运用信用奖惩机制建立分级惩罚制度，考虑将食品造假者以危害公共安全罪论处，提高企业违法成本。另外，应规范食品安全认证市场，建立竞争性认证市场，加强对认证机构的监督管理，使消费者对产品的信任转移为对认证机构的信任，通过认证机构的知识克服消费者的有限理性，推动食品的市场准入制度。

12.2.2 加快食品安全标准与产品标准修订，推进农业标准化的落实，强化认证产品监管

1. 增加对农业标准化的投入与财政支持

第一，在资金筹集上，建立以政府投入为导向、企业投入为主体、社会投入为补充的多元农业标准化经费投入机制。在条件允许情况下，应该尽量把国家的财政投入委托给地方政府执行，并且，各级政府要把农业标准研制和实施、农业标准化示范区建设、农业标准化宣传培训、农产品质量监督检查等经费列入财政预算，新增的财政支农资金要重点向农业标准化倾斜，保证省级财政农业标准化专项资金每年有较大幅度的提高。第二，在政策趋向上，建立农业标准化补贴机制。建议可建立政府贴息的"银农合作"机制，向推行农业标准化的龙头企业、农户优先提供贷款，并继续为各类中介组织提供税收优惠。参照日本经验，对重要农业投入物如机械设备等的购买给予补贴，并继续对修订特色农业标准，对成为省级、国家级的农业标准，对获得国家级和省级驰名、著名商标和名牌，有机产品认证证书，原产地域保护的单位给予重奖。

2. 完善农业标准化实施环境

第一，充分遵从国际惯例、WTO有关原则，探索建立有效的利益联结机制以完善"政府推动、市场引导、农业技术部门指导、龙头企业带动"的农业标准化工作新机制，形成社会化的标准化推进机制。第二，适当吸纳当地主要农产品生产中介组织人员，以共同协商区域农业的发展以组建统一的农业标准化协调机构。第三，除加强对农产品生产、加工环节实施标准的监督外，逐步在超市、专卖市场和大型农产品批发市场实行市场准入制度和合理退出机制，并通过终端销售主体挂牌公示销售制度及公示产品生产质量信息等手段完善农产品质量安全信用体系建设。第四，强化"舆论宣传就是监督管理"的理念，加大舆论宣传的力度，提高各级领导

对农业标准化工作的思想认识和消费者对标准化生产的优质农产品的认识和接受程度，分类组织开展对农业龙头企业、基地（园区）、专业合作社农业标准化的技术培训。

3. 充分激发农业龙头企业和合作组织的机能

改革现有扶持龙头企业和合作社的激励机制，改革龙头企业、合作社的评价指标体系，积极鼓励真正具有市场竞争力、规范并能带动农户发展的高层次的农业龙头企业和合作社，使之成为我国农业标准化推动主体。

4. 完善中介服务体系

根据日本的经验，积极培育相关行业协会，标准化专业技术委员会，科研、检测、咨询服务、农技推广等标准化技术服务机构。当前最重要的措施是改革现有农业技术推广体系，培训基层农业技术人员和农业管理干部。农技推广机构要把推广农业标准化作为新时期农技服务的重点工作，采取田间广播、板报、科普知识印刷册、树典型等方式向农民灌输标准化的相关知识及标准化操作方式，让他们感受到优质优价所带来的效益。

12.2.3 以建设产地批发市场公益性服务中心为抓手，进一步加强农产品物流网络建设

第一，与提升产地批发市场的流通业态相结合，合理规划产地公益性服务中心的建设。政府应支付批发市场公益性服务中心的建设费用和运营费用，无偿提供建设用地。中心的日常运营资金主要由中央财政和地方财政共同负担，对于中西部地区，中央财政的投入力度应大些。但是，对于包装材料、储藏等部分带有市场性质的服务，可以通过适当收费的方式来弥补运营经费，同时，有条件的地方，还应该建设储藏用的冷库等基础设施，为购销商等提供有偿的服务。政府还可以探索利用土地投入，适当控股批发市场，引导批发市场按照政府的规划开展产业的升级及服务职能的创新和延伸。

第二，做好资金与人力资源配套工作，提升产地批发市场公益性服务中心运营效率。中央财政的支持可通过纳入相关部门现代化流通体系建设试点范围的方式，也可以通过另立专项资金的方式来实现。而地方政府应该积极做好建设资金的配套工作，配套时整合原有扶持批发市场发展的相关政策以及农业部相关扶持优质农产品的政策等。在人力资源方面，一方面整合原有的分散在工商、农业等各个部门负责农产品质量安全工作的人员，保障人员数量充足，另一方面通过人才引进以及培训教育等途径提升队伍专业素养，优化队伍的知识结构与年龄结构。

第三，加强政府部门之间协作，制定由中心统一协调的管理制度。为了克服政府各个部门多头管理产生的弊端，加强政府各部门之间的沟通和协作，对于进驻公

益性服务中心的来自不同职能部门人员,在明确内部关系及清晰岗位职责的基础上,应统一由公益性服务中心协调。

第四,加强食品链上下游的联动工作,做好生产组织的培育与消费者的宣传。首先,加强宣传和培训,倡导农产品的优质优价市场经营环境。政府须加强对生产环节、流通环节和消费环节中质量安全控制及其实施追溯的宣传、培训,提高供应链上各主体对质量安全可追溯的认知,引导其主动、积极配合参与可追溯体系。特别需要加强媒体对质量安全知识等传播的作用,利用媒体培育消费者对农产品质量安全、分等分级、品牌产品的意识,提高消费者索证索票的意识和对具备可追溯特征农产品的支付意愿,倡导农产品的优质优价市场经营环境。

第五,积极推进生鲜产品生产基地和合作社建设,充分发挥生产基地和合作社统一管理、统一服务的功能,以提高农产品质量安全的监控力度和生产信息记录的完整性和规范性,以降低公益性服务中心的经营成本和实施质量安全追溯的成本。更重要的,也有利于实现批发市场经营主体创新和实现生鲜农产品的市场准入制度。

12.2.4 加大对产业化组织的扶持力度,提高产业化组织的带动能力

一方面,我国的农产食品安全监管能力偏弱,覆盖范围有限。另一方面,我国农业生产者组织化程度偏低,数量巨大且极其分散,造成了农业生产环节的安全监管成本极高。农产食品安全监管的完善又是一个渐进的过程,不可能在短期内完成,因而确保当前有限的农产食品安全保障的资源得到最有效的应用成为最优选择。其中,提高农业产销环节的组织化程度,大力发展农业合作社是有效提高监管效率、提高农产食品安全水平的有效途径。研究表明,农业合作社在提高农产食品质量安全水平方面有明显的优势。首先,有助于监管部门降低监管成本,扩大监管范围,提高监管效果。建立农业合作社以后,食品安全监管部门就可以将工作重点由过去分散的农户转到合作社这一平台上去,这样既能通过对合作社的监管实现更大范围的间接控制,又能减少直接监管对象的数量,降低监管成本。同时,直接监管对象的减少意味着监管部门投入每一监管对象的资源数量的提高,因而有助于监管工作的深入。其次,农业合作社的成立有助于降低农业生产者实施食品安全保障工作的成本。合作社将过去分散的小户生产集中起来,可以发挥合作社在生产资料采购、产品集中检测、技术服务的规模优势,为合作社中的农户节约食品安全保障的成本。最后,农业合作社的成立也为有关食品安全的技术、标准的推广建立了有效的平台。

针对当前合作社资金实力不足、内部管理水平低、技术基础薄弱、安全生产行为动力不足等问题,政府对合作组织发展的支持和引领是必要的。但实证研究表

明,如果政府对于合作社的扶持仅仅停留在政策和资金层面,农业合作组织的内部效率很难有改善,应创新工作机制,实施政府联动机制,如农业合作社管理人才的培养和农业社会化服务体系的完善。具体来讲:

第一,调整扶持方向,提高扶持资源利用效率。一方面,继续加大对农业基础设施、平台设施等的公共投入和政策扶持的力度,并通过完善绩效考核制度保障各项扶持政策、资金的落实。另一方面,将一部分扶持资金用于合作社管理者培训、社员技术培训等有助于提高农民人力资本水平的方面。与此同时,以"大学生村官"制度为契机,完善高学历人才的引进工作机制。

第二,创新和规范基层公共服务,强化合作组织支撑体系。除健全土地流转中介服务、创新农村金融体制等促进农业合作组织发展的农业社会化服务体系外,应推进乡镇农技推广服务改革,建立以农产品质量安全服务为中心的工作职责、工作标准等,并以此为契机推动农业标准化的推广,实现农产品产地准出制度。

第三,合理规划与引导,建立利益共享的产业激励制度。引导龙头企业和合作组织建立稳定的供应链交易关系,鼓励、整合各类农民合作组织的资源向产业链的下游扩张,如物流、销售,通过产业化发展战略有效地降低农产品流通成本,提高农民在农产品产业链中的利益分成。

12.2.5 强化食品安全风险交流,建立包括消费者在内的多边治理体系

消费者在食品安全问题上所体现的态度和消费倾向会对政府和企业的行为选择产生深刻影响。对浙江省城镇居民的调查分析表明,食品安全信息对消费者的态度有较大影响,而在诸多的食品安全信息传播渠道中,消费者对于政府披露的信息信任程度最高。这一方面说明消费者对蔬菜安全信息的及时性要求较高,需要提高政府发布生鲜食品安全信息的及时性和有效性,需要从制度上保证企业、媒体、政府以及非政府部门信息传递的真实性,从而减少消费者的健康风险;另一方面又说明目前消费者对食品风险的防范主要依靠第三方的卫生监督和管理,而自我防范食品风险的意识较差。

因而充分发挥消费者在食品安全问题治理中的作用,需要做好以下几方面的工作:

第一,以法律的形式明确消费者的权责,如建立强制性食品安全责任保险制度。

第二,加强食品安全知识宣传以提高消费者的食品质量安全意识。上海世博会的经验启示我们,相比较于传统、分散的食品安全知识宣传,世博会、奥运会这样的大型活动由于能够在短时间内集聚众多的参观者而构成了一个集中高效的宣传平台,宣传效果自然也远远好于传统的宣传。因而我们要充分利用各种大型活动,

将其作为宣传食品安全知识的平台,将集中宣传(如大型活动、大型连锁超市)与传统的更为深入的分散宣传(如社区宣传)结合起来。

第三,完善反馈与投诉渠道。通过建立消费者协会等中介组织,建立食品生产、消费科学知识的交流平台,通过媒体公开,把产品市场、认证市场、科研市场的信息暴露给消费者,降低消费者的决策和维权费用。新闻媒体的报道质量,可以通过媒体竞争和法律约束来保障。

第四,建立多边风险交流机制。政府、专家、协会应该多开展互动式的风险交流,由政府专门部门、人员使用专门经费来沟通,实现信息共享。

参考文献

[1] Ajzen I,Fishbein M. Attitude-behavior Relations:A Theoretical Analysis and Review of Empirical Research,Psychological Bulletin,1977 (84):888-918.

[2] Ajzen I. The Theory of Planned Behavior,Organizational Behavior and Human Decision Process,1991 (50):179-211.

[3] Antle J M. Economic Analysis of Food Safety. Handbook of Agricultural Economics,2001(1):1083-1136.

[4] Basarab J A,Milligan D and Thorlakson B E. Traceback Success Rate of an Electronic Feedlot to Slaughter Information System for Beef Cattle. Canadian Journal of Animal Science,1997(7):525-812.

[5] Buzby J C,Frenzen P D. Food Safety and Product Liability,Food Policy,1999,24(6):637-651.

[6] Golan E H,Stephen J V,Paul D F. Tracing the Costs and Benefits of Improvements in Food Safety:The Case of the Hazard Analysis and Critical Control Point Program for Meat and Poultry. Agricultural Economic Report Number 791,United States Department of Agriculture,Economic Research Service,2000.

[7] Golan E,Krissoff B,Kuchler F,et al. Traceability in the U. S. Food Supply:Economic Theory and Industry Studies. Washington DC:U. S. Department of Agriculture,ESCS for Agr. Econ. 2004,Rep. 830.

[8] Grossman S J,Hart O D. An Analysis of the Principal-agent Problem. Econometrica,1983(51):7-46.

[9] Haubrich J G. Risk Aversion,Performance Pay,and the Principal-agent Problem. Journal of Political Economy,1994(102):258-276.

[10] Henson S,Hook N H. Private Sector Management of Food Safety:Public Regulation and the Role of Private Controls. The International Food and Agribusiness Management Review,2001:4(1):7-17.

[11] Heyder J, Heinold A, Bauer M. Determining Extended Haplotypes of Mannose-binding Lectin by Allele-specific Sequencing. 24th European Immunogenetics and Histocompatibility Conference/17th Annual Meeting of the Italian Society for Immunogenetics and Transplantation Biology,2000.

[12] Hobbs J, E. A Transaction Cost Analysis of Quality, Traceability and Animal Welfare Issues in UK Beef Retailing. British Food Journal,1996,98 (6):16-26.

[13] Hobbs J E. Traceability in the Canadian Red Meat Sector. Economic and Market Information 55304,Agriculture and Agri-Food Canada. 2004.

[14] Holleran. E,Bredahl. M E,Zaibet L. Private Incentives for Adopting Food Safety and Quality Assurance,Food Policy,1999(24):992-1000.

[15] Loader R,Hobbs J E. Strategic Responses to Food Safety Legislation. Food Policy,1999,24(6):6852001706.

[16] Mas-Collel A,Whinston M D,Green J R. Microeconomic Theory. New York:Oxford University Press,1996.

[17] Moe T. Perspectives on Traceability in Food Manufacture. Trends in Food Science and Technology,1998,9(5):211-214.

[18] Monteiro and Caswell. Traceability Adoption at the Farm Level: An Empirical Analysis of the Portuguese pear industry Food Policy. 2009(34): 94-101.

[19] Pape W R,Jorgenson B,Larson D,et al. Is Traceability Too Expensive? Food Traceability Report,2003(2):16-17.

[20] Pettitt R G. Traceability in the Food Animal Industry and Supermarket Chains. Scientific and Technical Review,2001,20(2):584-597.

[21] Prendergast C. The Provision of Incentives in Firms. Journal of Economic Literature,1999(37):7-63.

[22] Resende-Filho M A,Buhr B L. A Principal-Agent Model for Evaluating the Economics Value of a Traceability System:a Case study with Injection-site Lesion Control in Fed Cattle. American Journal of Agricultural Economics, 2008(4):1091-1102.

[23] Ritson C, Li W M. The Economics of Food Safety. Nutrition & Food Science,1998,98(5):253-259.

[24] Semos A,Kontogeorgos A. HACCP Implementation in Northern Greece-Food Companies' Perception of Costs and Benefits,British Food Journal,

2007(109):5-19.

[25] Spencer H，Georgina H. Exploring Incentives for the Adoption of Food Safety Controls：HACCP Implementation in U. K. Diary Sector，Review of Agricultural Economics，2000，22(2):407-420.

[26] Velthuis A，Meuwissen M，Hogcveen H. Traceability and Certification in Meat Supply Chains. Journal of Agribusiness，2003，21(2):167-181.

[27] Venkatesh V Davis. A Theoretical Extension of the Technology Acceptance Model：Four Longitudinal Field Studies Operations Research & Management Science，2000(46):186-204.

[28] Young L M，Hobbs J E，Vertical Linkages in Agri-food Supply Chains：Changing Roles for Producers，Commodity Groups，and Government Policy. Review of Agricultural Economics，2002，24(2):428-441.

[29] 奥运世博均实现食品安全零事故 经验如何推广？[EB/OL]. 新民网，http://health. xinmin. cnjkzx2011/05/10/10645709. html，2011-05-10.

[30] 北京技术创新行动计划(2014—2017 年)[EB/OT]. 首都之窗网. http:// zhengwu. beijing. gov. cn/ghxx/qtgh/t1352269. htm，2014-04-14.

[31] 崔卓兰，宋慧宇.论我国食品安全监管方式的多元化[J]. 华南师范大学学报 (社会科学版)，2010(3):17-22.

[32] 方金，王仁强等.基于质量安全的水产品产业组织模式构建[J].中国渔业经 济，2006(3):37—42.

[33] 冯忠泽，万靓军等.建立中国农产品质量安全市场准入机制框架分析[J].中 国农学通报，2008(5):121—126.

[34] 葛晓雯.北京市食品冷链与信息追溯体系现状研究[J].物流技术，2012(1): 36—38.

[35] 耿献辉、周应恒等.现代销售渠道选择与水产养殖收益——来自江苏省的调 查数据[J].农业经济与管理，2013(3):54—61.

[36] 郭斌，杨昌举，宋林.食品信息可追踪系统及其在转基因食品管理中的应用 [J].中国食品与营养，2004(1):65—72.

[37] 郭红东，蒋文华.龙头企业与农户的订单安排与履约——一个一般分析框架 的构建及对订单蜂业的应用分析[J].制度经济学研究，2007(1):65—73.

[38] 郭可汾，林洪.基于信息不对称理论的水产品质量安全监管[J].中国渔业经 济，2010(5):65—72.

[39] 国务院关于地方改革完善食品药品监督管理体制的指导意见国发[2013]18 号[EB/OL]. 中华人民共和国中央人民政府网. http://www. gov.

cnzwgk2013-04/18/content_2381534. htm,2013-04-18.

[40] 韩纪琴,王凯.猪肉加工企业质量管理、垂直协作与企业营运绩效的实证分析[J].中国农村经济,2008(5):33－42.

[41] 郝丽娟等.从超市经营看质量管理[J].认证技术,2012(2):66－67.

[42] 黄彬红.农超对接模式和实践探索[M].杭州:浙江大学出版社,2013:1.

[43] 黄彬红."农超对接"下的农产品供应链质量可追溯体系研究[J].开发研究,2013(2):81－84.

[44] "家乐福品质体系"严控农产品的"可追溯"性[EB/OL].（2010-01-06）.http://finance. aweb. com. cn/2010/1/6/22520100106163536120. html.

[45] 嘉定安亭葡萄直供沃尔玛[EB/OL].新闻晚报. http://newspaper. jfdaily. comxwwbhtml/2011-07/27/content_622255. htm,2011-07-27.

[46] 李剑锋.农民专业合作社对农产品质量安全的保障作用[J].浙江农业科学,2011(5):980-982,990.

[47] 李晓晟,杨黎民,百良义.超市主导的生鲜农产品供应链研究[J].兰州学刊,2009(9):76－78.

[48] 林学贵.日本的食品可追溯制度及启示[J].世界农业,2012(2):38－42.

[49] 刘建华,丁保华.我国推行农产品产地准出管理的探讨与思考[J].农产品质量安全,2012(2):15－17.

[50] 刘俊荣.国际水产品市场法规新趋势——欧盟 TraceFish 计划[J].水产科学,2005(4):42－43.

[51] 刘潇潇.基于 RFID/Ecode 物联网的食品供应链单品追溯管理系统研究[J].安徽农业科学,2015(2):359－360.

[52] 龙方,任木荣.农业产业化产业组织模式及其形成的动力机制分析[J].农业经济问题,2007(4):34-38.

[53] 吕宗吉,李红卫,涂长春,等.我国部分地区猪瘟病毒流行株的基因差异[J].中国兽医学报,2000(4):313－316.

[54] 毛文杰,陈宁,曲健,等,不同猪瘟疫苗类型及剂量的抗体反应特性研究[J].浙江农业学报,2010(1):87－90.

[55] 农垦农产品质量追溯——锻造责任的力量[EB/OL].中国农垦信息网. http://www. chinafarm. com. cn/ShowArticles. php? id＝604178,2010-11-17.

[56] 农垦农产品质量追溯软件培训（2014 年提高班）[EB/OL].百度文库. http://wenku. baidu. com/link? url＝IEQ3T1FMGbYK5XAFnvqkEWhx3cfy_34cJ4i8-AHbPolmfTP9PFuVxZpkiSg6khIY7wYOesxFFYvmDZ-8RjHvysFG5m-

mljGKx1E26Gzq3VT3

[57]农垦农产品质量追溯系统操作手册 V1.0（简版）［EB/OL］.百度文库.http://wenku.baidu.com/link? url＝efLO3gh6ly4KYThORgiEeMwHLEV9cFbwK6JcEGE-tx7U5Ehy3NIj5Ipn5cPMHrLi_YF56AB-a8qRp7f8QGjEZfknmiYux05Vk8ToJXtdT03_

[58]农垦追溯系统打造舌尖上的安全——访农业部农垦局叶长江副局长［EB/OL］.新华网.http://news.xinhuanet.comzhcs2014-06/18/c_133417759.htm,2014-06-18.

[59]农业部办公厅关于印发《全国农垦农产品质量追溯体系建设发展规划（2011—2015）》的通知［EB/OL］.中华人民共和国农业部.http://www.moa.gov.cn/zwllmghjh201110/t20111028_2389416.htm,2011-10-10.

[60]齐藤训之.食品业界的机制.Nashime 株式会社（ナシメ）,东京：2012.

[61]乔娟,李秉龙,韩杨,等.北京市食品追溯体系的利益主体与监管体制研究［M］.北京：中国农业出版社,2011.

[62]任国元,葛永元.农村合作经济组织在农产品质量安全中的作用机制分析——以浙江省嘉兴市为例［J］.农业经济问题,2008(9):61-64.

[63]日本全国农业协同组合中央会.JA 生产履历记账操作指南（修订版）,2012(6).

[64]尚旭东,乔娟,李秉龙,等.消费者对可追溯食品购买意愿及其影响因素分析——基于 730 位消费者的实证分析［J］.生态经济,2012(7):28－32.

[65]深圳市食品安全"十二五"规划（深卫人发［2011］533 号）［EB/OL］.食品伙伴网.http://www.foodmate.net/law/guangdong/174147_2.html,2011-12-14.

[66]沈伟民,乐琰,孙晶,等.从沃尔玛到麦德龙让顾客安心？［J］.中国市场,2011(47):60－62.

[67]食品安全法（修订草案）全文［EB/OT］.中国人大网.http://www.npc.gov.cn/npc/xinwenlfgzflca/2014-06/30/content_1869695.htm,2014-07-03.

[68]食品追溯体系"再起再落"［EB/OL］.超市周刊网.http://www.cszk.com.cn/n12143c41.aspx,2009-08-31.

[69]世界经济年鉴编辑委员会.发达国家（地区）食品安全管理体系,世界经济年鉴 2011－2012 卷:236－241.

[70]孙立荣,梁颖等.超市主导的生鲜农产品供应链研究［J］.江苏农业科学,2009(6).

[71]孙世民.基于质量安全的优质猪肉供应链建设与管理探讨［J］.农业经济问题,2006(4):70－73.

［72］庾朝阳.消费者对可追溯农产品支付意愿的研究[D].广西大学硕士学位论文,2012.

［73］汪劲.日本食品实施新标签制度[J].中国水产,2003(7):9.

［74］汪渊.提升浙江出口水产品质量安全水平研究[D].浙江大学硕士学位论文,2012.

［75］王常伟,顾海英.市场 VS 政府,什么力量影响了我国菜农农药用量的选择?[J].管理世界,2013(11):50.

［76］王国华.日本食品可追溯性体系的建设与经验借鉴[J].绿色大世界.绿色科技,2009(11).

［77］王庆,柯珍堂.农民合作经济组织的发展与农产品质量安全[J].湖北社会科学,2010(8):97－100.

［78］王世表,阎彩萍等.水产养殖企业安全生产行为的实证分析——以广东省为例[J].农业经济问题,2009(3):21-27,110.

［79］王晓红.农产品超市零售发展研究[D].山东农业大学博士学位,2009.

［80］王秀清等.我国食品市场上的质量信号问题[J].中国农村经济,2002(5):27－30.

［81］王志刚,胡适,陈鑫..日本农协对食品安全的促进作用及其对我国的启示[J].农业展望,2012(9):28－30.

［82］卫龙宝,卢光明.农业专业合作组织实施农产品质量控制的运作机制探析——以浙江省部分农业专业合作组织为例[J].中国农村经济,2004(7):36－40,45.

［83］沃尔玛农超对接案例分析[EB/OL].北京本地宝网.http://wuliu.bj.bendibao.comnews2010723/69367_2.shtm,2010-7-23

［84］肖龙文.麦德龙(中国)自有品牌管理模式研究[D].中南大学硕士论文,2008.

［85］刑文英.美国的农产品质量安全可追溯制度[J].世界农业,2006(4):39－41.

［86］徐金海.农产品市场中的"柠檬问题"及其解决思路[A].2002 年中国青年农业经济学者年会 [C],2002.

［87］徐金海.农业产业市场中过度竞争的成因及对策[J].现代经济探讨,2002(9):41－44.

［88］徐玲玲.食品可追溯体系中消费者行为研究[D],江南大学博士论文,2010.

［89］徐玲玲,吴林海等.江苏省城市消费者可追溯食品购买意愿研究[J].华东经济管理,2012(1):7－11.

［90］徐巍.M 超市食品安全管理体系研究[D].哈尔滨工业大学硕士论文,2010.

［91］阳检.农药施用行为与农户特征研究——基于农产品质的安全供给视角[D].

江南大学硕士论文,2010.

[92] 杨倍贝.消费者对可追溯性农产品的购买意愿研究——以成都市为例[D],四川农业大学硕士论文,2009.

[93] 杨秋红,吴秀敏.农产品生产加工企业建立可追溯系统的意愿及其影响因素——基于四川省的调查分析[J].农业技术经济,2009(2):69—76.

[94] 叶俊焘.我国食品企业实施 HACCP 管理体系行为及动机的影响因素研究——以杭州食品加工企业为例[D].MBA,浙江大学,2007.

[95] 衣保中,郑丽.日本农协在农业产业化中的作用[J].现代日本经济,2006(4):34—38.

[96] 岳冬冬.水产养殖合作组织化与水产品质量安全刍议[J].中国农业科技导报,2012(6):139—144.

[97] 曾庆宏.日本食品物流的信息追踪系统[J].食品与物流,2003(8):36—38.

[98] 张会.产业链组织模式对农户安全农产品生产影响研究[D].西北农林科技大学博士学位论文,2012.

[99] 张仕都.蔬菜质量安全可追溯体系建设研究——基于批发市场供货商和政府相关部门的二维视角[D].浙江大学硕士论文,2009.

[100] 赵建欣.农户安全蔬菜供给决策机制研究——基于河北、山东和浙江菜农的实证[D].浙江大学博士论文,2008.

[101] 赵向阳.家乐福——农产品可追溯体系再探[EB/OL],http://www.ccfc.zju.edu.cn/a/hezuozatan/2011/1023/7927.html.

[102] 郑江谋,曾文慧.我国水产品质量安全问题与生产方式转型[J].广东农业科学,2011(18):132-134.

[103] 钟真,孔祥智.产业组织模式对农产品质量安全的影响[J].管理世界,2012(1):79-92.

[104] 周德翼,杨海娟.各国的食物安全管理法规及监管体系[J].中国农业信息,2002(10):18—19.

[105] 周洁红,陈晓莉等.猪肉屠宰加工企业实施质量安全追溯的行为、绩效及政策选择——基于浙江的实证分析[J].农业技术经济,2012(8):29—33.

[106] 周洁红等.食品安全管理研究与进展[J],农业经济问题,2004(4):26—29.

[107] 周洁红,何乐琴等.农业标准化推广实施体系研究:基于浙江省的实践[M].浙江大学出版社,2009.

[108] 周洁红,姜励卿.食品质量安全信息管理:理论与实证[M].浙江大学出版社,2007.

[109] 周洁红,李凯.农产品可追溯体系建设中农户生产档案记录行为的实证分析

［J］.中国农村经济,2013(5):58－66.

［110］周洁红,刘清宇.基于合作社主体的农业标准化推广模式研究——来自浙江省的实证分析［J］.农业技术经济,2010(6):88－97.

［111］周洁红.农户蔬菜质量安全控制行为及其影响因素分析——基于浙江省396户菜农的实证分析［J］.中国农村经济,2006(11).

［112］周洁红.生鲜蔬菜质量安全管理问题研究——以浙江省为例［M］.中国农业出版社,2005(9).

［113］周洁红,汪渊等.蔬菜质量安全可追溯体系中的供货商行为分析［J］.浙江大学学报(人文社会科学版),2011(2):116－126.

［114］周洁红.消费者对蔬菜安全的态度、认知和购买行为分析——基于浙江省城市和城镇消费者的调查统计［J］.中国农村经济,2004(11):44－52.

［115］周洁红.消费者对蔬菜安全认知和购买行为的地区差别分析［J］.浙江大学学报(人文社会科学版),2005(6):113－121.

［116］周洁红,叶俊焘.我国食品安全管理中HACCP应用的现状、瓶颈与路径选择——浙江省农产品加工企业的分析［J］.农业经济问题(月刊),2007(8):55－61.

［117］周洁红,张仕都.蔬菜质量安全可追溯体系建设:基于供货商和相关管理部门的二维视角［J］.农业经济问题,2011(1):32－38.

［118］周应恒,耿献辉.信息可追踪系统在食品质量安全保障中的应用［J］.农业现代化研究,2002(11):451－454.

［119］邹翔.构建全过程、动态监控的超市食品安全管理体系——麦德龙食品安全管理案例［J］.上海质量,2013(4):44－46.

索　引

后　记

　　转变农业发展方式,推动农业发展由数量增长为主转到数量质量并重是我国当前和今后一个时期加快推进农业现代化的根本途径。本书的出版如能对我国农产食品质量安全治理带来一定的理论和实践指导,我们将感到十分欣慰! 本书是国家自然科学基金"基于环境协调发展框架下农产品质量安全管理长效机制研究"(71273234)和浙江省社科联普及课题"探秘'食品可追溯体系'"(13ZD12)的主要成果。

　　近年来,越来越多的专家、学者、政府工作人员进入了农产食品质量安全管理研究领域,并取得了丰硕的成果,正是这些成果,使本团队在他们的成果基础上得以完成此研究。在此,我们衷心地感谢这些专家、学者和政府工作人员。

　　本书的诸多观点是作者与课题组其他人员共同讨论的基础上形成的,也引用了原有的一些研究成果。当然,由于农产食品质量安全治理是一个系统工程,即使是质量安全追溯体系建设,也涉及面广,本书的研究肯定还会存在许多不足之处,责任在我们,同时也恳请各位专家和读者不吝赐教。

　　本书的数据资料主要来源于团队的调查和统计资料,感谢浙江省农业厅王建伟处长、占军荣处长、虞轶俊处长,杭州市农业局田小明处长以及其他在调查过程中给予大力支持的各合作社社长和龙头企业领导,这里虽然不能一一列出,但我们的感激是真诚的。这里还要特别感谢参与本课题研究的主要成员李凯、鄢贞、施晟、幸家刚、叶俊焘、汪渊、张仕都和刘清宇等同学,他们做了大量的前期准备和调研工作,并付出了许多艰苦的努力。

　　在课题研究和写作中,感谢浙江大学卡特中心、台州科技职业学院浙江省优势与特色专业园艺技术为我们提供的良好的研究环境和资助。

黄彬红　周洁红
2015 年 8 月 30 日

图书在版编目（CIP）数据

农产食品质量安全治理：以追溯体系建设为切入点 /
黄彬红，周洁红著. —杭州：浙江大学出版社，
2015.11
　　ISBN 978-7-308-15286-0

　　Ⅰ. ①农… Ⅱ. ①黄…②周… Ⅲ. ①农产品－质量
管理－安全管理－中国 Ⅳ. ①F326.5

中国版本图书馆 CIP 数据核字（2015）第 254213 号

农产食品质量安全治理：以追溯体系建设为切入点

黄彬红　周洁红　著

责任编辑	黄兆宁
责任校对	杨利军　董凌芳
封面设计	周　灵
出版发行	浙江大学出版社
	（杭州市天目山路 148 号　邮政编码 310007）
	（网址：http://www.zjupress.com）
排　　版	杭州中大图文设计有限公司
印　　刷	杭州日报报业集团盛元印务有限公司
开　　本	710mm×1000mm　1/16
印　　张	17.75
字　　数	338 千
版 印 次	2015 年 11 月第 1 版　2015 年 11 月第 1 次印刷
书　　号	ISBN 978-7-308-15286-0
定　　价	45.00 元